王智宁 叶新凤◎著

儒家自省的管理启发

RUJIA ZIXING DE GUANLI QIFA

中国财经出版传媒集团
中国财政经济出版社

图书在版编目（CIP）数据

儒家自省的管理启发／王智宁，叶新凤著．—北京：中国财政经济出版社，2017.12

ISBN 978-7-5095-7848-3

Ⅰ.①儒…　Ⅱ.①王…②叶…　Ⅲ.①儒家-道德修养-研究　Ⅳ.①B222.05 ②B82-092

中国版本图书馆CIP数据核字（2017）第275560号

责任编辑：高树花　段　钢　　　　责任印制：杨　军
美　　编：孙俪铭　　　　　　　　责任校对：黄亚青

中国财政经济出版社 出版

URL：http：//www.cfeph.cn

E-mail：cfeph@cfeph.cn

社址：北京市海淀区阜成路甲28号　邮政编码：100142

营销中心电话：88190406　北京财经书店电话：64033436　84041336

北京财经印刷厂印刷　各地新华书店经销

787×1092毫米　16开　17.25印张　300 000字

2017年12月第1版　2017年12月北京第1次印刷

定价：58.00元

ISBN 978-7-5095-7848-3

（图书出现印装问题，本社负责调换）

本社质量投诉电话：010-88190744

打击盗版举报热线：010-88190492、QQ：634579818

本书系教育部人文社会科学研究规划基金项目（17YJA630104）、江苏省研究生教育教学改革研究与实践重点课题（JGZZ16_079）、江苏省教育科学“十三五”规划课题（C－b/2016/01/22）、江苏省教育厅社科指导性计划项目（2016SJD630079）的阶段性研究成果；并受到中国矿业大学“十三五”品牌专业培育（人力资源管理2017）项目的部分资助。

前　言

在当今纷繁复杂的社会经济环境中，由于生活工作的节奏加快，合作竞争的更迭加剧，资讯认知的迭代加速，欲望诉求的诱惑加大，一步登天、一举成名、一夜暴富或一劳永逸的想法牵动着许多人的功利神经，致使心静不下来，书读不进去，工作沉不下去。若不能及时警醒，则会陷入浮躁之中，迷茫不安，不仅学习工作止步不前，无法把握为人处世的合适尺度，而且会逐步丧失前进动力，导致心理失衡。这种当下的浮躁诚然与社会中的部分不良风貌、周围环境中的部分不良示范有关，但与自己的世界观、人生观和价值观则具有更为本质的关联。许多事实证明，浮躁非但不能使人成功，反而容易使人走向极端，轻则难成大事，重则身败名裂。

不同年龄阶段存在着不同的浮躁表现。在职场中，有些青年人往往在本领域内还没彻底钻研明白，还没掌握过人的本领，就开始嫌自己的发展速度太慢、晋升空间太小、阻碍因素太多，于是不再安于本职工作，寻找“跳槽”机会。殊不知，等他们到了新的工作环境中，还没得到充分的积累和历练，又在自身丰富的想象力和外界浮华的诱惑力作用下，去尝试把握更“适合”自己的机会。不仅在“原地踏步”中浪费了自己的时间和精力，还把浮躁心态和消极的情绪传递给周围定力不强的人。

中年人的浮躁亦非少数。步入中年，相较于曾经的雄心壮志和理想抱负，大多数人的工作生活状态显得过于平庸。虽初步稳定，但上有老下有小，加上房贷、车贷等方面的压力，使得切换成为一种奢望，只得忍气吞声，在身心俱疲的状态下无奈坚守。面对着欲望的丰满与现实的骨感，难免格外焦急且懊恼，在工作学习等方面，只要有机会，总是不自觉的损人利己或损人不利己，在“水落石出”的理念诱导下通过打压新人、挤兑老人等各种手段，显示自己的“进步”，在不停刷“存在感”的同时渴望变化，企盼时来运转。

老年人也有自己的浮躁。人到老年，不少人在别却了事业追求与工作奔波的很长一段时期内，会感到不适应、失落、寂寞与孤独。当他们将注意力转移到社会生活后，又容易被各种媒体、网络所报道的贪污腐败、道德败坏、诚信缺失、监管缺位等问题搅扰，在未对或无法对信息真实性和全面性进行仔细鉴别的情况下，老人们时常感叹世风日下、社会不公、人心不古。尤其当面临退休待遇等方面的政策性差异时，很多人发现当初不如自己的人远远超过了自己，于是感觉自己被怠慢或抛弃，不停地抱怨，并在思维、行为等方面表现出不同程度的偏激与浮躁。

在复杂快变的大千世界中，面对着诸多的浮躁与不安，如何保持自身的定力，通过脚踏实地的做事、诚恳友善的为人、平静纯正的修心来不断改善自己的境遇呢？问题的关键在于能否做到及时、充分的自我反省。为了破解学习、工作与生活中所遇到的种种困难，在前进的岔路口做出一次次正确的选择，需要从各个方面深入、系统的省察自我、了解自我、把握自我、改善自我。不仅反省自己处理问题的方式方法、过程及结果，人际交往的目的原则、过程及结果，还深入探究自身存在的意义价值、道德与信仰，如此方能通过善待自己、他人、社会来实现自身的愿望与理想。

善于自省的人往往意志顽强，个性独立，因为其不仅具有做事为人的过人之处，而且拥有丰富的内心世界与高尚的道德标准。即时面临阶段性的困境，亦能安之如素，坚定的朝向预设的目标和内心的追求稳步前行。勤于自省的人知道自己的使命与价值，自我认知明确，成就动机强烈，局势把握精准，故能在各种场合显出从容自信、平静谦和。不管风往哪里吹，既能领袖群伦，也能高自崖岸，不会为外界的非议或误解而焦躁不安，不会轻易否定自己。

尽管自省意义重大，且在自我认知、组织管理、社会治理等领域的应用逐渐加强。然而，在现实的学习、工作与生活中，勤于反省、善于改进的人仍然相对稀缺，许多人故步自封、文过饰非、心胸狭隘，既限制自身成长，也对周围的人不断造成各种伤害，迫切需要深刻的反思与转变。

顺应激活个体与人本关怀的社会发展潮流，与自省有关的“自我超越”“活在当下”“身心灵修炼”等话题如雨后春笋不断涌现。尽管它们具有相对清晰的定义、相对完整的理论和相对成熟的操作方法，在克服个体片面性、提高能力与素质、促进情绪管理与心理健康等方面具有积极意义，但其知识基础主要源自西方心理学与管理学研究成果，“舶来品”的出身伴生出一系列问题，如着眼点相对局限、我国主流认知与思维模式的诸多方面“不兼容”等。因此，有必要立足于我国历史文化传统和社会发展现状，聚焦自省主题，发掘影响深远、易于接受、便于实施的思想理念，开发出具有操作性的构念，进而指导具体实践。

在我国优秀传统文化中，儒、释、法、道占据主导地位，其中又以儒家思想的影响最为深远。儒家思想始于春秋孔子，经过汉武帝“罢黜百家，独尊儒术”与宋明理学的发展，一度具有至高无上的地位，成为民族文化的灵魂，以仁爱为核心的儒家传统文化强调“格致诚正、修齐治平”，讲究身心相与，认为人如果不能处理好自身的问题，就会迷失方向。从“天人合一”到“知行合一”，从“物我相与”到“节用爱物”，自省一直贯穿于儒家思想的演化过程，是儒家思想体系中的重要组成部分。

儒家主要思想源泉《易经》在其开篇“乾”卦的第三爻即指出，“君子终日乾乾，夕惕若厉，无咎”，为君子提供努力加自省的方法论；孔子提出“内省不疚，夫何忧何惧”的著名论断，并多次表述“内自省”的思想；孟子阐述“自反”、“反求诸己”的观念；曾子提出，“吾日三省吾身：为人谋而不忠乎？与朋友交而不信乎？传不习乎”，明确交代了自省的内容；荀子则指出，“见善，修然必以自存也，见不善，愀然必以自省也”，认为自省是完善自身的重要方法；朱熹认为，要时时“自去检点”，不断反省自己的言行举止，辨察、修正其中的丑恶，提高自身的道德水准；宋、明以后的大儒亦多次对自省、省察进行深入的探讨。

既然儒家自省对我们如此重要，那么如何全面准确地对儒家自省进行诠释，发挥其“致良知”“内圣外王”的功能？如何明确其概念、构成及相互关联，并从中发掘出对现代个体、组织乃至社会的管理启发呢？

为解决上述问题，本书探索性地从主流儒家思想中挖掘自省的内涵，并将之与现实情境和管理实践相结合，融入学习、工作与生活中，发挥其应用价值。本书在每一章的开始采撷儒家经典中部分有关自省的表述作为引导语，引领读者体会儒家自省的内涵，并将其与作者扎根分析所得出的构念维度相结合，以全新的角度解读其中的奥秘与哲理，将儒家自省通俗化、具体化，引导读者从中参悟出一些做人做事的智慧、为人处世的艺术、修身养性的方法。本书既有精深的思想理念，又包含诸多具体形象的事例，有助于读者的理解、接受与应用。

作　者

2017 年 9 月

目　　录

儒家自省的管理启发

Chapter 1

第一章 吾日三省吾身——导论

儒家十分重视个人的道德修养，以求塑造君子的理想人格。作为儒家经典“四书”之一的《论语》，在其开篇《学而》中第四句即述及——曾子曰：“吾日三省吾身：为人谋而不忠乎？与朋友交而不信乎？传不习乎？”意思是，曾子说：“我每天严谨认真地多次反省自己：为别人办事是不是达到尽心竭力？同朋友交往是不是做到恪守信用，诚实无欺？老师传授给我的知识是不是没有练习，忘了温习？”

曾子所提出“三省”的修养办法，要求不断地从“忠”“信”“习”三个方面检查自己，修善自己，不断进行自我体悟，塑造出理想人格。从中可以看出，自省是一种省察、完善自身的方法，通过自省可以改正缺点、强化优点，使个体在做事、为人、修心方面取得进步与成长。《论语》以及其他多部儒家典籍中均多次谈到自省，要求人们主动自觉地反省自己，批评自己，加强品性修养、提升思想境界，改正言行举止上的各种错误，解决在做事、做人等方面的各种问题。

曾子三省这段话出现在我们初中语文课本里，需要背诵、默写，所以很多人都记忆犹新，但是真正理解并实践其精髓的人又有多少呢？“古之君子，其责己也重以周，其待人也轻以约……今之君子则不然，其责人也详，其待己也廉”，韩愈在《原毁》中的论断同样适用于当下的情形。现如今，人们多宽以待己、严以律人。君不见：多少工作失误是因为只顾推卸责任不知反省自身做事的方式方法，多少矛盾冲突是因为只顾苛责他人不知反省自身为人的目的原则，多少社会问题是因为只顾眼前利益不知反省自身内心的道义良知……

在现如今普遍缺乏自我审视、自我批判、自我修正、自我提升的情况下，本书提出儒家自省的概念，并将其与自我管理与组织管理的相关实践相结合，希望对读者能够有所启发，将儒家自省的理念与方法融入自己的学习、工作与生活中，真正地实现在做事、为人、修心等方面的全面、健康、持续的提升与进步。

第一节　何谓儒家自省

一、儒家思想发展历程的简要回顾

（一）产生

春秋末期伟大的思想家、教育家孔子在梳理、总结并继承了夏、商、周以来“六德（智、信、圣、仁、义、忠）”、“六行（孝、友、睦、姻、任，恤）”、“六艺（礼、乐、射、御、书、数）”等文化教育成果的基础上，创立了儒家学说，并逐步形成一个完整的思想体系。

东周末期，中国社会经历划时代的变革，周王室日益衰微，诸侯割据纷争，社会动荡不安，对封建宗法等级制度具有维护作用的“周礼”遭到了极大的破坏，史称“礼坏乐崩”。到了春秋战国时期，代表各阶级、各阶层、各政治集团利益的学者或思想家，纷纷登上历史舞台，都试图按照其所代言主体的利益诉求，对社会治理方法、伦理价值标准等提出主张，为解决经济、军事、政治、文化等方面的社会现实问题提出对策。他们或通过著书立说、广收门徒、高谈阔论，或通过四方游走、借势君王、互相诘难，不同的思想在相互竞争与融合的基础上得到迅速发展，形成了“百家争鸣”的繁盛局面。在诸子百家中，影响最大的是儒家、法家、道家、墨家，他们各自为新兴的地主阶级设计了一整套结束割据、实现统一的理论体系与实施方略，为秦汉以后的国家与社会治理思想选择奠定了基础。

孔子一生致力于传道、授业、解惑，被称为“万世师表”“至圣先师”。在社会新旧制度交替、文化思想更新的环境中，孔子创立了以“仁”“克己复礼”为核心的儒家学说，提倡把传统的礼乐法规转化为人的道德实践，强调“仁者爱人”，认为可以把人所具有的道德属性扩展为社会伦理和政治伦理，用于处理君臣、父子、兄弟、夫妇、朋友之间的关系，进而奠定了儒家“内圣外王”之学的基调。孔子的儒家学说，为当时相对混沌的社会思想与文化注入了一股新流，提供了建立一种新的和谐秩序和心理平衡的解决方案。孔子一生的言行被记载于《论语》，被翻译成多种语言，其发行量在世界范围内仅次于《圣经》。

作为孔子的学生，孟子、荀子等进一步发挥和宣扬孔子的思想，在先秦时期形成了一个具有重大影响的儒家学派。在人性方面，孟子主张“性善论”，而荀子主张“性恶论”。孟子的“性善论”，认为人生来就具备普遍的善的德行，人们可以通过改造回复到善的方向；荀子的“性恶论”，认为人性本恶，需要用礼法在物质上多加调剂，避免人性向恶的方向发展，最终达到善。孟、荀二人虽出发点不同，但最终殊途同，都是引人向善，最终达到“人皆可为尧舜”的宏伟目标。

（二）曲折发展

在经历了焚书坑儒的重创后，儒家思想在西汉时期经汉武帝的“罢黜百家独尊儒术”，确立了其正统思想的地位。

在秦朝采用法家思想迅速兴起与衰败后，汉初采用了道家的黄老之学，通过无为而治来休养生息，出现了文景之治。经过汉景帝时代的“吴楚七国之乱”，统一的国家面临着分崩离析的危险。到了汉武帝时期，社会经济不断发展，封建统治得到巩固，为了给“大一统”的局面提供思想基础与理论依据，汉武帝下诏征集全国的贤良到中央接受“策问”，希望当时的知识分子能够将“天人相际”的观点改造成适合其统治的思想理论体系。在诸多参加“策问”的贤良中，董仲舒脱颖而出，其所提的《天人三策》，得到汉武帝的青睐。

董仲舒吸收道家、法家等有利于君主统治的成分，对儒学进行了改造，增加了“君权神授”和“大一统”的思想，提出“天不变，道亦不变”的宇宙观，建立起“三纲”“五常”的道德观，把先秦关于君臣、父子、兄弟、夫妇、朋友五伦发展为“三纲”，把仁、义、礼、智、信“五常”作为调整这种关系的基本原则。董仲舒在儒学一度跌落谷底的局面下，在汉武时期重建以儒家人道主义架构为基础、兼容并包的新儒学体系，对儒家的理论建构贡献巨大。其儒学理念顺应了历史潮流，促进与巩固了汉朝的政治和思想统一，为儒家在后续两千余年的意识形态统治地位奠定了基础。

隋唐时期，儒、佛、道三教鼎立，儒家地位下降。由于李唐政权把祖先追溯到道家创始人老子，因此更加崇尚道教，一度出现了道学首位、佛学第二、儒学第三的局面。至唐中期，韩愈极力排除佛、道，提倡儒家道统思想，维护儒家思想的正统地位。韩愈《原道》中指明，仁义是儒家的核心立场，是判断一种思想理念是否可归入儒家的判断标准；韩愈还对“统”提出了自己的见解，认为儒学亦存在传统谱系，即“尧、舜、禹、汤、文、武、周、仲尼、孟轲”，孟子之后的儒学发展开始没落，表达了其继任道统、要为儒学发展承上启下的意识。

（三）兴盛

到了宋代，周敦颐继承和发展了孔子、孟子、董仲舒以及韩愈的儒学，结合儒、道、佛，提出太极、理、气、性、命诸范畴，奠定了理学的基础。程颢、程颐在“天人合一”论的基础上，提出以“理”为基本概念的理学体系。理学是以儒家思想为基础，吸收其他思想形成的新儒学。朱熹是理学发展的集大成者，他进一步完善和发展二程兄弟的思想，建立了客观唯心主义的理学体系，后人称其为程朱理学。其核心内容为：“理”是宇宙万物的本源，是第一性的；“气”是构成宇宙万物的材料，是第二性的；“天理”和“人欲”是对立的，人欲是一切罪恶的根源，应该“存天理，灭人欲”。由于“程朱理学”鼓吹“三纲五常”，重视道德说教，强调个人操守与气节，对维护封建秩序和巩固封建统治意义重大，使儒家的意识统治地位更加稳固。

明朝时期，出现了可以与朱熹的理学分庭抗礼的儒家心学。该学派的理念最早可推溯自孟子，由北宋程颢开其端倪，南宋陆九渊大其门径，由明朝王守仁（阳明）发扬光大，成为儒学中独树一帜而又影响深远的分支。在诸多代表人物中，王阳明为心学集大成者，世人尊称其为“阳明先生”，他认为“心即理”，提倡“致良知”，应该从自己的内心寻找“理”。在知与行的关系上，强调“知行合一”，两者互为表里，不可分离。王阳明是中国历史上为数不多的集立德、立言、立功“三不朽”于一身之人，其心学思想既是对儒家思想的传承又是对儒家思想的进一步发扬与发展，对后世产生了极大的影响，其思想甚至远播日本、朝鲜、东南亚等地。

明末清初，儒学发展不再完全拘泥于传统旧学的藩篱，逐步构建起具有时代特色的新思想体系。这个时期，李贽不满以正统自居的朱子理学，认为是非应随时代变迁发展而改变，不应以某些话作为永久不变的定论，反对当时口是心非的假道学，强调个性发展，追求平等、个性；黄宗羲继承了儒家的民本思想，提出了“天下为主，君为客”的进步思想，提倡“法治”反对“人治”；顾炎武强调“经世致用”的实际学问，主张把学术研究与解决社会问题结合起来，力图扭转明末不切实际的学风；王夫之则发展了朴素唯物思想，其认为

“气”是物质实体，“理”是客观规律，提出“气者，理之依也”和“天下惟器”的唯物主义观点，用发展观点来看待历史，认为历史发展是有规律的，提出在政治上要“趋时更新”。经过批判性继承、否定之否定的进化，儒家思想已逐步发展成为民族文化的灵魂。

（四）衰微

清代中叶以后，儒家思想的存在与发展同中国“屈折”的近代化（即现代化）紧密地联系在一起，此时的儒家思想已相对衰败。康有为、谭嗣同、梁启超等人试图以复兴儒学来实现社会政治的改革，但变法失败，复兴儒学之梦化为乌有。辛亥革命之后，西学浪潮滚滚而来，君主专制和儒家思想在新文化运动与五四运动的交织与合流中成为众矢之的，儒家思想被人们视为君主专制的理论基础而遭到批判，成为君主专制的“替罪羊”。

此期之后的儒家思想不再依赖于社会政治制度而存在，分化为两种形式：一种在平民中传播和发展，成为保留在民间的日用儒学；另一种成为学院化或书院化的学术儒学。在当代社会，孔子学院开遍全球，引起世界各地的人们的注意，纷纷主动了解与学习中国传统儒学。至此儒学回到了自己的生命之本，重新找到了自己的真实生命：含德之厚，犹如赤子；花果飘零，岖路征程；返本开新，走向世界。

二、儒家中的自省思想

自省是儒家所倡导的一种十分重要的修养方法，强调人的自我反省、自我省察，在儒家思想中有着悠久的历史和传承。这种修养方法要求人们经常反省自己的意识和行为，辨察、剖析其中的善恶是非，开展自我批评并进行自我修正，不断提高自己的道德水准和学识水平。不同时期的儒家代表人物对自省均有独到的见解，有着自省、内自讼、反、自反、省察等多种表述方式。

五经之首《易经》在乾卦第三爻中有“君子终日乾乾，夕惕若厉，无咎”之语，虽未直接阐述自省二字，但其含义已表明君子不仅要整天自强不息，发奋有为，而且一天到晚都要心存警惕，好像有危险发生一样，才能免除灾祸，顺利发展，为君子提供努力加自省的方法论。

孔子对自省有深刻的见解，提出自省的方法论：“见贤思齐焉，见不贤而内自省也”。见贤思齐，是向贤德的人学习，从而具有贤德之人所拥有美好的品德或行为；见不贤而内自省，则是看到别人有不贤德的行为就要反省自己，是否也有类似的不好的行为，如果有的话就进行改正。又云“内省不疚，夫何忧何惧?”，认为当反省内心感觉到无所愧疚时，就没有什么可担忧可惧怕的了，内心从而变得无比强大。但是，孔子又发出哀叹，“已矣乎！吾未见能见其过而内自讼者也”，内自讼即自省，此言固有夸张的成分，但也可见能自省的人确实太少。

孔子的学生曾子身体力行地践行自省，其云“吾日三省吾身：为人谋而不忠乎？与朋友交而不信乎？传不习乎?”分别从为人做事、与朋友交往和学习的三个角度反省自身是否做到了忠、信、习，忠为尽心竭力，信是诚信，习乃实践，朱熹认为“曾子以此三者日省其身，有则改之，无则加勉，其自治诚切如此，可谓得为学之本矣”。

孟子多次将自省表述为自反，“有人于此，其待我以横逆，则君子必自反也：我必不仁也，必无礼也，此物奚宜至哉？其自反而仁矣，自反而有礼矣，其横逆由是也，君子必自反也：我必不忠。自反而忠矣，其横逆由是也，君子曰：‘此亦妄人也已矣。如此则与禽兽奚择哉？于禽兽又何难焉?’”孟子认为，当别人以蛮横而不顺从的态度对待自己时，作为君子就会自我反省自己是否不仁，是否无礼，是否不忠，如果自己做到了仁、礼、忠，而那人依然蛮横而不顺从，那么那人一定是个狂妄之徒，与禽兽又有什么区别呢？又何必与禽兽计较呢？由此可看出，孟子认为作为君子要首先反省自己，从自身找原因，而不是责怪他人，当自己的所作所为都符合道义时，就能不惧非议，问心无愧。另外，当“行有不得”时，要“皆反求诸己”“爱人不亲反其仁，治人不治反其智，礼人不答反其治”，只要自身行为端正，那么自然“天下归之”。

荀子认为自省有很多好处，“君子博学而日参省乎己，则知明而行无过矣”，君子广泛地学习并且每日反省自己，就会智慧明达而行为无过错。“志意修则骄富贵，道义重则轻王公，内省而外物轻矣”，通过自省，能够轻视外物，不被外物所束缚。“君臣上下，贵贱长幼，至于庶人，莫不以是为隆正；然后皆内自省，以谨于分”，人们都反省自己的身份地位，遵守秩序，就能谨守本分，避免不必要的祸患。

汉代董仲舒认为君主应省察天意，从而按照天意治理国家，“国家将有失道之败，而天乃先出灾害以谴告之，不知自省，又出怪异以警惧之，尚不知变，而伤败乃至”。“灾异以见天意，天意有欲也、有不欲也，所欲、所不欲者，人内以自省，宜有惩于心，外以观其事，宜有验于国”。天意即自然规律，违背自然规律，则会出现自然灾害或异常现象作为警示，不知自省的话就会受到惩罚，改过并顺应自然规律国家才会昌顺。

唐朝人韩愈曾说：“古之君子，其责己也重以周，其待人也轻以约。重以周，故不怠；轻以约，故人乐为善。……今之君子则不然，其责人也详，其待己也廉。详故人难于为善，廉故自取也少。”韩愈通过古今的对比，阐述了古之君子的美德。古之君子善于自责，他们要求自己严格而全面，对待别人则宽容而简约，即严以律己，宽以待人。他们自省的标准很高，也就无暇去责人。而现在有些人则恰恰相反，对别人过于苛刻，对自己则要求甚少，这样，自己丧失了上进的动力，别人也失去了“为善”的信心。

元代的许衡说：“责得人深者必自恕，责得己深者必薄责于人，盖亦不暇责人也。自责以至于圣贤地面，何暇有工夫责人。”善于自省、自责的行为是美德，不善于自省、自责，惯于责怪别人则是不好的品质；善于自省、自责的人可以成全别人的仁善之举，相反，不善于自省、自责的人则会发展自己的不良习气。“责己者可以成人之善，责人者适以长己之恶”。

作为心学之集大成者，王阳明十分重视省察克治，反省错误是第一步，知道错误是哪些，将错误克除了、整治了才是目的。“省察克治之功，则无时而可间，如去盗贼，须有个扫除廓清之意”。省察克治的是“好色好货好名等私”，这些念头一旦萌动，就要立刻摒弃，不留一丝一毫，拔去病根，永不复起，方能扫除廓清。王阳明认为，做学问的根本是在每天的日常中，需要时时省察，“学问根本在日用间，持敬集义工夫，直是要得念念省察”。但是，他发现，人们在做学问时存在很多问题，只知“口耳讲习”，却不知身体力行，“自俗儒之说行，学者惟事口耳讲习，不复知有反身克已之道。今欲反身克已，而犹狃于口耳讲诵之事，固宜其有所牵缚而弗能进矣”。能做到省察克治的人太少了，“学者稍见本体，即好为径超顿悟之说，无复有省身克己之功”。

明代的湛若水认为，君子的全部内涵，只不过是反省、“反己”而已。他说：“已君子之学，反己而已。反己，则见其不能不愧于天，故不怨；见其不能不怍于人，故不尤。”由此看来，善于还是不善于自省，成为区分“圣人”“君子”与“小人”的一道分水岭，“反己”，才能做到不怨天尤人，从自身努力出发，勤勤恳恳无羞无愧，最终才能成为君子。

通过上述回顾可以发现，几乎历代儒家代表人物均对自省有所论述，诸位大儒从自身生活、学习与感悟中出发，发现了自省的重要意义，进而表达出对自省的重视与强调，以此来鼓励人们重视自省并勤于自省。简单地说，自省就是自我省察、自我反省，而本书运用扎根理论的方法，得到儒家自省的一般性构念——儒家自省就是追求自我进步与成长的个体依据君子（甚至圣贤）标准，对其在处理事情、人情、心情等问题的方式方法、过程结果及变化发展所进行的自我反思、自我评价、自我教育和自我完善。作为优秀的传统儒家思想之一，自省值得我们进行深入的探究、学习与应用，有必要立足于我国历史文化传统和社会发展现状，发掘影响深远、易于接受、便于实施的思想理念，进而发展理论并指导实践。

第二节　为何要探究儒家自省

一、儒家思想的当代价值

（一）对人类三大问题的正面回应

儒家思想自产生之日起就颇受瞩目，其侧重社会取向的价值观，富有伦理特色的政治观，追求自我完善的道德观，在中国封建时代长期成为官方正统思想。在世界观方面，它是理性的；在人生目的方面，它是功利的；在处理人际关系的态度方面，它是和谐的。因此，儒家思想对人类三大问题都做出了正面的回应。

首先是人与自然的关系问题。在《易传》中，天、地、人被看成宇宙组成的三大要素。《贲象传》曰："刚柔交错，天文也。文明以止，人文也。观乎天文，以察时变；观乎人文，以化成天下。"人与自然并列，就应和谐相处，由此形成了儒家"天人相通""天人合一"的人与自然相互协调观念。朱熹有句话讲得特别好："天即人，人即天。人之此生得之于天，既生此人，则天又在人矣。"人与天是不能分离的，有了人，天的使命就在于人。孔子讲知天命，同时畏天命。要敬畏天，不能随便破坏自然，要知道敬畏自然。

其次是人与人的关系问题。儒家所提倡的亲亲尊尊，代表了人类社会得以延续的两个基本原则。个体基于父母生养的自然事实，遂由此处理一切家庭关系及所派生出来的诸种社会关系，此为亲亲；然而，个体始终生活在某种群体之中，故必须克制自己的自然属性，而服从某种群体的普遍要求，遂有对代表群体之个体的尊崇。《大学》讲修齐治平，接着就提出：“自天子以至于庶人，壹是皆以修身为本。其本乱而末治者否矣。”自己对自己有要求，才能处理好人与人、人与社会的关系。

最后是人与自身的关系问题。人的身心问题有内外两个方面。现在社会问题多，原因之一就是人的个人的内部外部问题没有解决好。这个问题儒家同样有很多有价值的资源。宋明理学提出“孔颜乐处”的命题，就是追求人的身心内外的和谐。孔子说：“知之者不如好之者，好之者不如乐之者。”达到这个境界，人的身心内外就和谐了。在阳明心学的体系中，“心即理”是起因，“知行合一”是过程实践，“致良知”是根本目的，人们应该“知行合一”地去提高内心的修养和智识，去除自己的私欲与杂念，从而达到“致良知”，最终实现达成儒家“立功、立德、立言”的成就。

（二）对当代个体发展的有益启发

成为君子是儒家对个体塑造的理想预期。“圣人吾不得而见之矣；得见君子者，斯可矣”（见《论语·述而》）。连被后世称为“孔圣人”的孔子都说自己不能见到圣人，只能见到君子。可见，对于一般人来说，能够成为君子就是很了不得的事情。在两千余年的发展历程中，儒家对当代个体发展，即如何成为君子提供了非常有益的启发。

强调“入世”，重视现实。在中国古代，知识分子的活动一般说有两个方面：“超然”和“参与”，或者“出世”与“入世”。“出世”多体现于道家与隐士，他们远遁乡野山林，不问世事，与世无争。而儒家提倡“入世”，以天下为己任，具有强烈的责任感与使命感。主张“士不可不弘毅，任重而道远，仁以为己认”，以“平治天下”为“舍我其谁”之重责。儒家讲究“济天下”“天下兴亡，匹夫有责。”儒学不以彼岸世界为归宿，而以治理好现实生活为目标。

追求理想，奋发向上。儒家经典《礼记·礼运》描绘了理想的“大同世界”：“大道之行也，天下为公，选贤与能，讲信修睦，……使老有所终，壮有所用，幼有所长，……故外户而不闭。是谓大同。”儒家君子，需通过格物、致知、诚意、正心、修身、齐家、治国、平天下，积极承担社会责任，充分考虑自己的社会性内涵，讲求公共意识和公共道德，不论身处社会基层的民众，还是属于贵族阶层的大夫，乃至国君、天子，都要为社会大同与和顺做出贡献。

提倡修养，培植盛德。孔子曰：“朝闻道，夕死可矣。”儒家所赞美的“仁人”“圣人”，就是指那些道德高尚的“君子”。一个人要达到“君子”的水平，就要加强自身的修养。“见贤思齐焉，见不贤而内自省也。”主动培植自己的道德水平，检查自己的不足，向道德高的贤者学习。君子要心胸坦荡，要正直不佞，知错就改，反对“巧言令色”，反对文过饰非。为人应自知、自省，对己严，对人宽。儒家提倡自我修养的目的是不断要加强道德修养，提高道德水平。

坚持正义，弘扬正气。古人“不食嗟来之食”，宁愿饿死也不失其气节，只有“富贵不能淫，贫贱不能移，威武不能屈”，方能成为立志以仁，处事以礼，践行以义，百折不挠的“大丈夫”。领悟“志士仁人，无求生以害仁，有杀身以成仁”与“生，我所欲也，义，亦我所欲也，二者不可得兼，舍生而取义也”的真谛。通过“善养吾浩然之气”，发扬刚直不阿的精神，坚定立场，不屈服、不妥协，以坚持正义，弘扬正气。

节俭不奢，清心寡欲。诸葛亮有句名言：“夫君子之行，静以修身，俭以养德，非澹泊无以明志，非宁静无以致远。”大学问家司马光说：“众人皆以奢靡为荣，吾心独以俭素为美”。明末清初的名儒朱柏庐说：“一粥一饮，当思来之不易，半丝半缕，恒念物力唯艰”。这些说法都体现出“成由勤俭破由奢”的观念。提倡节俭，要控制自己的欲望。通过提倡节俭，不仅克服经济问题、促进事业成就，还能实现道德追求，完善人格修养。

(三) 对和谐的重视与引导

“和也者，天下之达道也”。蕴涵“和谐”特质的儒家思想，特别强调上应天理、下合人伦，认定“和”是最为通达、共同认可的道理。和同之辨，这是儒学关于和谐问题的主张。孔子认为君子用“和”，小人用“同”。在否定“同”之后，儒家致力于讨论如何才能做到“和”，包括国家政治君臣关系的和谐、各派政治力量的和谐，以及整个社会的和谐，并开出了一系列行之有效的良方。

仁义之德为和谐之基。“君子和而不同，小人同而不和”说明了人与人之间思想观点具有差异性，不能完全求得一致，但仍然可以在和谐的前提下，携手并进。要达到和谐的局面，儒家认为“仁”“义”之德是必要的基础。“仁者，爱人也”，就要处处为他人着想，“已所不欲，勿施于人”“已欲立而立人，欲达而达人”。在面对人与人、群体与群体之间的矛盾和利益冲突时，要树立重义轻利、崇义贬利、以义代利的“非义不居”思想。“君子喻于义，小人喻于利”反映出有德行的人知道的应该是“义”，儒家虽倡导“舍生取义”，却并非要求人们完全放弃利而只顾义，只是说当义利发生矛盾时，要去追逐公义而放弃私利，即“圣人于利，不能全不较论，但不至防义耳”。

中庸取向为和谐之准。“中者，不偏不倚，无过不及之名”“不偏之谓中，不易之谓庸”。“中”就是本体与状态，“庸”就是方法与过程，“中庸”即个体以其内在要求（人性、本心）为出发点和根本价值依据，在外部环境（包括自然的和社会的环境）中寻求“中道”，也就是使内在要求，在现有的外在环境与条件下，得到最适宜的、最恰当的、无过与不及的表达与实现。中庸不是中立，而是不偏不倚地把握“中”这个事物运动的准则。根据这个准则，为人处事就可以做得完美，恰到好处。这也就是《中庸》所谓“致中和”“合内外之道”。如果中庸能够在政治、经济、文化乃至个人思想言行等各个方面得以实践，就能够“天地位焉，万物育焉”，不仅能实现整个社会的和谐，也能实现了人与自然万物的和谐。

礼乐文化为和谐之辅。儒家崇尚礼乐文化，它以“礼”与“乐”的相互支撑来追求和谐的统一。“乐者，天地之和也；礼者，天地之序也。和，故百物皆化；序，故群物皆别”。“礼”的本质是“序”，“乐”的本质是“和”；“序”意味着等级、秩序，“和”意味着和合、和谐。和谐与秩序是对立统一的，没有无序而又和谐的状态，也没有不和谐而有序的事物。“礼”规定了必须遵守的行为规范以及应该履行的义务和责任，“乐”则是包括音乐、诗歌、舞蹈等在内的综合艺术的总括，通过声音、动作等方面的和谐统一来抒发情感，感化人心。儒家提出“和为贵”的思想，强调人与人之间的、人与组织之间以及组织与组织之间的和谐。“爱人者人恒爱之，敬人者人恒敬之”。因此，“大乐与天地同和，大官与天地同节”，通过礼乐文化来“兼善天下”，进而实现“天下为公”。

经过历史长河的洗礼，儒家思想文化已经不是几句话、几段文字能够说清表明的，它博大精深，是中华民族的宝贵遗产，我们要批判地继承加以吸收，并与社会实践相结合使其发扬光大，实现儒家文化应有的现代价值。儒家思想作为中华民族文化的精髓、灵魂之所在，丢弃它无异于数典忘祖，我们有责任挖掘儒家思想文化中的闪光点，如反躬自省，在当下的学习、工作与生活等方面加以应用。

二、自我意识与心智模式改善的需要

（一）自我意识

在以知识经济为主导的当代社会发展进程中，物质、资讯、技术等方面的极大突破为个体自我意识的发展提供了充分的经济基础和足够的想象空间，人本主义思潮达到前所未有的高度。个体更加关注自身的成长需要、本性潜能、经验价值，自我意识受到来自理论与实践领域的格外关注。自我意识是对自己身心活动，如生理状况、心理特征、地位作用等方面的觉察、认识与评价。自我意识不仅是个体对自身解读，同时也反映个体与他人、环境之间的关系。自我意识在个体发展中有十分重要的作用，能使个体对自己的思想和行为进行自我控制和调节，并影响着道德判断和个性形成。

自我意识的结构主要包括“知”“情”“行”三个方面，即自我认知、自我体验和自我监控。自我认识是主观自我对客观自我的认识与评价，在自我意识系统中具有基础地位，属于自我意识中“知”的范畴。正确的自我认识与评价，对个体的心理生活及其行为表现有较大影响。如果个体对自身的估计与社会上其他人对自己的评价距离过于悬殊，就会使个体与周围人们之间的关系失去平衡，产生矛盾，进而形成自满或自卑的心理倾向，将不利于个体的心理健康。

自我体验属于自我意识中“情”的范畴，即个体出于对自身认识而引发的情感体验，是主观自我对客观自我所持有的一种态度。当客观自我满足了主观自我的要求时，就会产生积极肯定的自我体验，如自尊心、自信心、成功感等；当客观自我未满足主观自我的要求时，就会产生消极否定的自我体验，如挫折感、羞耻感失败感等。自我体验不仅与自我认知、自我评价有关，也和自己对社会规范、道德标准、价值体系等方面的认识有关。关注自我体验将有助于自我监控的发展。

自我监控属于自我意识中“行”的范畴，指个体在特定的情境下，出于目标或策略的缘由，对自身思维、心理和行为的控制，主要表现为强化与抑制。自我监控一方面在自我认识与自我体验的基础上加强或减弱某些欲望诉求或言行举止；另一方面又影响自我认识与自我体验的变化。自我监控是个体自我发展和自我实现的基本前提和根本保证，在个体成长的过程中，无论是目标、计划抑或行动的制定与实施，都必须以自我监控为手段，并且，自我监控的能力与水平最终决定着个体成长的结果。

（二）心智模式

在学习与成长成为当今时代发展的主旋律之后，有关心智模式的探讨的书籍文章、讲座培训、自媒体等在多方诉求的共同作用下不断涌现。心智模式指根植于个体内心，影响其思维与行为的诸多假设、成见、印象、规则、逻辑等的综合，体现着个体认识世界的方法与习惯。心智模式不仅决定我们如何理解世界，而且决定我们将如何采取行动。当我们的心智模式与所认知事物的发展情况相符时，能有效地指导行动；反之则可能事倍功半、南辕北辙，或造成误解、为自己与他人带来负面影响。

每个人都具有自己的心智模式，至少包含着认知基础、思维框架和行为定势三个主要部分。每个人的心智模式的形成与其教育背景、实践经历以及成长环境密切相关，因此每个人的心智模式也不一样。心智模式是个体应对特定环境变化的一种捷径，任何人的决策都不可能有绝对全面的信息和绝对正确的判断，人必须选择性地接受信息、分析信息和得出自认为正确的结论并做出相应行为，而这个过程会伴随着“刺激—处理—反馈”机制，好的反馈会保留或加强既有的心智模式，不好的反馈会放弃或弱化既有的心智模式。在面对各种环境刺激的反应过程中，心智模式逐渐形成与发生变化。

具体而言，心智模式的认知基础为我们提供了观察世界的特定视角，如同一个“滤镜”，会影响人们所“看见”的事物，具有不同心智模式的人在观察同一事物时，往往会有不同的感受或得出迥然不同的结论；心智模式的思维框架决定了我们如何从外部世界获取信息、对信息进行解读、做出合理的假设、按照特定规则进行推论、做出判断和决策；行为定势为我们在相同或类似的情境下迅速采取行动提供指导。由于在认知基础、思维框架和行为定势等方面都存在着局限性，个体的心智模式往往具有不完整的、受限制、易混淆、能改变等特性，所以我们要保留心智模式中合理的部分，识别并修正不合理的部分，不断改善自己的心智模式，进行自我修炼。

依据《第五项修炼》作者彼得·圣吉的观点，改善心智模式的过程是把镜子转向自己，看清楚自己的思考与行为如何形成，尝试以“新眼睛”获得新的信息、以新的方式对其进行解读、思考、决策与行为的过程。主要包括四个步骤：首先，开放头脑进行觉察，把隐藏于个人内心深处隐而不见的假设、规则、成见等“浮现”出来，才能更加主动地对心智模式进行检验和改善；其次，开放眼界进行检验，在“心门”打开之后，可以通过新的视角去获得新的资料，或以新的视角去审视原有的资料；再次，开放心灵进行改善，在接纳了新的资料之后，需要用新的规则或逻辑对其进行解读，以便检验心智模式的有效性及其适用范围；最后，开放意念进行植入，心智模式不是存在于理性思维的层面，而是隐藏于思维的背后，是在潜意识或无意识状态下发挥作用的心理存在，所以必须经由持续的练习，让其成为下意识的习惯，让一些价值观、规则、逻辑等成为牢固的信念，进入潜意识层面，才能较稳定、持久地发挥作用。

三、本土化理论与实践发展的迫切需要

在国外有关认知改进的研究中，亦存在类似于儒家自省的概念，主要包括自我反思（self-reflection）、自反性（reflexivity）、核心自我评价（core self-evaluation）与冥想（meditation）等。其中，自我反思指个体在各种反馈信息的基础上，对思想、行为与洞见的检查、评估与调整，以便实现特定目标；自反性指特定主体对任务目标、策略、过程的反思与沟通，并做出相应的调整；核心自我评价指个体对自身能力和价值做出的最为基本的评价，进而预测工作过程与结果；冥想指个体有意识地把注意力维持在当下，达到专注、平静、放松的状态。

总体而言，上述概念的发展主要采用西方心理、行为与管理等领域的理论，并未考虑我国的历史文化传统和社会发展现状，研究结论在个体认知方式、思维习惯和行为偏好等方面可能存在兼容性问题。并且，上述概念虽然与儒家自省有一定的相似性，但通过比较分析还是可以发现诸多区别。在内容方面，自我反思与自反性主要涉及“做事”的思维、策略与行为；核心自我评价主要涉及自尊、控制等具有评价性、根源性与宽泛性的人格特质；冥想主要

涉及注意力与情绪；儒家自省则既包含对“做事”“为人”的反省，还包括对“内心”的探询与修炼。在目的方面，自我反思与自反性具有更强的功利性，以实现任务目标为出发点；核心自我评价主要为了明确人格结构与工作过程/结果之间的关联；冥想旨在平复情绪、缓解压力、调节身心；儒家自省则致力于通过“做事、为人、修心”的全面改善来实现个人修养与境界的提升。在方式方面，自我反思与自反性侧重于基于目标的纠错；核心自我评价侧重于对人格特质的自我认识；冥想侧重于注意力在当下的集中；儒家自省则不仅关注基于目标的纠错，还强调目标提升与自我完善。在主体方面，自我反思、核心自我评价与冥想适用于一般个体；自反性适用于个体与团队；儒家自省则主要适用于“君子”或有志于成为“君子”的个体。因此，作为本土化概念，儒家自省与涉及认知改进的西方概念既有联系也有区别，儒家自省内容更为全面、目的更为高尚、方式更为灵活。

鉴于儒家思想在中国源远流长、影响深刻，其自省理念亦得到广泛认可与推崇。作为儒家“内圣外王”的方法论，自省受到历代大儒的推崇，是“格致诚正、修齐治平”之本，有助于个体的改进与提升。尽管儒家不同时期代表人物对自省的论述侧重有所不同，但具有很强的相互补充与相互印证性。通过对“做事、为人、修心”等内容、方式与结果的自我反思与修正，儒家自省不仅能提升个体能力素质与道德品性，而且会突破既有的认知束缚，促进个体的学习与成长。因此，有必要基于本土化视角，对儒家自省相关理论进行提炼与总结。

在应用儒家自省相关理论的过程中，追求自我进步与成长的个体应依据君子（甚至圣贤）标准，对其在处理事情、人情、心情等问题的方式方法、过程结果及变化发展不断进行的自我反思、自我评价、自我教育和自我完善，进而使自己的方法技能、学识水平、道德水准与人生见地得到修炼与提升。这与当前的个体、组织、社会管理实践与发展需求有着极高的契合度。通过基于内在激发的慎独自修，儒家自省将促进个体的“忠恕宽容”与“至诚尽性”，不仅能充分发挥自己善良的天性，而且能感化他人、发挥他人的善良天性，进而“化育万物”，实现组织、社会的全面、协调与可持续发展。

第三节　本书如何探究儒家自省

一、扎根理论得构念

扎根理论与传记研究、现象研究、民族志研究、案例研究并称为质性研究五大传统方法，其主要宗旨是从经验资料的基础上建立理论。就认识论基础和操作要求而言，扎根理论存在三种主要版本：经典扎根理论，由格拉泽等学者提出，其认识论基础是实证主义，实施步骤主要包括开放性编码、选择性编码与理论性编码；程序化扎根理论，由施特劳斯等学者提出，其认识论基础是诠释主义，实施步骤主要包括开放性编码、主轴编码与选择性编码；建构型扎根理论，由卡麦兹等学者提出，其认识论基础是建构主义，实施步骤主要包括初始编码、聚焦编码、轴心编码与理论编码。由于程序化扎根理论引入较早，加之操作原则、分析步骤和评价标准相对成熟，受到国内学者的广泛关注与应用。

扎根理论研究开展之前，一般没有理论假设，需要直接从原始资料中归纳出概念和命题，然后上升到理论。它是一种自下而上的建立理论的方法，即在系统收集资料的基础上，寻找反映现象的核心概念，然后通过在这些概念之间建立起联系而形成理论。该研究程序所构建的理论牢牢扎根于经验数据，而且其研究过程能够被追溯检查，甚至在很大程度上实现重复检验，使理论构建更加规范、严谨，提高了信度和解释力，克服了一般定性研究缺乏规范的方法论支持、研究步骤难以追溯和检验、得出的结论说服力不强的问题。因此，扎根理论被认为是“最适用于理论建构的质性研究方法”“中国管理研究必要且适宜的工具”。

在对儒家自省的研究中我们发现，尽管儒家不同时期代表人物虽阐述了各自对自省的理解，但所言所感呈现出经验主观性与内容离散性等问题，且侧重点有所不同。为了系统展示儒家自省全貌，本书将立足于我国历史文化传统和社会发展现状，采用扎根理论方法，对源自儒家“四书五经”、历代大儒（董仲舒、朱熹、程颢/程颐、王阳明等）的典籍著作、管理者深度访谈，以及网络素材中有关儒家自省的内容进行分析与提取，运用三级编码的方法，开发儒家自省构念，明确其概念、构成及相互关联，为儒家自省的理论研究与实际应用提供操作化基础。

（一）原始数据来源

首先是儒家经典著作。涉及自省论述的儒家经典著作是最为基础的文献资料，而在诸多典籍中，又以儒家思想的核心载体——“四书五经”最为重要，因此，选择《论语》《孟子》《大学》《中庸》《诗经》《尚书》《礼记》《周易》《春秋·左传》九本典籍。此外，为了保证样本数据全面性与有效性，又补充了若干大儒的代表作，如荀卿的《荀子》，董仲舒的《举贤良对策》《春秋繁露》，朱熹的《四书章句集注》，程颢/程颐的《二程粹言》与王守仁的《王阳明全集》等。对于所选择的儒家经典著作，进行系统阅读，以“省”“讼”“反”为关键词提取有关自省的语句，发现涉及自省话题的儒家典籍主要有《论语》《孟子》《中庸》《尚书》《周易》《春秋·左传》《荀子》《举贤良对策》《春秋繁露》《二程粹言》《四书章句集注》和《王阳明全集》，将其中所有涉及自省的原文均予以摘录，作为分析样本。由于这些分析样本都是古文，在语义理解以及后续编码方面存在困难，故查考多方资料对其进行解释，并在必要时征求专家意见。

其次是管理者深度访谈。我们于 2016 年 6 月至 9 月期间，从近 100 位候选人中选择 20 位对儒家自省感兴趣、有心得、事业成功且受人尊敬的企业中高层管理者进行深度访谈，受访者的具体情况详见表 1－1。在访谈前一至两周，通过登门拜访、电话、微信等方式与受访对象进行沟通，建立信任关系，消除各种潜在障碍；大致交代访谈问题，提请受访者进行针对性思考和准备，以提高正式访谈效果；确定时间与地点，保障正式访谈的顺利实施。正式访谈时，先引导受访者进入主题情境，然后依据半结构化的访谈提纲（见表 1－2）逐步展开。在访谈过程中，至少有两位研究人员参与，一位主持访谈，进行提问与互动；另一位负责录音和笔录。访谈主持人尽量与受访者持同一立场，用其习惯的语言进行交流，努力做到共情倾听，对受访者的各种表述予以充分尊重与宽容，努力寻求与受访者达到情感上的共鸣。正式访谈时间最长为 3 小时 50 分钟，最短为 1 小时 50 分钟，平均控制在 2.5 小时左右。根据所有受访对象的访谈笔录和录音资料，共整理出文本数据近 25 万字。

表 1－1　　受访者基本信息

项　目	类别	人数	百分比
性别	男	11	55%
	女	9	45%
年龄	30～40 周岁	7	35%
	41～50 周岁	9	45%
	51 周岁及以上	4	20%
管理年限	5 年以下	2	10%
	5～10 年	6	30%
	10 年以上	12	60%
职位	中层管理者	13	65%
	高层管理者	7	35%
学历	大专及以下	4	20%
	本科	12	60%
	研究生及以上	4	20%

表 1－2　　访谈提纲

编号	问　题	目　的
1	请谈谈您对儒家思想的总体认识。	引导受访者进入儒家思考情境
2	您都知道儒家哪些代表人物？他们的主要观点是什么？	
3	您接触过的儒家著作有哪些？其主要内容是什么？	
4	在儒家思想里，有一种大家比较看重、强调的观点，就是自省，即自我省悟、自我反省。请谈谈您所知道的儒家有关自省的经典名句。	获取受访者对儒家自省总体认识的数据
5	您对儒家自省有什么见解？请具体谈谈，方便的话亦可举几个例子。	
6	结合您的自身情况，请谈谈您认为哪些自省内容比较重要？并尝试进行归纳。	获取受访者对儒家自省具体认识的数据
7	就刚才您所归纳出的儒家自省重要内容，请展开聊聊您的具体认识或体会。	
8	您一般在什么情况下会自省？一般反省哪些内容？自省的过程一般是怎样？请具体谈谈。	获取受访者儒家自省实际状况的数据
9	请谈谈您最近一至两次自省的具体情况？	
10	在您的印象中，记忆最为深刻的一至两次自省状况是怎样的？请展开谈谈。	

续表

<table>
<tr><th>编号</th><th>问　题</th><th>目　的</th></tr>
<tr><td>11</td><td>您觉得自己是一个勤于自省的人吗？您为什么会得到这样的结论？</td><td rowspan="2">进一步获取受访者儒家自省实际状况的数据</td></tr>
<tr><td>12</td><td>您认为自己在自省方面有哪些需要加强或改进的地方？</td></tr>
<tr><td rowspan="3">13</td><td>您同事中谁在自省方面的表现令你印象深刻，为什么？</td><td rowspan="3">补充获取可能存在的儒家自省敏感性话题数据</td></tr>
<tr><td>您朋友中谁在自省方面的表现令你印象深刻，为什么？</td></tr>
<tr><td>您亲属中谁在自省方面的表现令你印象深刻，为什么？</td></tr>
</table>

最后是网络素材。在百度搜查中键入“儒家自省”字段，搜到近 33 万个相关链接。打开前两百个网页，摘录其中涉及儒家自省内容的文本，共得到文本数据近 8 万字。

按照程序化扎根理论的要求，本书数据分析以儒家典籍中涉及自省的内容为主，以管理者深度访谈、网络素材为辅，三者相互印证、相互补充。通过开放性编码、主轴编码和选择性编码等步骤，界定儒家自省的概念，明确结构体系，详细阐述各构成维度的含义及联系。

（二）范畴提炼与模型构建

首先是开放性编码。将所获得的资料数据进行概念化和范畴化，以概念和范畴来反映资料内容，其目的在于指认现象、界定概念、发现范畴。在开放性编码阶段，为了方便后续的索引与校验，对不同来源的原始数据进行编号：在对源自儒家经典著作涉及自省的摘录语句进行编号时，首字母 C 表示来源于儒家经典，第二位数字表示该典籍的代号，第三位数字表示该典籍中自省语句的出现顺序，如 C－1－1 指在儒家经典《论语》（代号为 1）中涉及自省的第一个语句，即“吾日三省吾身：为人谋而不忠乎？与朋友交而不信乎？传不习乎？”；在对源自管理者深度访谈的自省表述进行编号时，首字母 I 表示来源于管理者深度访谈，第二位数字表示受访者次序，第三位数字表示该受访者访谈文本自然段落的次序，如 I－2－2 指通过深入访谈第二位受访者所整理出的文本资料的第二个自然段落；在对源自网络素材的自省表述进行编号时，首字母 W 表示来源于网络，第二位数字表示网页次序，第三位数字表示该网页自然段落次序，如 W－3－3 指通过网络检索获得的第三个网页的第三个自然段落。

在具体编码过程中，秉承贴近数据、保持开放、原词优先、注意关联的原则，即在充分理解原始数据含义后，尽量使用一致或较为接近的语言来形成初始概念。在此基础上，对源自管理者深度访谈的自省表述，采用逐行编码，最终得到263条初始概念；对源自儒家经典著作的自省语句，采用逐句编码，力求不遗漏任何重要信息，最终得到216条初始概念；对源自网络素材的自省表述，采用逐段编码，最终得到174条初始概念，部分结果见表1－3。

表1－3　　开放性编码的初始概念化分析（部分）

原始资料记录（语句编号）	初始概念
曾子曰："吾日三省吾身：为人谋而不忠乎？与朋友交而不信乎？传不习乎？"（C－1－1）	C1 每日多次反省；C2 为人做事是否忠诚；C3 与朋友交往是否诚信；C4 是否实践所学的知识；C5 反省与他人互动；C6 反省学习
子曰："吾与回言终日，不违，如愚。退而省其私，亦足以发，回也不愚。"（C－1－2）	C7 反省互动对象的行为习惯；C8 对互动对象的品性判断；C9 反省互动对象的思维方式
孟子曰："爱人不亲反其仁，治人不治反其智，礼人不答反其敬。行有不得者，皆反求诸己，其身正而天下归之。（C－2－2）	C22 发现问题从自身找原因；C23 结果不理想反思自己；C24 反思仁爱程度；C25 反思自身知识、经验、能力、素质；C26 反思自己对他人是否足够尊重；C27 预期和实际对比；C28 明确自省功能
凡今天下之论议我者，苟能取以为善，皆是砥砺切磋我也，则在我无非警惕修省进德之地矣。昔人谓"攻吾之短者是吾师"，师又可恶乎？（C－11－10）	C153 价值判断；C154 重视别人的批评；C155 增进德行；C156 从负面评论中学习；C157 感恩之心；C158 转变态度认识
……	……
一般是反省自己做事说话的方式，还有包括自己知识能力的不足。（I－1－6）	I4 反省做事情的方式方法； I5 反省自身知识能力水平
当我开了公司后，和以前的朋友相处起来，就感觉变了味道，感觉他们对我有了变化，说话开始或是有顾忌，或是带刺、带酸。我一开始想不通，后来从他们的角度想，应该是彼此身份的变化带来的极大的落差感造成的。（I－2－6）	I67 反省与朋友相处； I68 关系转变； I69 换位思考； I70 身份地位变化
首先会想到双方的态度，就是说我们俩之间不管是不是融洽，我觉得基础是两个人的态度，然后就是兴趣，然后就是利益，就是两人之间的利益。（I－4－7）	I129 反省态度；I130 感受氛围； I131 关注兴趣； I132 寻找利益共同点

续表

原始资料记录（语句编号）	初始概念
前段时间给员工培训讲课的时候，我每次上完课也会想，今天哪些表现好一些，哪些问题没有讲透彻，为什么，自己还需要注意什么问题，下一步如何提升。（I－6－8）	I168 反省自身积极表现；I169 省察结果理想程度；I170 发现具体问题；I171 分析问题原因；I172 寻找改进方案
……	……
反躬自省，就是当出了问题时、当面对批评时，多在自己身上找原因。这个道理我们都知道，也能认同，但就是做起来比较难。为什么难？因为我们挑战了自己的自尊。（W－1－1）	W1 结果不理想时从自身找原因；W2 知易行难；W3 挑战自尊
儒家思想非常重视个人的道德培养，孔子讲“见贤思齐焉，见不贤而内自省也”，正是要求人们通过不断反省培养良好的道德。（W－3－5）	W61 通过自省培养道德
……	……

由于这些初始概念的层次相对较低、表述过于口语化、数量庞大且存在一定程度的意义交叉，故而需要进一步提炼，将相关概念逐步“聚拢”，最终实现概念范畴化。在此过程中，对于出现频次低于两次的初始概念，经过研究者判断并请教国学同行，部分予以剔除，对于出现频次在三次以上的初始概念均予以保留并进行后续分析。在此基础上，对初始概念进行多次比较、归纳、分析与整合之后，共得到 41 个范畴。其中不同编码者一致认可的范畴有 29 个，存在意见分歧的范畴有 12 个，经过多轮讨论，最终达成共识的范畴有 35 个，范畴化分析过程见表 1－4，具体的范畴见表 1－5。

表 1－4　　开放性编码的范畴化分析（部分）

范畴	初始概念	范畴性质
A1 自身经验教训总结	I167 省察自己以往失败的经验教训；I201 对照自己过往经验；I241 记录经验教训；…录经验发现问题从自身找原因；C23 结果不理想反思自己；C175 以往经验的总结；…往经验反省做过的事；W153 对照以往经验；…	对自身的经验教训进行总结，为当前或将来处理类似问题提供借鉴参考
A2 自身能力素质评估	I5 反省自身知识能力水平；I12 反思知识、能力不足之处；I231 衡量自身能力水平…量自身反思自身知识、经验、能力、素质；C31 对勇敢正直的自我反思；…勇敢正自身的责任；W70 客观认识自己；W120 定期自我评估；…	着手处理具体问题时，衡量自身的能力、素质、知识水平是否达到要求

续表

范畴	初始概念	范畴性质
A3 对比目标与进展	I114 确定目标；I169 分析结果理想程度；…分析结果不理想反思自己；C179 对现状的反省；C214 反省预期和现实的差异；…省预期业务评估；W113 评估工作结果；…	事情发展过程中，不断对比现实情况与预期是否存在差距
A4 品性判断	I25 选择中意的对象去交互；I28 审视对方的人品；I178 对互动对象的判断和分类；…互动对互动对象的品性判断；C38 对互动对象的人品判断；C121 对互动对象的品质与德行判断；…互动对敬爱贤人；W78 找位良师；…	与人交往时，对互动对象的品质与德行判断
A5 礼数检视	I50 强调谦让；I190 谦虚；I191 随和；…和；…反思自己对他人是否足够尊重；C35 对于礼的自我反思；C66 省察礼；…察礼；待人热心有礼；W36 恭敬有礼；W39 以礼待人；…	在与人交往中反思自身的礼数，如恭敬、尊重等
A6 判断彼此相对位置	I68 关系转变；I110 判断互动对象的身份地位；I237 分级别；…级别判断对方身份；C89 注重身份秩序；C168 明确彼此身份；…确彼此确定自己的主要身份；W95 在其位谋其政；…	反省彼此身份、地位的不同，以期摆正自己的位置
A7 体察内心状态	I135 关注内心的起伏；I201 感觉内心很累；I237 内心激动；I259 存在不好的念头；…在不好对状态感知的关注；C113 外部表现源自于内心状态；C164 克治私心；C221 心动；…动；内心喜悦；W88 内心平静；…	体察状态感知的积极方面与消极方面
A8 反思价值观	I44 反省对金钱的态度；I152 反省对成功的态度；I198 价值观的转变；…值观的善恶判断；C63 反省价值观；C153 价值判断；C208 强调良知；…调良知做正面的事；W76 不慕虚荣；W90 汲取正面能量；…	对价值标准、善恶是非等问题的判断依据及其变化
……	……	……
A35 社会贡献	I168 强调奉献；…调奉献；为百姓做贡献；C123 为民请命；…民请命利他；W80 社会价值；W115 替别人做事真诚尽力…	思考自己为社会、他人做出的贡献

其次是主轴编码。由于开放性编码所得到的范畴类属和关联仍较为模糊，需要进行第二阶段的主轴编码，将开放式编码的结果，通过意义比较与归纳聚类，在不同范畴之间建立关联。在主轴编码过程中，对初始概念及由此形成的35 个范畴进行系统分析，判断各个范畴在含义上是否存在潜在的联结关系、分析确定范畴间的主次类别，并在此基础上发现和建立范畴之间的逻辑从属结构，最终得到了 9 个副范畴和 3 个主范畴。根据其内在联系及类型关系，对这些范畴进行了类属联结，结果详见表 1 –5。

表 1－5　　主轴性编码

对应范畴（35）	副范畴（9）	主范畴（3）
A1 自身经验教训总结 A9 他人经验教训借鉴	B1 事外借鉴	省事
A2 自身能力素质评估，A13 自身态度意愿评估，A16 投入产出情况预判	B2 事内准备	
A3 对比目标与进展，A10 问题发现，A17 原因分析，A23 对策方法	B3 问题管理	
A4 品性判断，A20 动机分析，A24 行为习惯，A26 思维方式，A29 动态变化	B4 互动对象判断	省人
A5 礼数检视，A18 初衷关爱，A27 原则持守，A30 策略方法，A32 诚实守信，A34 情绪管控	B5 自我体察	
A6 判断彼此相对位置，A11 寻求共同点，A21 换位思考，A25 权衡情理，A33 以和为贵	B6 和谐互动	
A7 体察内心状态，A15 注重正面感受，A22 克治恶欲私欲，A28 追求真善美	B7 内心状态感知	省心
A8 反思价值观，A14 反思人生观，A31 反思世界观	B8 内心观念溯源	
A12 他人影响，A19 问心无愧，A35 社会贡献	B9 内心积极追求	

将 A1 自身经验教训总结、A9 他人经验教训借鉴这 2 个初级范畴联结为副范畴 B1 事外借鉴。“事外借鉴”指在着手解决特定问题以前，对自身以及他人相关经验教训的借鉴。“凡事预则立，不预则废”，通过预先对特定问题经验教训的总结与学习，可以做到心中有数，从容不迫。将 A2 自身能力素质评估、A13 自身态度意愿评估和 A16 投入产出情况预判这 3 个初级范畴联结为副范畴 B2 事内准备。“事内准备”指处置具体问题时，对自身准备情况及预期结果所进行的判断，包括评估自身能力素质是否达到完成任务的要求、完成任务的态度与意愿以及预判所有可能产生的投入和获得的各项产出。将 A3 对比目标与进展、A10 问题发现、A17 原因分析和 A23 对策方法这 4 个初级范畴联结为副范畴 B3 问题管理。“问题管理”指在事项发展过程中不断地发现、分析与解决问题。例如，在访谈中一位受访者曾提到：“通过产品隐性瑕疵我们意识到某大型加工设备存在运转不良的问题，经过高强度的技术攻关，发现原因是终端控制部件的导电性在我们的生产环境中无法有效发挥。通过添加导电弹簧，我们创造性的解决了问题，与改造设备、更换终端控制部件等其他方案

相比，成本可以忽略不计”。

将对互动对象的A4品性判断、A20动机分析、A24行为习惯、A26思维方式和A29动态变化这5个范畴联结为副范畴B4互动对象判断。“互动对象判断”是指与人交往时，通过“听其言观其行”，省察互动对象的品性、动机、行为习惯、思维方式并发现其变化，从而获得对互动对象深入、全面的认知，做到“知彼”。将对自身的A5礼数检视、A18初衷关爱、A27原则持守、A30策略方法、A32诚实守信和A34情绪管控这6个初级范畴联结为副范畴B5自我体察。“自我体察”指与人交往时，在仁、义、礼、智、信等方面的自我反思。将A6判断彼此相对位置、A11寻求共同点、A21换位思考、A25权衡情理和A33以和为贵这5个初级范畴联结为副范畴B6和谐互动。“和谐互动”是指与人交往时，追求彼此关系的融洽与和谐。例如，在访谈中一位受访者曾提到：“作为国内顶尖的医用软件提供者，我们与医药销售代表有很大的不同，与院方领导互动时基本处于对等的地位，我们帮助其有效挖掘数据规律、更好地服务于病患。我们会站在院方立场思考问题，充分理解院方领导的决定，无论能否形成合作关系，我们都愿意成为知心朋友，期望能够在未来携手发展”。

将A7体察内心状态、A15注重正面感受、A22克治恶欲私欲和A28追求真善美这4个初级范畴联结为副范畴B7内心状态感知。“内心状态感知”指对内心真实状态的体察，包括平静、喜悦、爱、真善美等积极状态，亦包括对焦虑、疲惫、压抑、难过等消极状态。将A8反思价值观、A14反思人生观和A31反思世界观这3个初级范畴联结为副范畴B8内心观念溯源。“内心观念溯源”指通过探寻自身关于善恶/是非/得失等问题的评价标准、体悟人生目的和自身意义、思考整个世界以及人与世界关系，回溯内心深处的本原状态。例如，在访谈中一位被访者曾提到：“对于那次失败，使我陷入痛苦之中很长一段时间无法自拔，头发也白了不少……回想起来，对付出得到回报的渴望、对名利的追逐并不是我们活着的唯一理由……存在就有合理性，有时真的要学会改变自己，这也是善待自己，善待他人，毕竟人生短暂，做点自己认为有意义的事情更重要”。将A12他人影响、A19问心无愧和A35社会贡献这3个初级范畴联结为副范畴B9内心积极追求。“内心积极追求”指真正有意义的内在追求，例如，《王阳明全集》中提出，“盖其人欲净尽，天理流行，是以内省不疚，仰不愧，俯不怍，而心广体胖，有不知其手舞足蹈者也”。

在上述分析基础之上，我们继续对副范畴进行反复比较分析，特别是根据范畴之间的结构关系与过程联系，将副范畴进行整合，得到省事、省人和省心3个主范畴。

再次是选择性编码。为了对主轴编码阶段所得到结果进行“一以贯之”的处理，需要对三个主范畴继续进行深入关联。基于我们的研究目的，结合从原始材料到主范畴的反复比较、分析和整理，最终将儒家自省界定为核心范畴。虽然儒家自省没有最频繁地出现在各阶段资料中，但是就实质而言，儒家自省的本源性和涌现性是无可替代的，可涵盖从原始材料到主范畴的各种表述，并在其中居于核心位置。将儒家自省确立为核心范畴之后，有关理论也会自然呈现出来（如儒家自省包括省事、省人与省心3个主要内容维度）。经过选择性编码，各级范畴和初始概念最终联结成儒家自省的构念，见图1－1。

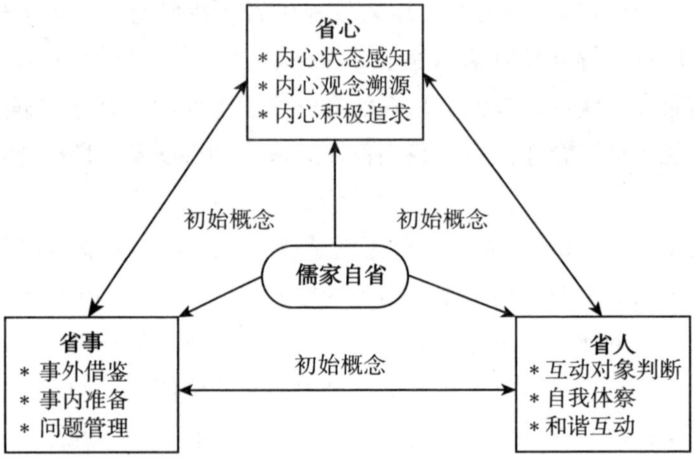

图1－1　儒家自省的构念

围绕着儒家自省这一核心范畴及省事、省人与省心三个主范畴，可以为绝大多数初始概念和各级范畴提供完整、合理的解释：面对着工作、学习与生活过程中所遭遇的各种事件及各样人物，个体的言行举止及其他表现既受制于内心状况，又不断改变、塑造着个体的内心。儒家自省就是追求自我进步与成长的个体依据君子（甚至圣贤）标准，对其在处理事情、人情、心情等问题的方式方法、过程结果及变化发展所进行的自我反思、自我评价、自我教育和自我完善。其中，做事必有动机和目标，体现了内心的实际诉求，且难免与他人产生互动；做人体现了内心的真实状态，且依附于具体的事件；修心既会在处事为人的诸多环节有所反映，同时又受到事情与人情发展过程及结果的影响。因此，省事、省人与省心三者相互关联、相互渗透、缺一不可，在持续性交织、循环和迭代过程中，呈现出儒家自省的概念全貌。具体而言，省事指对问题处理方式方法、过程及结果等方面的自我反省，包括事外借鉴、事内准备、问题管理三个主范畴；省人指对人际交往目的原则、过程及结果等方面的自我反省，包括互动对象判断、自我体察、和谐互动三个主范畴；省心指对自身存在意义价值、道德与信仰等方面的自我反省，包括内心状态感知、内心观念溯源、内心积极追求三个主范畴。

最后是理论饱和度检验。为检验研究结论的理论饱和度，我们补充访谈了2名企业管理者，并追加收集了20个涉及儒家自省论述的网页文本资料进行编码分析。在对补充资料进行开放性编码、主轴编码和选择性编码分析后，没有发现全新的概念范畴，因此认为本书的研究结果通过了理论饱和度检验。

综上所述，我们运用扎根理论方法，对儒家自省的构念进行质性研究，通过三级编码，得到了涵盖1个核心范畴、3个主范畴、9个副范畴、35个范畴、653个初始概念的儒家自省逻辑体系。在此基础上，提出儒家自省的概念与三维内容结构，认为儒家自省是“追求自我进步与成长的个体依据君子（圣贤）标准，对其在处理事情、人情、心情等问题的方式方法、过程结果及变化发展所进行的自我反思、自我评价、自我教育和自我完善”，由“省事”“省人”“省心”三个相互联系、相互渗透的主要内容构成。

二、案例故事促应用

案例一般指人们在学习、工作、生活中所经历的典型的、富有意义的事件陈述，是对特定故事的有意截取。由于案例具有拟真性，能较好反映现实情境的复杂、模糊和变动特征，能提供人们思考和解答问题的多种路径和空间，能使不同经历、不同年龄、不同水平和技能的人对同一案例都有自己的见解，故案例分析常常被作为一种工具对相关对象进行教育、引导、说服与感化，并在心理学、管理学、教育学、医学、法学等学科的教学与实践中应用广泛。

作为一种宝贵的资源，案例一般具有以下特征：首先是故事性，案例本身包含典型的故事情景，能带来身临其境的感受，使读者产生共鸣；其次是戏剧性，案例故事中一般具有明显的冲突与化解环节，能引起读者的关注与思考；

最后是意义宽泛性，即对于案例的解读具有多种可能性，不同读者产生的见解与情怀可能有所差异，即谓智者见智，仁者见仁。此外，对于所谓“好”案例，还有真实性、典型性、意外性、具体性、情感性等方面的要求。

如果说案例本身好比浮在水面表层的冰山，那么更大的价值则深藏水下。因此，本书将运用案例分析的方法对案例背后的价值点进行提炼与萃取。通过案例分析，启发、帮助读者自己发现冰山以下的价值，进行知识的自我建构，进而提升个人能力。这些“冰山下”价值点可能是可复制、可迁移的经验与方法，亦可能是具有启发性的理念与洞见。经过总结、归纳与学习的过程，读者能以在现实情境中所必须面对的棘手问题为基础，对他人的事例进行“解读”和反思，在充分提炼与萃取的基础上得出适合自己的原则、模式、方式与方法。

之所以选择案例故事作为后续章节展开的主要内容，除了上述依据外，还受到通俗类书籍的写作启发。为什么《西游记》家喻户晓？为什么《圣经》全世界有如此多的读者？其中非常重要的一个奥秘就在于书籍中充满了引人入胜的故事。书籍中的故事能增强文章的可读性，增加读者的兴趣，将读者吸引到作者所设定的情境中，使读者有身临其境之感。另外，使用案例故事，能用浅显的语言表现出深刻的寓意，使读者更容易理解与接受作者想要表达的想法，更为有效地传递信息。

此外，善于讲故事、用故事还能带来意想不到的好处。早在 2005 年，乔布斯在赞美听众和嘲讽自己之后，一句“我今天没有大道理，只有三个小故事”，便开始了在美国斯坦福大学的著名演讲，给世人留下深刻的印象。善于讲故事的人能塑造出风趣幽默的形象，增加个人魅力，更易使受众心生亲近之意，建立起和睦友好的关系，提高受众的参与积极性、理解有效性与实施接近性。

本书后续章节将选择具有代表性、启发性、针对性的案例故事，通过恰到好处的分析来阐明儒家自省相关道理。在所选取的案例故事中，既有正面的经验，也有反面的教训，既有历史的借鉴，也有当代的参照。具体而言，主要包括根据访谈内容整理的故事、令人深思的哲理故事、经典的企业案例以及古今中外名人故事四类，以期产生较强的趣味性与可读性。通过“小故事，大道理”的方式将相对晦涩难懂的儒家自省理论知识浅显化、通俗化，由浅入深地使读者领略传统儒家自省的魅力，并将儒家自省与学习工作实践相融合，增强儒家自省的实用性。

后续章节的编排顺序如下：

第二章为“见贤思齐焉——省事”。主要从儒家自省的“省事”维度展开，包括事外借鉴、事内准备、问题管理三个方面，具体涵盖了自身经验教训总结、他人经验教训借鉴、自身能力素质评估、自身态度意愿评估、投入产出情况预判、对比目标与进展、问题发现、原因分析、对策方法共九个知识点。

第三章为“君子必自反——省人”。主要从儒家自省的“省人”维度展开，包括互动对象判断、自我体察、和谐互动三个方面，具体涵盖了品性判断、动机分析、行为习惯、思维方式、动态变化、礼数检视、初衷关爱、原则持守、策略方法、诚实守信、情绪管控、判断彼此相对位置、寻求共同点、换位思考、权衡情理、以和为贵共十六个知识点。

第四章为“省察克治之功——省心”，主要从儒家自省的“省心”维度展开，包括内心状态感知、内心观念溯源、内心积极追求三个方面，具体涵盖了体察内心状态、注重正面感受、克治恶欲私欲、追求真善美、反思价值观、反思人生观、反思世界观、他人影响、问心无愧、社会贡献共十个知识点。

第五章为“知行合一——管理应用”，主要涉及儒家自省的管理应用问题，包括纵向应用与横向应用两个方面。在纵向应用时强调层次，包括事业起步期重省事、事业成长期重省人、事业成熟期重省心三个知识点；在横向应用时强调选人时重潜力、育人时重张力、留人时重能力、用人时重实力四个知识点。

第二章　见贤思齐焉——省事

子曰：“见贤思齐焉，见不贤而内自省也。”——《论语·里仁》

孔子说：“看见有德行或才干的人就要想着向他学习，看见没有德行的人，自己的内心就要反省是否有和他一样的错误。”这是孔子说的话，也是后世儒家修身养德的座右铭。“见贤思齐”是说好的榜样对自己的震撼，驱使自己努力赶上；“见不贤而内自省”是说坏的榜样对自己的“教益”，要学会吸取教训，不要跟别人堕落下去。

自省，需要以他人为镜，完善自己。俗话说，做人先做事，只有把事情做好了，才算是做好自己的本分，故而，自省的首要方面就是省事。依据第一章的研究结果，省事指对问题处理方式方法、过程及结果等方面的自我反省，包括事外借鉴、事内准备、问题管理三个主范畴。

第一节 事外借鉴

所谓“事外借鉴”，是指在着手解决特定问题以前，对自身以及他人相关经验教训的借鉴。“凡事预则立，不预则废”，通过预先对特定问题经验教训的总结与学习，可以做到心中有数，从容不迫。具体而言，事外借鉴又包括自身经验教训总结与他人经验教训借鉴两个方面。

一、自身经验教训总结

在处理常规性或与类似性的事件时，大脑会下意识地搜寻与调用以往的经验教训，这是一种潜意识的自省，很容易让人忽视，但又是真正存在的。我们需要做的是注意到这种过程的存在，并不断进行强化，使之成为一种有意识的工具方法，用以指导学习、工作等方面的相关实践。

经验教训是储存在人脑里的记忆，指人们在同客观事物直接接触的过程中通过感觉器官获得的关于客观事物的现象和外部联系的认识。经验教训是在社会实践中产生的，是客观事物在人们头脑中的反映。与其他动物相比，人类能将经历最大程度的结构化，并经过缜密的加工，以多种形式进行保存，为未来行动提供更多智性上的支撑。

人类不仅会积累经验，还会将其与先前的经验做对比，并对它们进行分类、甄选与优化。过往的经历是人生的宝贵财富：成功的经验能提供方法指导，失败的教训能避免再次误入歧途，两者相结合则有助于明确前进的方向，在实现目标的过程中趋利避害，事半功倍。

（一）省察自己过往类似事件的成功经验

经验帮助我们学习，让我们能站在经验的基底上，攀登进步的阶梯。一个有成功经验的人，能以正面的态度对待每一件事，积极地投入工作。经验给予我们帮助，建立起因果关系，透过经验，可以了解到什么样的做法会得到什么样的结果。

王亮是某公司的一名刚入职的采购员，主要负责公司日常生产的原材料的采购，虽是新员工，但平日里王亮工作认真负责，很快就获得了领导和同事的信任。近日经理交给他一项任务，要求他跟随主管到邻市考察三家新的供货商，择优而用。这是王亮在这家公司第一次出差与供货商谈合同，虽然有很多未知的情况，但是王亮心中也毫无怯意，因为他在前一份工作中有过多次出差谈合同的经历，王亮信心满满，一定能很好地完成任务。

王亮根据以往的经验，首先准备好出差要带的各种证件与材料，并将其分类放在行李箱中，以免后来找不到带来不必要的麻烦。然后又将自己习惯所用的生活物品等收拾好，这样在外地也能很舒适，能以更饱满的身体状态处理繁重的工作任务。接着他提前收集好三家供货商的相关信息，做到全面了解心中有数，不至于到了地方还什么都不知道，不打无准备的仗。最后，他又总结了自己在上一家公司与人谈合同时的成功经验，记录在工作簿里，以备不时之需。

到了供货商那里，王亮和主管一起进行了多天的考察与谈判，这其中，王亮的充足准备为主管提供了很多帮助。尤其是在与第三家供货商的谈判时，对方隐瞒了一部分数据，正是王亮提前做好的信息功课让对方无法再隐瞒下去，只得降低了谈判价格。最终，这次出差谈合同之行完满完成。主管对王亮的表现十分满意，回去后也向经理说明了王亮的贡献，王亮获得了一大笔奖金奖励。自此之后王亮工作起来更加注意总结平日的经验，利用这些经验让他工作起来更加得心应手，很快地王亮职位就得到了晋升。

参照以往的成功经验能减少不必要的麻烦，更为快捷地找到解决问题之法。正如案例中的王亮一样，善于借鉴以往的成功经验，给当前的工作任务带来有益的指导与帮助，使他更快速有效地完成工作，进而为他的工作晋升带来了有益帮助。日常工作中更多的是常规性事务，有迹可循，要善于学会利用以往的经验，这样要比随意摸索更为有效与直接。

（二）省察自己过往类似事件的失败教训

成功固然有方法，失败必然有原因。许多人都遭受过失败或正在遭受失败，只有善于分析、总结失败的原因，并在此基础上提出改进办法，才能避免下次重蹈覆辙。因为失败固然带来了沮丧，同时也带来了宝贵的经验教训，对此发明大王爱迪生的认识最深。爱迪生为发明电灯失败了无数次，他试验过上千种做灯丝的材料，可是都无功而返。每当他人为爱迪生的又一次失败惋惜时，爱迪生却认为，自己至少又发现了一种不适合做灯丝的材料。

小赵从学校毕业后步入了社会，很快找到了第一份工作，可不久便因为自己说话口无遮拦把工作弄丢了。后来，自己再次找的几份工作也都没多久就被辞了。面对自己即将开始的第5份工作，心里很是不安，他不知道自己这份工作又能维持多久？

一个偶然的机会，他遇到了自己在读大学时所结识的一位管理学教授，于是便向教授提出了自己的疑问。教授问了他一些有关公司情况以及工作表现等方面的问题，未发现有什么异常。于是教授继续问他：“你在公司里有没有得罪自己的上司或老板呢？”他茫然地说：“没有啊！”“不过，有时候我会将自己不同的意见直接说出来，这对公司是很有利的嘛。”教授说：“这就对了，问题或许就出在这里。虽然你一心为公司着想，但如果没有经过调查研究，不分场合，不讲究方式方法，领导又怎么能接受呢？或许，领导还会认为你在逞能，是不是有意和他对着干呢！”“啊，原来是这样啊，真是没有想到。”小赵恍然大悟。

后来，小赵还是会把自己的不同想法说出来，但不再采用以前的方式，而是改变了策略：先经过细致的调查研究，然后找准适当时机提出自己的分析结果和对策建议。结果，领导几乎每次都听取他的意见，还委以他重任，他第5份工作干得既稳定又踏实。

从此，小赵在拼打中喜欢上了回头看，学会了对过往经验教训进行总结反思，他渐渐找到了适合自己的工作方向与方法，成为一个精明而智慧的管理者。

案例中的小赵在获得教授指点之前，由于没有对自己失败的教训进行仔细的分析与总结，因同样的问题先后失败了4次。通过教授的帮助，小赵找到了失败的原因，学会了在总结中加以改进，开启了成功的工作模式。小赵的故事折射出一个普遍的规律：大多数人都经历过多次的失败，但是有些人失败了就难以爬起来，有的人却能在失败中总结教训，不断地改变与完善自己，逐步走向成功。

把失败看成一次宝贵的体验，从失败中有所收获，这是成大事者所具有的共同心态，他们最懂得“失败乃成功之母”，会在失败的教训中获益，然后从失败爬起来，并实现华丽转身。当然，关键是要在这次失败中吸取教训，下次不再犯同样的错误，只有愚蠢到不可救药的人才会在同一个地方被同一块石头绊倒多次，这样的人轻则无法反败为胜，重则持续遭受挫折，甚至危及身家性命。

三国时期，杨修为人恃才放旷，数犯曹操之忌。曹操让人造一座花园，造好后，曹操去看了一下，然后在门上写上了个“活”字就走了，结果是“人皆不晓其意”，杨修却说：“‘门’内添‘活’字，乃阔字也。丞相嫌园门阔耳。”，大家都不明白曹操在想什么，只有杨修看明白了门上的字的含意，并且很得意地把它告诉了别人。曹操知道后，心中便对杨修有所不悦。

西凉刺史马腾进献曹操一盒酥，曹操提笔在上面写了“一合酥”三个字，就放到了案头上，众人都不知道什么意思。杨修进来看见了，就让人拿来勺子和大家吃了。曹操回来问为何这样？杨修说：“丞相您盒上明明写着‘一人一口酥’，我们岂敢违背您的命令呢？”曹操表面和大家嬉笑一场，心里非常讨厌杨修。

曹操生性多疑，深怕别人暗中谋害自己，常吩咐左右说：“我梦中好杀人，凡我睡着的时候，你们切勿近前！梦有一天，曹操在帐中睡觉，故意把被子落到地上，一个侍卫慌忙取被为他覆盖。曹操即刻跳起来拔剑把他杀了，然后上床继续睡觉。睡了半天起来的时候，问道：“是谁杀了我的近侍？待大家都以实情相告。曹操痛哭，命令厚葬近侍。人们都以为曹操果真是梦中杀人，杨修又识破了他的意图，临葬时指着近侍尸体而叹惜说：“不是丞相在梦中，是你在梦中啊！曹操听到后更加厌恶杨修。

曹操出兵汉中进攻刘备，困于斜谷界口，想要进兵，又被马超拒守，想班师回朝，又怕被蜀兵耻笑，心中犹豫不决，正碰上厨师进鸡汤。曹操看见碗中有鸡肋，因而陷入沉思。正巧夏侯惇进帐，请示夜间口号。曹操随口说道：“鸡肋！鸡肋！肋于是夏侯惇传令众将官，都称“鸡肋”。行军主簿杨修看见“鸡肋”二字，就让军士收拾行李，准备归程。有人报知夏侯惇。夏侯惇很吃惊，问杨修原因。杨修说：“从今夜的号令来看，就知道魏王不久要退兵回国，鸡肋，吃起来没有肉，丢了又可惜。现在，进兵不能胜利，退兵被人耻笑，在这里没有益处，不如早日回去，明天魏王必然班师还朝。所以先行收拾行装，免得临到走时慌乱。”夏侯惇说：“您真是明白魏王的心事”，就也跟着收拾行装。曹操得知这个情况后，传杨修问他，杨修用鸡肋的意义回答。曹操大怒：“你怎么敢造谣生事，动乱军心！”便喝令刀斧手将杨修推出去斩了，将他的头颅挂于辕门之外。

杨修之死，固然存在多方面的因素，但是和他恃才傲物、不知反省有着直接的联系。杨修被杀前每次都能摸透曹操的心思，然后在小事上卖弄聪明，没有给曹操事业方面任何实质上的帮助，反而屡次拆台。杨修虽然长期待在曹操身边，却始终未受到重用，本应深刻反省，但仍不知吸取教训，一味地盲目行事，最后也只能自己承担苦果。这种后果本来完全是可以避免的，常言道，"吃一堑，长一智"，失败了犯错了并不可怕，可怕的是不知总结反省，多次在同一个地方栽跟头，最终彻底失去了翻身的机会。

失败是人生路上的宝贵财富。微软总裁比尔·盖茨在自传《走向未来之路》中，坦言自己在招聘时同等条件下会优先录取有过失败经验的人："我倾向于录用那些曾经在失败的企业工作过的人。他们在再次面临危机时，能更快地思考出怎样走出困境。我希望把这些有经验的人网罗在身边，因为总有一天，微软也会经历失败，这时候就需要这些有经验的人发挥才能，带领企业走出逆境。我认为，我们虽然很难把失败者视为英雄，但也不可以把失败者看成罪犯。"

有个渔人有着一流的捕鱼技术，被人们尊称为"渔王"。然而"渔王"年老的时候非常苦恼，因为他的三个儿子的渔技都很平庸。

于是他经常向人诉说心中的苦恼："我真不明白，我捕鱼的技术这么好，我的儿子们为什么这么差？我从他们懂事起就传授捕鱼技术给他们，从最基本的东西教起，告诉他们怎样织网最容易捕捉到鱼，怎样划船最不会惊动鱼，怎样下网最容易请鱼入瓮。他们长大了，我又教他们怎样识潮汐，辨鱼汛。凡是我长年辛辛苦苦总结出来的经验，我都毫无保留地传授给了他们，可他们的捕鱼技术竟然赶不上技术比我差的渔民的儿子！"

一位路人听了他的诉说后，问："你一直手把手地教他们吗？"

"是的，为了让他们得到一流的捕鱼技术，我教得很仔细很耐心。"

"他们一直跟随着你吗？"

"是的，为了让他们少走弯路，我一直让他们跟着我学。"

路人说："这样说来，你的错误就很明显了。你只传授给了他们技术，却没传授给他们教训。

故事中路人说"你只传授给了他们技术，却没传授给他们教训"，一语道出渔人的儿子们捕鱼技术平平的原因。在成长的道路上，只有成功的经验是远远不够的，经验能避免走错路，但是只有自己经历过失败才能发现真正正确的路。没有教训与没有经验一样，都不能使人成大器，只顺着别人的方法走，是永远不可能成功的，每个成功的人闯出成功的路子都不尽相同，因为每个人的能力、特点、机遇、时间等都不同，这世界上又哪会有一条不变的成功之道呢，如果有，岂不是每个去做的人都成功了？实现价值、获得成功的办法，只能靠自己在成果与失败伴随交织的道路上逐渐体悟、反省与总结。

（三）运用经验教训的启示

那如何运用经验教训才能帮助我们进步呢？这里提供四点运用经验教训的启示：

1. 拆解细节

对于经验教训，应该要像侦探一样，通过复盘不断地去探讨结果所对应的各方面细节，去粗取精、去伪存真，找到真正关键的因素。就好像一些男孩子追女孩很容易成功，但一些条件差不多的男孩子却总是被拒绝。去拆解细节后就会发现可能是约会地点的问题、可能是告白方式的问题、可能是当天穿着的问题。

很会追女孩子的男孩，通过细节拆解知道在哪些地方约会是安全、浪漫的，哪些言语比较温、动情且不会造成压力，怎样穿着比较能让人感到亲切与有品位，等等。而常被拒绝的男孩只会将问题归咎于对方，下次约会仍依据自己的喜好与猜测去安排，而不知关注对约会成功最为重要的细节。

通过拆解经验细节，你也许会发现当时的成功可能根本不是因为自己厉害，而是某个意料之外的因素发挥了作用，所以在以后面在处理相同的问题时，不能沉迷于具有局限性的经验教训，而应该把更多的注意力投入那个发挥关键作用的意外因素，这样才能最大限度地利用已有的经验教训。

2. 分析情境

不管最后的结果以及对应的过程有多复杂，所取得的成功经验与失败教训都会对应于特定的情境——时空背景。通过对时空背景的框架性分析，可以对经验教训的适用性进行判断。例如，互联网背景下做生意成功的经验和传统模式存在着很大的区别，以前的管理办法在面对新时代员工的情况下也未必适合。

时空背景会形成经验教训适用的情境边界，所以在分析经验教训时一定要明确其对应的时空背景。当我们了解到自己的经验教训只有在某个特定的时空背景才成立时，那我们就应该保持足够的开放性，既要学会放下那些已经不再适用的方式方法，也要随时准备积累、借鉴崭新的经验教训。

3. 偏向测试

如果你认为自己的经验教训切实可行，那与其不同的做法按道理来说应该会有不同的结果。可以在条件允许时测试看看，如果发现结果其实没差多少，甚至还有所增益，那就说明你的经验教训未必站得住脚。

特定经验教训存在脑海里，会有许多具体的细节，在每一次调取使用时，都可能因情境等因素产生一定的偏差。明明上一次是这样，但这一次却又有所变化，对于异常重要的经验教训，在运用过程中可能存在细节偏差，可以记录下运用的时空背景、偏差原因、偏向程度、事件结果等内容，并进行细致的对比分析。对于通过偏向测试的经验教训，可以提升其普适性的评估等级。

4. 多方求证

当你掌握着你所认定的重要经验教训时，可以在选择恰当的时机向别人询问或分享，这样既可以了解别人的观点或理解是否与你的判断相一致，也可以通过别人实际应用的效果求证你的想法。尽管群体的经验教训也未必一定正确，但其中必有某些可靠规律是可以被验证与使用的。

人不能抛弃过往经历而生存，每一个人都是站在过去的经验教训上才能面向未来。既要记得经验教训的重要性，把握经验教训里的因果关系与情境约束，又不能墨守成规，让自己成为迂腐难解的老古板。

经常性反省自己过往的经验教训，可以有效地发现过去事件与现在事件的共通之处，进而可以利用过去的经验教训指导我们当前的学习工作实践，取得事半功倍的效果。但是，在很多情况下，个人的经历是非常有限的，所遭遇的事情就如沧海之一粟。仅凭借自己的经验教训并不能完全地指导我们的工作实践，这时还需要省察他人的经验教训，以弥补个人见识的不足。

二、他人经验教训借鉴

子曰："三人行，必有我师焉，择其善者而从之，其不善者而改之"，又云："见贤思齐焉，见不贤而内自省也。"仔细观察"善/贤者"的行为，虚心向其求教，学会用他们的视角与思维来分析问题，并对比自己原先的想法，来找出差异、发现不足，以此来完善自己。对于"不善/贤者"的言行举止，要观察和分析其“不善/贤”的原因以及整个过程中的不足，借此来调整自己的行为，避免今后出现同样的错误。这样，尽管自己与这些“善/贤者”和“不善/贤者”没有同样的经历，但却在短时间内获得了尽可能多的深刻的体验。而一旦自己遇到类似的事情，就能很快地找到正确的做法，避免可能的失误，最终有效地完成任务。

（一）学习他人成功经验

诗经有云：“他山之石，可以攻玉”。事实证明，善于学习借鉴别人成功经验或者失败的教训，可以让自己少走许多弯路。毕竟个人经历是有限的，只借助自身的经验教训不足以应对各种困难。在条件允许的情况下，应该省察与学习他人的经验教训，借鉴他们的思想观点与方式方法，并与自己的认识与实践相结合，以扬长避短，更有效率的达成自己的目的。

王小凤是一位餐饮行业的创业者，立志要做一番“大事业”。通过对国内若干家优秀餐饮企业的考察与学习，她总结出四点最为重要的成功经验：(1) 优先考虑成本，这种成本不仅仅是粗略地算一下需要投入多少钱，更需要精细到每天的成本投入，每位员工的投入和产出，特别是才开始投身餐饮业的小规模创业者们，一定要精细地算好成本和产出比；(2) 要自己掌握核心技术，这样就不会受制于人，不会因为厨师的离开或者水准的下降而流失掉食客，从而拥有更持久的生存力；(3) 创业初期一定要亲力亲为，不要等着别人帮你把所有事情都干了，更不要想只要掏钱就能解决所有问题，要对经营的每个细节都亲力亲为，才能更好地把控整个局面；(4) 餐饮创业需要慢慢靠积累和口碑才能赢得生意，想迅速赚钱不大可能，要“接地气”——根据当地环境和消费群体选择适合的餐饮项目，不能盲目理想化，否则会带来很大风险。

在创业的四年间，王小凤把从优秀餐饮企业学习总结得到的经验逐步应用于自己的餐馆经营中：

首先是精打细算。不论是 2011 年开始在家里做私房菜，还是在 2015 年租楼开店，王小凤都会将成本和产出进行精细计算，如房租、工资、食材等。每天需要多少成本？每张桌子每天需要投入多少成本？需要多少消费者才能保住成本？这些细节问题，她总是精打细算。如今，王小凤还坚持自己购买所有食材，不仅仅是从质量上把关，更重要的是在成本上进行控制。

其次是掌握核心技术。王小凤的餐馆之所以远近闻名，得益于她的菜不仅好吃，而且有特色。店里菜谱上的近百道菜式，王小凤都会做。在《中国味道》上做的油泼牛肚丝和清蒸牛肉更是她的拿手菜。现在有时厨师忙不过来，她还会亲自为顾客下厨。此外，她店里也会每三个月推出新菜，从而保证对顾客持续不断的吸引力。

再次是亲力亲为。从创业开始到现在，王小凤对店里的活都是亲力亲为。也正因为这样，她能体会不同岗位的辛苦，发现不同岗位存在的问题，因此能很快化解问题，因此店里的员工流失情况很少。

最后是逐步发展。王小凤现在的餐馆约有300平方米，分为三层，古朴典雅。相对于动辄花费几十万元，甚至上百万元装修的餐馆来说，她的装修精简至极，总共花费20万元，房租也只有每月1万多元。王小凤所住小区的商业街上不久前开了一家牛排店，300平方米的店面据说装修花了400多万元。可没几个月由于生意不景气，就贴告示以50万元的价格转让。王小凤说道："自从我经营餐饮业以来，看到的类似情况太多了。一些餐饮经营者刚开始创业，盲目追求环境和餐具等的高档，成本投入过大，一旦生意不景气就很难调转方向。

经过4年多的发展，王小凤将自己的私房菜从家里做到了中央电视台，菜馆也从自家房屋挪到了一幢三层独立小楼里，她的私房菜口味在众多食客中有极佳的口碑，并且也获得了相对丰厚的利润。

通过优秀同行经验的学习、分析与总结，王小凤找到了餐饮创业的成功之道，并通过自身的实践证实了经验的价值。德国著名思想家歌德曾经说："我们全都要从前辈和同辈那里学习到一些东西。就连最伟大的天才，如果想单凭他所特有的内在自我去对付一切，他也绝不会有多大成就。"的确如此，借助他人，尤其是优秀同行的经验，不但能够找到问题的解决办法，节省时间、提高效率，还可以使人们避免犯下同样的错误，从而更高效地解决问题。

（二）重视他人失败教训

不仅要省察他人的成功经验，更要重视他人的失败教训，古语云："前车覆，后车诫"，成功者总是善于总结他人的失败：刘邦吸取了秦朝灭亡的教训，汉初采用了休养生息的政策；东汉看到西汉土地兼并的弊端，开始限制土地流转；唐朝吸取隋朝穷兵黩武的教训，开始推崇文教；宋朝吸取唐朝后期的大家族、外戚专政的教训，采取不杀读书人的政策；明朝吸取过去宦官干政的教训，专门在宫殿门口贴了一个牌子，规定宦官不能接触政事……在吸取过往经验教训的基础上，历史的车轮才不断滚动向前。用别人的教训充实自己的经验宝库，能让人们少走很多弯路。

某公司招聘人才，应者云集。其中多为拥有高学历、有相关工作经验的人。

经过三轮淘汰，还剩下 11 个应聘者，最终将留用 6 个。因此，第四轮总裁亲自面试，将会出现十分“残酷”的场面。

奇怪的是，面试考场出现 12 个应聘者。总裁问：“哪位是不请自来的？请你出去！”

坐在最后一排的一个犹太小伙子站起身：“先生，我第一轮就被淘汰了，但我想参加一下今天的面试。”

在场的人都笑了，包括站在门口闲看的那个老头子。

总裁饶有兴趣地问：“你连第一关都过不了，你认为今天来这里还有什么意义吗？”

“我有很多有益的经历，我相信自己的经历就是财富。”小伙子俏皮地说，“我实在不忍心——如果不给贵公司一个机会，那将是贵公司的损失啊。”

大家又一次笑得很开心，觉得此人要么太狂妄，要么就是脑子有毛病。小伙子说：“我只有一个本科学历，一个中级职称，但我有 11 年的工作经验，曾在 18 家公司任过职……”

总裁打断他：“你的学历、职称都不算高，工作 11 年倒是很不错，但跳槽 18 次，太令人吃惊了，我不欣赏。”

小伙子站起身强调：“先生，我其实并没有跳槽，而是那 18 家公司先后都倒闭了。”在场的人第三次笑了，一个考生说：“真是个倒霉蛋！小伙子笑着反驳道：“我并不认为我倒霉，相反，我倒认为这就是我的财富！我只有 31 岁，但却经历了这么多。”

这时，站在门口的老头子走进来，给总裁倒茶。小伙子继续说：“我很了解那 18 家公司，我曾与大伙努力挽救它们，虽然不成功，但我从它们的错误与失败中学到许多东西；很多人只是追求成功的经验，而我，更有经验避免错误与失败！”

小伙子离开座位，一边转身一边说：“我深知，成功的经验大抵相似，很难模仿；而失败的原因各有不同。与其用 11 年学习成功经验，不如用同样的时间研究错误与失败；别人的成功经历很难成为我们的财富，但别人的失败过程却是！”

小伙子就要出门了，忽然又回过头：“这11年经历的18家公司，培养、锻炼了我对人、对事、对未来的敏锐洞察力，举个小例子吧——真正的考官，不是您，而是这位倒茶的老人……”

11个应聘者哗然，惊愕地盯着倒茶的老头。那老头笑了：“很好！你第一个被录取了，因为我急于知道——我的表演为何失败？”

通过对教训的总结和分析，可以发现前进道路中的荆棘与陷阱，节约大量的试错成本，正如故事中的小伙子，其被破例录取的原因正式其积累的教训能为新东家带来巨大的帮助。充分借鉴他人的错误与教训，能使我们“站在巨人的肩膀”，在更高的起点上攀登，在更新的领域内发展。成功的经验我们要学，失败的教训也同样要重视。失败是不可避免的人生经历，从失败中分析原因、吸取教训是人生一笔财富。同理，只有善于分析各种各样的失败案例，去寻找其中深层次的原因，才能避免自己遭遇同样的失败。

（三）向竞争对手学习

在工作中借鉴别人的经验，不仅包括学习自己公司内上司与同事的经验，还包括向公司外的竞争对手学习与借鉴。作为个人，需要向他人借鉴与学习，作为企业，同样如此。别人的教训，是自己的免费经验；别人的智慧，更可以直接变为自己的智慧。

2015年，华为手机出货突破1.08亿部，成为首个跻身亿部俱乐部的国产品牌，也成为中国首个跻身全球手机第一阵营的品牌，与三星、苹果并列的三巨头。其实华为手机的发展历程并不算长，因为直到2011年华为内部业务分拆，变成运营商、企业业务和终端消费者业务三大板块。终端消费者成为华为战略重点之一，手机才正式独立出来成为重点发展的方向，当时华为手机的知名度在国内都排到10名开外。

华为有一个独特的基因，就是进入一个行业“要么不做、要做就做大佬”！在华为手机发展过程中，华为人也一直在学习中经历着蜕变。以往做运营商服务B2B模式，偏重于内敛的工程师文化，比较低调，不喜欢张扬的传播、广告的方式运作，由于客户注重实用，往往重点是技术和服务，只要做好产品和服务，而且产品不用很炫，功能卓越即可。而做大众消费的手机业务，属于B2C模式，要直接面对消费者，产品要炫，而且要多传播、多做广告，让消费者知道了解，这是两种不同的操作模式。这种模式的困境，一度让华为人感到困惑。通过向竞争对手学习，华为手机成功实现了跨越式发展，进入行业顶级行列。

在从B2B到B2C的营销推广模式转型的过程中，华为手机充分学习小米的成功经验。2011～2014年，中国手机出尽风头的企业是小米，凭借多年的IT行业积累和做互联网投资的积累，雷军率先把握手机换代的行业先机，并率先引入苹果的营销推广模式，然后通过价格策略，迅速获得了一飞冲天的业绩，2011～2014年实现了惊人的发展速度，四年时间骤升到6112万台，创造了一个惊人的业绩，也登上了它的巅峰时刻。作为巨型企业，华为能够弯下腰来，对小米进行“像素级模仿”：小米有自己的商城，华为也开了自己的Vmall；小米有自己忠实的米粉，华为也经营自己的花粉；小米擅长做自己的爆款，华为也集中精力推出精品手机……华为手机从产品线上对小米也是亦步亦趋：荣耀3C对红米，荣耀3X对小米3，荣耀畅玩版死嗑红米Note，荣耀6死嗑小米4。从营销上，小米每一个重大时点，无论是新品发布还是重要节日，都有荣耀的“截胡”或者“隔江对唱”。

在2016年第二季度的全球智能手机排行榜上，OPPO和vivo从默默无闻到迅速崛起，OV阵营分别以5.6%和4.7%的市场占有率分列第四、第六位，总体全球销量两者累积超过华为的9.2%，仅次于三星（24.5%）与苹果（15.1%）；中国国内排行榜则分别以12.7%和10.6%的市场占有率位列第二、第三位，累计超过华为20.8%的国内第一市场占有率。格局再次被改写。在此背景下，一篇名为《OPPO和vivo的人民战争》的文章，在华为内部社区引发激烈讨论，华为终端公司紧接着号召向OPPO和vivo学习，并要求全体管理者输出个人学习心得，切实落实到业务的改进上……

总裁任正非为此专门写下一段评价：“终端太伟大了。向一切优秀的人学习，真正敢批评自己，已经是伟大的人了。不管你真谦虚，假谦虚，我真心地说你们伟大，你们是我们的希望，希望寄托在你们身上。世界一定是你们的。”

善于向竞争对手学习，是通往成功之路的一条捷径。狼性进取精神、卓越的学习能力，使华为手机充分借鉴小米、OV等优秀企业的成功经验，把产品、渠道、推广等方面的短板迅速补齐，并结合自身的技术实力把短板做成自己的竞争优势，进而超越竞争对手。

（四）学会与人合作

当代社会是相互学习、合作共赢的社会，不再是以往单打独斗、孤军奋战的局面。聪明的员工明白借鉴别人经验教训的重要性，并接受那些成功人士多方面的帮助与指导，争取通过合作学到并使用别人的成功经验，在学习、工作中获得优异业绩。

一家大公司招聘高层管理人员，9 名优秀的面试人员脱颖而出，闯进了最后一轮的复试。复试是由老板亲自把关的，他把这 9 个人随机分成甲、乙、丙三组，指定甲组的三个面试人员去调查钢铁市场，乙组的三个面试人员去调查煤炭市场，丙组的三个面试人员去调查混凝土市场。

老总说："录取你们，是要你们去开发市场的，所以，你们必须对市场有敏锐的观察力。现在我把你们分成三个小组，希望你们全力以赴。"大家一个个也都暗中较劲，都希望自己成为最优秀的那三位。临走的时候，老总又交代他们到秘书那领取相关行业的资料，以避免盲目展开调查。

三天后，9 位面试人员都把自己的市场分析报告递到了老总那里。老总看完后，站起身来，走向丙组的三个人，分别与之握手，并祝贺道："你们三位已经被录取了！"看着大家疑惑的表情，老总说："请大家找出我叫秘书给你们的资料，互相看看。"

原来，每个人得到的资料都不一样，甲组的三位面试人员得到的分别是本市市场过去、现在和将来的分析，其他两组的也类似。而只有丙组的三位面试人员互相借用了对方的资料，补齐了自己的分析报告。老总还了解到，在这个过程中，丙组的三位面试人员还时不时地询问对方的情况，借鉴彼此成功的经验，这样还节省了完成任务的时间。而甲、乙两组的面试人员却分别行事，不去学习队友，自己做自己的，形成的市场分析报告自然不够全面。这样，老总自然不会用他们了。

经过竞争无处不在，学会合作依然非常重要。在特定的工作情境中，争取和知识渊博、经历丰富的同事交流与合作，一方面能最有效率地借鉴他人的经验教训，另一方面能与自己的经验教训形成互补，发挥协同作用，这样既能使自己在短时间内获得迅速的提升，又能最大限度地克服自己的缺陷与不足，通过合作获得优异的工作成果。

（五）实施标杆管理

个人向他人借鉴经验时会选择该领域最有名望的对象，同样地，对于企业来说，也需要向行业领先者进行学习与借鉴。作为便捷、高效的学习与改进手段，标杆管理就是不断寻找最佳实践，以此为基准进行“测量分析与持续改进”。通过不断地自我改进，超越标杆，追求卓越，标杆管理已成为获取、维系竞争优势的最佳工具。

标杆管理的实施包括四个主要阶段：首先是立标，选择业内外最佳的实践方法作为学习基准，或是在企业内部培养、塑造最佳学习样板；其次是对标，对照学习基准进行测量分析，发现自身的短板、寻找差距，并探索与尝试自身的改进方法，找到达到或超越标杆水平的具体路径；再次是达标，通过改进落实，在实践中逐步达到标杆水平；最后是创标，在持续改善中不断进行知识沉淀，形成超越标杆的更先进的做法与标准，直至成为行业标杆。四个阶段前后衔接形成闭环，在具体的实施过程中呈现出不断改进、螺旋上升的良性循环。

腾讯公司经过多年的标杆管理实践总结出六大诀窍：选择合适的主题、甄选代表性企业、邀请合适的分享人、合理设计交流环节、提炼学习成果、精细化运营实施。

主题的选择，必须与企业、学员紧密相关，以激发其参与的积极性。企业开展标杆学习通常有两大目的：解决实际问题、拓展学员视野。解决实际问题的标杆学习，就是要学员带着问题去交流，最终对解决自身的难题带来启发；拓展学员视野的标杆学习，可结合公司的发展战略、企业文化，或结合学员的工作需求、技能提升等方面确定参访主题。

在选择标杆企业时，腾讯遵循着严格的标准，包括处于业内领先位置、具有良好的口碑、具有成熟的经验或成功的案例、对公司有借鉴价值等。例如，在以“创新”为标杆学习主题时，腾讯选择3M作为参访对象，这要源于3M公司百年的创新历史及其创新机制。

邀请对的人进行分享。高层分享者通常会结合市场环境、行业格局、公司战略等方面解析问题；基层管理者的分享可能会更多涉及业务发展的操作性问题；交流创新设计等专业类话题时，核心技术专家能带来更多有价值的分享；交流企业文化类主题时，资深的员工或管理者都可以是分享者。

设计合理的交流环节，对于理解与学习标杆大有帮助。对于常略、市场、管理等话题的学习，以嘉宾分享为主，侧重于具体案例；对于产品和方法创新类主题，最好通过实际的参观或模拟，帮助参访者形成直观的感受；对于服务创新、客户体验等主题的交流，则要让学员亲自体验和感受；对于企业文化类主题，需要组织系列研讨沙龙，让员工讲述自己的真实案例和故事。

在提炼学习成果方面，首先是个体反思，每位学员都需用便签纸写下几天来标杆学习的感受和启发；其次是归纳与共识，以小组为单位汇总成员的反思总结并归纳出几个共性的纬度；再次是落地思考，由来自同一个事业群/分公司，或同一部门的学员分在一起，根据上一步总结的共识和发现，一起讨论如何将所学内容用于对现有工作或流程的优化。

在精细化的运营实施方面，通过做好时间规划与提醒服务、关注利益相关者、慎重安排实施顺序，让标杆学习的价值达到最大化。在此基础上总结提炼标杆学习的核心内容，在所在事业群/分公司/部门内，做学习分享。推动实施提炼学习成果环节输出的各项改进建议，并进行效果跟踪。

作为中国顶尖的互联网综合服务提供商与中国服务用户最多的互联网企业，腾讯公司运营标杆管理的方法不断进行学习与改善，目前产品已涉及社交、门户、媒体、娱乐互动、电子商务、社会公益等领域，最近又战略入股搜狗、滴滴打车，与京东、大众点评、58 同城建立战略合作伙伴关系。通过不断的立标、对标、达标、创标，腾讯公司未来不仅会成为互联网行业的挑战者与奋斗者，还会是互联网精神的坚定者和领先者。

所谓事外借鉴既包括对自身经验教训的省察，又包括对他人经验教训的省察。只有两者相互结合，才能在面对日常工作或突发事件时，不至于如无头苍蝇一般，遇事便慌乱不堪，不知如何是好。当对自身及他人的经验教训进行充分反省与借鉴后，便会对事情处理的方式方法有了大致的了解和判断。此时需要做的，就是针对该事件，进行更为具体的省察、检视与评估。

第二节　事内准备

所谓“事内准备”，就是针对需要解决的具体事件，个体对自身所具备的条件及预期结果所进行的省察与检视，以评估处理问题的准备情况，包括对自身能力素质的评估、对自身态度意愿的评估以及对投入产出情况预判。

一、自身能力素质评估

“事内准备”首先评估自身的能力素质，即问自己“能不能做好”。能力素质这座“冰山”是由“知识、技能”等水面以上的“应知、应会”部分，以及水面以下的“价值观、自我定位、驱动力、人格特质”等隐性部分构成的。知识技能等因素明显、突出并且容易衡量；价值观等因素是隐藏在水面以下的因素，它们难以捕捉，不宜测量。

每个人所具有的能力素质都不相同。在处理特定问题时，所需要可能是阅读、书写、说明、倾听、表达、运算等基本能力素质，可能是计划、决策、组织、指挥、协调、控制等管理能力素质，也可能是自信、乐观、希望、韧性、正直、诚实等心理能力素质。对个人而言，在他所具有的多种能力素质中，总有相对来说较强的，也有一般的和较差的。正是由于这种差异性的存在，当面对特定问题时，每个人的解决办法不尽相同，需要根据问题的类型与要求，对自身能力素质进行准确评估，选择最合适自己的解决方法，并在需要时对既有能力素质进行优化与提升。

（一）量力而行

在面对棘手的问题时，一定要确保自身的能力素质足以应对才可以着手解决，否则在条件允许的情况下，应尽快明确自身的不足之处，有的放矢地进行弥补。如果盲目出手，轻则无法达成预期目的，重则伤筋动骨，甚至折戟沉。

某省市区经销商圈“一哥”，创业10余年，从一个小零售商做到了现在拥有年销售额1个多亿的销售规模的纸品经销商，手上拥有一线、二线品牌纸品及卫护用品等品牌20个，几乎垄断了当地市场的主要渠道和最优陈列位置。员工近百人，有完善的管理体制和晋升平台。

当他感觉到事业发展速度放缓时，将眼光投向了利润更高的酒水行业。当时开会商议，主要团队成员不是很同意，感觉渠道虽然差不多，但酒水毕竟没运作过，隔行如隔山。但老板深信可以做好，最终力排众议，声称为了公司二次辉煌，一定要敢于冒险，最后还是合作了一个酒水品牌。

在产品铺市阶段通过赊销铺底，利用之前的客户关系，还是铺下去部分货。但因为当地人对酒水有很强的品牌忠诚度，一个新品牌虽然能铺下去货，也能有一定的陈列，但一时市场动销很艰难。上百万的投资砸进去了，团队用的还是从纸品经销上调过来的人，大家一看这种情况，本来不大愿意销售酒水，提成也赚不到什么钱，更加剧了叛逆情绪，战斗力低下。竞争品牌熟悉酒水游戏规则，开展了针对性的促销活动，该酒水销售项目就更艰难了。

老板虽然硬着头皮还要坚持，但还是因为消耗过大，慢慢地停掉了这个酒水新品的拓展项目。

不同领域的事件对能力素质有着不同的要求，当没有做好充分的准备时，不做才是最正确的选择。上述案例中的“一哥”，没有对自身经营酒水的能力素质进行全面、准确的评估，在“渠道为王”的错误引导下，认为有渠道一切都不是问题，准备不充分，藐视市场难度，最终内部和外部的困难相继出现，导致酒水新品的拓展项目的盲目上马与草草收场。如果说这种结果仅仅是忽视能力素质的评估而无法达成预期目的或伤筋动骨，那么下面一则故事则说明不顾自身情况、盲目承担所带来的致命性伤害。

小强的父亲从山里移回一棵小樟树和一棵小柏树。小樟树又硬又直，而柏树看上去虽然直，却像竹子一样，软软的，两三年后它们就有两人高了。有一年的冬天，雪下得很大，只下了半天，柏树就有些支撑不住了，树冠不断地往下弯。而那棵樟树，无论雪有多厚，依旧笔直地挺立在那里！

小强对爸爸说：“柏树是一棵没有骨气的树，你看它很快要断了，而樟树真厉害，连腰也不弯一下。”

爸爸笑了笑说：“也未必！”

那天晚上，突然听到外面一声树干断裂的响声，小强想一定是那棵柏树经不住积雪的重压，断了！

可第二天，却见那棵“挺且直”的樟树断了。而那棵一直让小强说成没有骨气的柏树，却好好地站在原处，而且不再像昨天那样弯着身子，压在它身上的雪，已经落在了地上！

这时，父亲说：“你现在知道柏树为什么不会折断了吧？”

“难道是因为它会弯腰？”小强不解地问。

“是的，正是因为柏树懂得弯腰，否则它一定也会断掉。”父亲回答说。

故事中的柏树与樟树，代表了两类人，一类像柏树一样对自己现有的能力素质有着正确的评估，在面对更大的困难时，懂得先弯下腰，迂回取胜；另一类则像樟树一样，不能认识到自己能力素质的局限，只顾迎难而上，最终却导致失败。事实上，综合评估自己的能力素质，事先发现自己的不足之处，承认自己的缺陷，量力而行，才是稳妥的办法，能避免产生不可挽回的后果。

（二）保持准确判断

对自己的能力素质进行评估的目的是使个体对自我有更加清醒的认知，在出现问题时能依据自身的能力程度选择合适恰当的解决方案。但是，自我评估会产生主观偏见性，不能准确判断自己的能力水平，当存在干扰因素时，更容易夸大自己或低估自己的能力素质，造成严重的后果。历史上因为不能准确判断自己能力素质而导致失败的例子数不胜数，如广为人知的“关羽大意失荆州”故事，就能带给我们很多思考。

三国鼎立的局面形成之后，魏、蜀、吴三国各占一方地盘，但每一家又都想吞并对方。北伐中原、复兴汉室是蜀汉的既定战略，刘备、诸葛亮无时无刻不在为此操心。关羽受命据守荆州，伺机北进。

关羽水淹七军，俘虏了魏国将军于禁，并将魏国征南将军曹仁围困在了樊城，取得了显赫的胜利。

当时镇守陆口的吴国大将是吕蒙，他回到建业，称病要休养，其实是想谋划对付关羽。部将陆逊来看望他，两人自然而然谈论起了军国大事。

陆逊说：“关羽平时经常欺凌别人。现在节节胜利，又立下大功，就会更加自负自满。又听说您生了病，对我们的防范就有可能要松懈下来。他一心只想讨伐魏国，如果此时我们出其不意地进攻，肯定能打他个措手不及。”

吕蒙对陆逊的见识大为叹服，就向孙权推荐陆逊代替自己前去陆口镇守。

陆逊一到陆口，马上给关羽写信道：“你大败魏军，立下赫赫战功，这是多么了不起的事啊！就是以前晋文公在城濮之战中所立的战功，韩信在灭赵中所用的计策，也无法与将军您相比啊。我刚来这里任职，学识浅薄，经验不足，一直很敬仰您的美名，所以恳请您多多指教。”

关羽接到陆逊的信，自然被信中的好话吹捧得晕晕乎乎，而且由此想当然地认为陆逊不过是无名之辈，不足为惧，对后方吴国也就放心了。

陆逊在稳住关羽后，暗中加快军事部署，待条件具备后，指挥大军，一举攻克蜀中要地南郡。关羽败走麦城，终遭杀害。

关羽是蜀中大将，立下赫赫战功，但是结局却让人不胜唏嘘。正是因为一封赞扬信的吹嘘，使关羽丧失了对自身能力素质的准确判断，并在此基础上做出了错误的选择，最终导致败走麦城，惨遭杀害。由此可见，准确评估自身的能力素质是制定行动方案的关键因素，只有准确判断自身的真实水平，才能立于不败之地，发挥自己的应有价值。

（三）找准自己的定位

人贵在有自知之明，有自知之明的人，知道自己的优点和缺点，知道自己应该做什么，不应该做什么，自己想要追求什么。这样才会不断进步，才不会做出错误的决策，错失良机。在工作中，根据自身能力素质找准自己的定位是非常重要的，这有助于将精力专注于特定的领域，逐渐做到熟练与精通。否则容易忽略自己的优势和本分，把握不住发展的主线，结果“捡了芝麻丢了西瓜”。

某单位的外贸部有两位年轻人，一位是日语翻译，一位是英语翻译。两人都是名牌大学毕业，风华正茂，在单位领导的眼里，两人都是未来的外贸部经理候选人。

对此，两人心照不宣，在工作上暗暗较劲，你追我赶，每年的业绩完成得均十分理想。

单位原先有日商的投资，因此单位经营层经常需要和日本人打交道，理所当然的，那位学日语的年轻人经常在公开场合露面。一时间，他在单位里的口碑好于那位英语翻译。

英语翻译坐不住了，照此下去，他肯定会处于劣势，失去很好的晋升机会。

于是，他决定凭着大学时选修过日语的基础，暗暗学习日语，准备超越对手。

为了不让别人知道，他学日语是在暗中进行的，他几乎把业余时间都花在了日语的学习上。

几年过去了，他拥有了一张日语等级证书。他开始尝试着与日商进行会话，帮助营销员处理一些日文的翻译任务。

同事们对他掌握两门语言十分佩服，他自己也有一种成就感。但就在他自我感觉良好时，他翻译澳大利亚商人的贸易合同时关键词汇失误，给公司造成10万美元的损失。虽然事后公司通过谈判，挽回了部分损失，但公司董事长为此十分震怒。

他也十分内疚，但实在想不明白，为什么会误译一个并不生僻的单词。

反省再三，他醒悟过来，这些年忙学日语，早已疏于对英语词汇的充实和温习，错误的发生其实是不可避免的。

他在自己的专业上败下阵来，而且他的日语即使苦学几载，也无法达到对手的水平，他悔之不及。

案例中的英语翻译没有做好对自身能力素质的评估工作，导致他没有找准自己的定位，本末倒置，忽视了自身的优势与专业，吞下失败的苦果。在和对手竞争的过程中，不能沿着对手的套路，照搬对手的做法。简单复制他人的做法，很难进入别人最为熟悉也最有优势的领域。正确的做法是认清自己的专业特性，找准自己的定位，逐步培养与完善自己的长处，使之成为核心竞争优势。

（四）发现自身的潜能

评估自身的能力素质，不能忽视对潜能的发现与挖掘，如身体潜能、精神潜能、计算潜能、表达潜能等。由于潜能是个体潜在或尚待开发的能力，所以在一般情况下很难表现出来，只有在受到刺激或特定事件干预的条件下，才能由隐而显，为人所觉察。

俄国戏剧家斯坦尼斯拉夫斯基在排练一场话剧时，女主角因故不能参加演出，出于无奈，他只好让他的大姐担任这个角色；可他大姐从未演过主角，自己也缺乏信心，排演时演得很糟，这使斯坦尼斯拉夫斯基非常不满，他很生气地说："这个戏是全戏的关键，如果女主角仍然演得这样差劲，整个戏就不能再往下排了！"这时全场寂然，屈辱的大姐久久没有说话，突然她抬起头来坚定地说："排练！"一扫过去的自卑、羞涩、拘谨，演得非常自信、真实。斯坦尼期拉夫斯基高兴地说："从今天以后，我们有了一个新的大艺术家。"

美国的笛福森，45 岁以前一直是一个默默无闻的银行小职员。周围的人都认为他是一个毫无创造才能的庸人，连他自己也看不起自己。然而，在他 45 岁生日那天，他读报时受到报上登载故事的刺激，遂立下大志，决心成为大企业家，从此，他前后判若两人，以前所未有的自信和顽强毅力，破除无所作为的思想，潜心研究企业管理，终于成为一个颇有名望的大企业家。

如果不是斯坦尼斯拉夫斯基的发火使他大姐受到刺激，积聚在大姐身上的表演潜能便不可能迸发出来。同样，如果不是报上刊载的故事的刺激，笛福森也不可能成为一个大企业家。在这里，刺激起了不寻常的作用。如果我们能多给自己一点刺激，多一点信心、勇气、干劲，多一分胆略和毅力，就有可能使自己身上处于休眠状态的潜能发挥出来，创造出连自己也吃惊的成功来。

潜能也可能蕴藏在原先自己所认定的缺陷和不足之处。人们经常因为自己的缺点而感到自卑、忧惧，往往忽略其中伴随的巨大潜能。适时跳出自己的固有思维，尝试下视角的转化，就可能发现自己潜能、爱护自己的潜能、发展自己潜能，从而享受潜能给自己带来的转变。这一点可以从下面的故事中窥视一二。

卡勒是一只非常善良的小兔子，只不过有一个问题一直困扰着它，那就是对它这个年龄的孩子来说，它的个子太高了！糟糕的事情总是一件接着一件。洗澡的时候，卡勒发现自己只能坐在澡盆里了，因为它个子太高了，不能完全躺进去。洗完澡，该穿裤子了，可是它的裤子又短了，长裤变成了短裤。上衣也太短了，上衣和裤子之间还露出了圆圆的肚子。因为它个子太高，朋友们不愿意和它玩投篮，也不愿意和它一起跳房子……大家会说："你像长颈鹿一样高，这个游戏对你来说太简单了，站到一边去吧。卡勒独自站在一边，看大家做游戏。这时它真的是有些伤心哦。大家都笑话卡勒像长颈鹿。"卡勒，快把你的耳朵收起来，要不，你的耳朵就伸进云彩里去了。""卡勒，你能不能别再吃胡萝卜了，你已经不能再长高了。"可是，卡勒还在拼命长高，它长的比老师还高了。为了看起来矮一些，它只能垂下漂亮的长耳朵，还把背弯着，真累啊。

一天，学校放动画片，卡勒的眼睛有些近视，只能坐到前面。可是，它后面的小朋友就抱怨起来："能不能把头低下来啊，我们都看不见了。"卡勒越来越伤心，它总是独自蜷缩着身体，耷拉着耳朵，蹲在远离朋友的角落里。这一切必须改变，卡勒终于决定不再吃胡萝卜，也不吃蛋糕和土豆泥了……卡勒的妈妈担心地说："啊，孩子，只吃青菜，而不吃其他的食物，你会因为营养不良影响成长的。"这正是卡勒所希望，它不愿意自己再长高了。

不久，妈妈带卡勒去看医生。在候诊室里，一只名叫阿德的小兔子坐在卡勒身旁，跟它相比卡勒真的很高大。阿德微笑着向旁边的卡勒说："太不公平了，就算我穿上高跟鞋，大家还叫我小虫虫呢！"它们来到医生面前。医生给卡勒测量了身高，然后说："太棒了，你可以成为灌篮高手的。"医生又给阿德测量了身高，然后说："没问题，你年纪还小，会慢慢长高的。"卡勒和阿德都开心地笑了。

这一天，卡勒高兴极了。它参加了篮球比赛，哇，太棒了！它接连进球，它的投篮真是太准了。球场外，朋友们都在为卡勒鼓掌。“啊，长颈鹿，哦，不，卡勒，你是最棒的灌篮高手。”阿德也来了，卡勒一把抱起阿德。一只长得最高的兔子和一只最矮的兔子站在一起，它们把耳朵竖得高高的，好高兴哦。阿德还让朋友们搬来了梯子。它站在梯子上给卡勒戴上冠军的奖牌。后来它们成了好朋友，一只高个子兔子和一只矮个子兔子，它们常常走在一起。

故事中的高个子兔子卡勒，一直以来都没有意识到自己所拥有的巨大潜力，以为个子高是一个很大的缺陷。长得太高的确给他带来了很多麻烦，但事实上这是一个巨大优势。经过医生的提点之后，卡勒才认识到自己具备打篮球的潜能，并且发挥潜能取得了成功。

评估自身能力素质与解决问题需要的匹配程度，是个体有效达成目标的第一步。只有当个体的能力素质达到完成任务的要求时，才能在有限的时间内整合资源解决问题，避免因能力素质不足而白白丢失机会。但是，仅仅具备了解决问题的能力素质就足够了吗？并不总是如此，成功地完成任务，在很大程度上还取决做事的态度意愿。

二、自身态度意愿评估

“事内准备”的第二个要素是自身态度意愿评估，即“我愿不愿做？”仅仅具有做成某事的能力素质并不是成功的充分条件，只有配合积极的态度意愿才能保证目标的达成。评估自身的态度与意愿，就是评估自身对于特定问题或任务目标所持有的看法与倾向。只有当个体对需要解决的问题具有正面的评价且拥有强烈完成欲望时，才会拥有迎接并战胜各种困难与挑战的勇气和决心。

龟兔赛跑的故事人人都知道，兔子具备长跑的优势与能力，但是最终却输给了乌龟，这是为什么呢？就是因为兔子没有认真的竞争态度与强烈的求胜意愿，对自己的能力过分自信，对对手产生了轻视之心，最终导致了自己的失败。事实上，正面、积极的态度意愿在很大程度上会弥补自身能力素质不足的缺陷，就如乌龟一样，朝着目标一直前进，不曾停歇，最终必会抵达胜利的终点。

（一）拥有战胜困难的决心

很多时候，人们常常被貌似无法克服的困难吓倒，面对重重的挑战而止步不前。但是，困难其实并没有像你想得那样大。小学课本中有一段话写道“困难像弹簧，看你强不强；你强它就弱，你弱它就强”，这充分说明了只要具有战胜困难的意志和决心，辅之以其他必需的条件，就能迎难而上，完成艰巨的任务。

杰瑞在17岁的时候开始做推销员，但是他所有的亲戚朋友，都非常反对他做推销员，所以，杰瑞只好做陌生拜访，可是他又不大敢做陌生拜访，因为他害怕敲别人家门或跟陌生人谈论产品时，会被他们拒绝，因此业绩一直无法突破。

直到有一天，杰瑞的经理跑来找他，他说：说你今天跟我去拜访。”结果杰瑞就跟经理下楼走到马路上，经理看到对面走来一个小姑娘，就告诉他：“假如我现在走过这条马路没有办法向她推销产品的话，我走回马路时宁肯被车撞。”当时杰瑞听了吓了一大跳，认为他怎么可能说出这种话。于是杰瑞看经理走过马路，开始向这位小姑娘推销产品…

于是，隔天杰瑞也想如法炮制，他就走下楼，开始向陌生人推销。可是，当杰瑞向陌生人开口时，头脑里马上想到万一被拒绝怎么办？于是他又打退堂鼓了。后来杰瑞回公司里面，找了一位同事并带他下楼，对他说：你看着，假如我无法向对面那个陌生人推销产品的话，我走回马路时宁肯被车撞。”

当杰瑞说完这句话时，他脑海里一片空白，根本不知道即将如何推销。杰瑞硬着头皮走过去，开始与陌生人交谈，他根本不知道要说什么，但是又不能走回头路，因为，他刚刚做过承诺、发过誓了，于是杰瑞使出浑身解数向这位陌生人推销产品，经过了20分钟之后，不可思议的事情发生了：他终于买了杰瑞的产品。

后来杰瑞发现，原来是自己的决心帮助了他推销成功。

案例中的杰瑞一开始缺乏做好推销工作的强烈决心，导致业绩上一直不能有所突破。经理的方法其实就是让他下定决心，迫使他将全部身心投入推销任务中。当他做出与经理相同的承诺后，就把向陌生人推销的态度与意愿提升到非常高的程度，在工作中进入忘我的状态，激发自身所有的能量，进而不可思议地完成了任务。

历史中“破釜沉舟”的成语与杰瑞的故事有着异曲同工之妙：项羽面对兵力强过自己数倍的敌人，并没有怯懦逃避，而是选择“皆沉船，破釜甑，烧庐舍，持三日粮，以示士卒必死，无一还心”，不留后路，从而激发出士兵求生的强烈意愿。正是在这种强烈的求生意愿下，项羽的军队爆发出强大的战斗力，打败了兵力强盛的敌军，获得了最终的胜利。如果项羽没有战胜困难的极大决心，未采用破釜沉舟的做法，他的军队在面对强大的敌人很可能未战先衰，按照常理根本无法取得胜利。

（二）鼓起克服困难的勇气

勇气是敢作敢为、毫不畏惧的气概与精神，是针对特定问题所持有的重要态度意愿。当个体面对未知的风险或是难以逾越的障碍时，很容易打退堂鼓，变得止步不前了。困难真的无法应对吗？事实并非如此。只要你具备十足的勇气，所谓的风险与障碍也许并没有想象得那么大，完全有可能通过把握机遇、果断决策、坚决行动来最终克服困难。

战国时期，秦国最强。

有一回，赵王得了一块宝玉——和氏璧。秦王知道了，派人送来一封信，说愿意拿十五座城来换这块玉。

赵王知道秦王是想把宝玉骗到手，可是又怕秦国借口攻打赵国，只好派蔺相如把宝玉送去。临别的时候，蔺相如说：“大王放心。如果秦国不是真心换城，我一定把和氏璧完好无损地带回来！”

蔺相如来到秦国，献了玉。秦王双手捧着宝玉，一边看一边称赞，却绝口不提用城池交换的事。

蔺相如知道秦王没有诚意，上前几步，说：“这玉虽好，可是也有瑕斑。让我指给您看。”

秦王信以为真，吩咐侍从把和氏璧递给蔺相如。

蔺相如接过玉，退后几步，靠着宫殿的一根大柱子站定，理直气壮地说：“我看您并不想交付十五座城池，所以把玉要了回来。您要是逼我，我的头颅和宝玉就一块儿撞碎在这柱子上！”说着，举起了和氏璧。

秦王怕摔坏了宝玉，急忙叫人取来地图，随手指点了十五座城。

蔺相如知道秦王仍然没有诚意，说：“和氏璧是奇珍异宝。在我动身以前，我们大王斋戒了五天。如果大王诚心，也应当斋戒五天。五天后，我再把宝玉奉上。”秦王只好同意了。

蔺相如回到住处，立即让随从带着和氏璧抄小路回国。过了五天，秦王得知和氏璧已被送走，非常恼怒。后来他冷静一想，杀了蔺相如非但得不到和氏璧，还会弄僵两国的关系，便下令放了蔺相如。

于是，蔺相如回到了赵国。

秦国的强大与秦王的贪婪使得赵国既无法回绝秦国以城换玉的骗局，又不愿失去价值连城的和氏璧，面对这个局面几乎所有人都无计可施。蔺相如在关键时刻挺身而出，面对强势展现出大无畏的勇气与秦王周旋，最终取得了完璧归赵的结局。这故事告诉我们，很多事情并没有看起来的那么难，只要你看准之后鼓起勇气去做，就发现其实最大的困难在于战胜内心的逃避与恐惧。在鼓足勇气的过程中，成果其实已经在向你一步一步靠近了。

（三）树立完成任务的信心

成功学的创始人拿破仑·希尔说：“自信，是人类运用和驾驭宇宙无穷大智的唯一管道，是所有‘奇迹’的根基，是所有科学法则无法分析的玄妙神迹的发源地”。当我们分析一下那些卓越人物的成功秘诀，就会看到他们有一个共同的特点：在面对问题时总是对自己充满自信。

相信自己，才能大胆尝试，接受挑战。我们可以通过回忆自己的成功来建立信心，可以通过他人的鼓励与支持树立信心，也可以通过不断的自我承认与肯定强化信心，多对自己说几句：“我可以！我一定行！”。如果我们相信爱迪生所说的“没有失败，只有离成功更近一点儿”，那么对于前进过程中的问题、困难乃至失败，就能从容应对，把注意力集中到完成任务上，直至取得最终的胜利。

在美国，有一个名叫克洛尔的小男孩，他胆小，身体差，个子又不高，没有明显优势，所以他对自己的将来要求不高。长大后，他当了一名客户专员，由于缺乏自信和激情，他的业绩并不好。每次他出门的时候，母亲总对他说：“克洛尔，当你在为别人做事时，就要全力以赴，如果你不能的话，那就干脆不做。”但克洛尔对自己的将来没报什么奢望，只希望不要再比别人差。

有一次，公司经理要他去参加有关事业成功的培训，不然就要开除他。克洛尔沮丧地寻找哪里有这样的培训项目，几经波折后报名参加由梅里尔指导的培训班。一个月后，培训结束，梅里尔找到克洛尔，“你知道吗？我观察了你一个月了，我从未见过这样浪费人才的。”克洛尔很震惊，问为什么。梅里尔说：“你很有能力，但是你却把自己的位子定得太低。如果你投入工作，相信自己的能力，总有一天你会成功的，一定会成为一个了不起的人。”

克洛尔太惊讶了。从小到大，除了他母亲，没有别人鼓励过他，现在梅里尔的一席话胜过了他母亲多年来对他的所有鼓励。其实他并没有从培训中学到什么特殊的技巧，只记住了老师的这番话。后来，对生活他不再满足于现状，他相信他的能力足以让他成为一个有名的人物，他相信自己一定会成功的。他经常用成功者的头脑思考，用成功者的心态面对生活。几年后，他成了公司在全美最年轻的地区主管人。

克洛尔通过母亲和培训老师的鼓励，从自卑与沮丧中树立起自信心，展现出对未来的渴望，从而开启了事业成功的大门。因此，在获得他人的鼓励与支持时，应该怀有感激之情，同样也应不吝于给予他人鼓励与支持，帮助他人建立信心。在自我肯定与外界认可的共同作用下，不断获取、积累与强化自信心，树立更强烈的成功意愿，从而取得事业的进展。

面对具体问题与任务，对自身能力素质的省察主要用于评估“能不能”，对自身态度意愿的省察则是评估“愿不愿”。当完成了上述自省内容后，紧接着要对做事情的投入产出进行细致分析，并据此判断要不要做这件事情，或是要付出多少精力完成这件事情。

三、投入产出情况分析

投入产出分析，即评估做成一件事情或完成一项任务所需要的全部投入与可能带来的所有回报。投入包括资金、材料、劳动、情感、时间、精力等各种物质与非物质要素，产出包括金钱、名誉、地位、经验、快乐、满足等各种经济与非经济回报。由于资源具有稀缺性的约束，人们针对特定问题的投入产出分析，就是判断该问题值不值得去解决、是否需要优先解决。

（一）衡量事情的价值

事分轻重缓急，所以需要分析处理相关事项的投入产出情况，衡量一下哪些事情需要立即着手解决，哪些事情可以暂时放一放，或根本不值得去做。如果把工作重点放到没有回报或回报很少的事情上，会白白占用自己的时间与精力，错过优先关键解决的机会，导致事倍功半。

管理学经典的“不值得定律”表明，不值得做的事情，就不值得把它做好。意思就是，如果一个人做的是一件令人感到不值得做的事情，就会尽量减少相关投入，使得事情成功的可能性降低，即用最小的投入得到“不值得”的结果。在价值取向多元化的情境中，“不值得”定律引申出了五点推论：自己认为“不值得”，领导认为“值得”做的事，必须努力做好；自己当时认为“不值得”，长期来看应该是“值得”的事，坚决做好；自己认为“不值得”，社会认为“值得”的事，认真做好；自己认为“值得”，领导认为“不值得”的事，偷偷做好；自己认为“值得”，环境认为现在“不值得”的事，暂缓做好。

不值得做的事，通常不会尽全力，因为做了也不会有什么好的结局。事实上，马虎和敷衍也是一种浪费。与其这样，还不如做投入产出更高、更值得的事情。对待某些无价值的事情，无论感情上再怎样难以割舍，也要及时打住。

著名编剧家贝尔西蒙的每部剧作都堪称经典，很多人都认为他有什么过人的才能或智慧。其实很简单，在写每一个剧本之前，他都会先问问自己：若能将这个剧本中每一个角色都表现得淋漓尽致，又保持故事的原则性，那这个剧本究竟会有多好呢？想明白以后，无疑会有以下几种答案：第一种，很好，值得花费两年的心血去深入构思创作；第二种，还行吧，但是像鸡肋，没太大意思，不值得耗费太多的精力；第三种，垃圾、俗套，根本不值得一写。

正因为贝尔西蒙始终保持这种这种好习惯，认真考虑当投入全副身心时，会产出怎样的结果，判断事情是否值得去做，才让自己从来没有为不值得做的剧本浪费时间，最终取得了事业的成功。

不过，能够像贝尔西蒙这样想问题的人又有几个呢？有的人整日忙忙碌碌，看似一刻也停不下来，但当问他做出什么成果来时，他就支支吾吾回答不出来了。这种情况就是没能正确评估投入产出的表现。然而，准确进行投入产出分析并不是一件容易的事情，因为投入产出在很多情况下具有一定的不确定性。

（二）风险评估与承担

投入产出情况分析一般以产出大于投入作为相关决策与行为的基础，但是存在某些特殊的情形，即投入产出不明时，就需要对风险进行评估与承担了。

民间的赌玉是一种古老的玉石材料交易方式，买家以重金购得可能含玉的矿石，成交以后切开，有可能得到成色极好的翡翠，买家由此暴富；或者是普通石头，买家血本无归。对于赌玉的买家来说，通过自身经验、眼光等因素对风险做出的判断与承担是其做事的基本依据。对风险评估与承担可能带来冒险与冒进的局面。冒险是成功的重要因素，但是冒险并不等于冒进。

曾经一个人问智者："什么叫冒险？什么叫冒进？"

智者说："比如有一个山洞，山洞里有桶金子，你进去把金子拿了出来。如果那个山洞是个狼洞，你这就叫冒险；假如那山洞是个老虎洞，那你就是冒进。"

这个人表示懂了，但是哲学家却不这么认为。

智者又补充说道："假如山洞里只有一捆劈柴，那么，即使那是一个狗洞，你这也是冒进。"

智者用简单明了的比喻说明了冒险与冒进的区别。当你付出努力后，有可能得到值得你得到的东西，所承担的风险就叫冒险；否则就是毫无意义的冒进，只会使情况变得更糟。其实，决定冒险的过程就是进行投入产出预判的过程。只有当产出与投入相比具有足够的价值时，才有完成该事件的理由。然而，我们也不能因为产出的不确定性而取消必要的投入。

（三）做出必要的投入

投入是产出的基础，世上没有不劳而获的事情，想要有丰厚的产出，就必须付出自己的劳动、精力等投入。若是一味地担心各种可能的危险，认为投入是徒劳的，那么就会畏首畏尾，蜷缩不前，到头来也只能是一无所获。

有人问农夫："你是不是种了麦子？"

农夫回答："没有，我担心天不下雨。"

那人又问："你种了棉花了吗"？

农夫说："没有，我担心虫子吃了棉花。"

于是那个人又问："那你种了什么？"

农夫说："什么也没种。我要确保安全。"

什么都不付出，就什么都不能获得。回避了劳作与辛苦，就回避了学习、改变、成长与收获。没有播撒种子的土地，怎么会生长出果实呢？只有进行必要的投入，付出你的辛劳、汗水，才能获得对你有价值的东西。

（四）全面衡量产出

在分析一件事情值不值得去做、值得花多少精力去做时，可以从两个角度来评估：一方面是这件事在当下给“我”带来的收益大小，这个收益可以是心智、情感层面的，也可以是身体、物质层面的，可以称为“收益值”；另一方面是这项收益随时间衰减的速度，可以称为“收益半衰期”，半衰期长的事件，其收益随时间衰减的速度更慢，所产生的影响也会持续更久。

把收益值与收益半衰期组合，就得到由这两个角度组合成的四类事件：首先是高收益值、长半衰期事件，如找到真爱、与久违谋面的朋友进行深度交谈、分享读过的好书、学会一种有效的思维技巧、参加一次提升自我的培训等；其次是高收益值、短半衰期事件，如买一件喜欢的衣服、玩电子游戏、吃自助餐等；再次是低收益值、长半衰期事件，如读一本好书、跑步 30 分钟、真心赞美别人、认真回复他人的一个问题等；最后是低收益值、短半衰期事件，如在网上吐槽、漫无目的地刷微信、在打折促销的时候拼命地往购物车里放商品等。

对照这四个类型的组合，看看自己哪种事情做的最多。你可能会发现，我们平时最喜欢做的、做的最多的往往是“高收益、短半衰期事件”，其次是“低收益、短半衰期事件”。换句话说，大多数人常常掉进一个叫“短半衰期的坑”，但是他们自己往往没有意识到，或者意识到了也跳不出来。之所以会这样，是与两个“低能”有关：一是“选择低能”，指我们很难判断两个事情哪个更重要；二是“执行低能”，指我们明明知道这件事很重要，但就是不去做。

以上的状况，可以用一条简单的法则来改善：尽量少做“短半衰期”的事情。

这个法则有两个言外之意：

（1）不管收益高低，只要不是短半衰期的事情，都可以去做；

（2）不要只盯着那些“高大上”的事情，只要是对你有长期收益的事情，都可以去做。

要注意的是，同一件事，对于有些人来说半衰期长，而对另一些人来说半衰期短。如旅游，一些人是走马观花式的，光顾着拍照；另一些人出发前做足了功课，游览时又仔细观察，处处留心，回来后还要写成一篇游记。对比下来，自然是第二种用心游玩的人半衰期更长。

另外，有些事情本来就具有“长半衰期”的特点，如方法、技能、特定的思考方式，解决问题的框架等。具体而言，包括：

- 训练实践技能
- 构建新的思维模式
- 反思和总结个人经历
- 保持和促进健康
- 建立和维持相互信任的关系

……

运用上述法则，将能够丈量出那些具有长远价值的事情，判断出投入产出比，提醒我们避免沉迷于那些“短半衰期”的事情。当然，适当的娱乐和休息也是不可缺少的，只不过它不是我们生活的重心。总而言之，对自己打算做的事情要保持清醒的思考，尽最大可能预先判断投入产出情况，这样才能做出正确的选择。

第三节　问题管理

所谓“问题管理”，就是以解决问题为导向，以发现问题、分析问题、处理问题为主要内容的自我反思与总结，以评估处理问题的具体结果，包括对比目标与进展、问题发现、原因分析与对策方法。

一、对比目标与进展

对比目标与进展，是明确当前工作进度、发现潜在问题、调整工作节奏的重要步骤，也是挖掘问题、表达问题、解决问题的基础工作。通过不断对比既定目标与实际进展情况，可以让人对事件的解决过程有着更为直观的理解与把握，准确判断事情的发展是否在可控范围内，这样个体在处理特定问题时就更为主动；反之，如果不能及时评估进展与目标的差距是否在可接受范围内，那么不仅工作的有效性和准确性无法得到保证，还有可能错过解决问题的最佳时机。

(一) 确定正确的目标

树立正确的目标是对比目标与进展前提和基础。目标是前进的指路牌，只有方向正确，才能沿着既定的路线，脚踏实地，稳步前行。著名的管理学定律“做争取的事，正确地做事，把事做正确”充分表明，如果一开始目标是错误的，那么后面无论付出多大的努力、争取多好的条件，都将是徒劳无功的。

从前有一个人，打算从魏国到楚国去。他带上很多的盘缠，雇了上好的车，驾上骏马，请了驾车技术精湛的车夫，就上路了。楚国在魏国的南面，可这个人不问青红皂白让驾车人赶着马车一直向北走去。

路上有人问他的车是要往哪儿去，他大声回答说：“去楚国！”路人告诉他说：“到楚国去应往南方走，你这是在往北走，方向不对。”那人满不在乎地说：“没关系，我的马快着呢！”路人替他着急，拉住他的马，阻止他说：“方向错了，你的马再快，也到不了楚国呀！”那人依然毫不醒悟地说：“不打紧，我带的路费多着呢！”路人极力劝阻他说：“虽说你路费多，可是你走的不是那个方向，你路费多也只能白花呀！”那个一心只想着要到楚国去的人有些不耐烦地说：“这有什么难的，我的车夫赶车的本领高着呢！”路人无奈，只好松开了拉住车把子的手，眼睁睁看着那个盲目上路的魏人走了。

故事中的魏国人，不听别人的指点劝告，仗着自己的马快、钱多、车夫好等优越条件，朝着相反方向一意孤行。那么，他条件越好，努力越大，就会离要去的地方越远，因为他的方向搞错了。南辕北辙的故事告诉我们，无论做什么事，都要把握方向，这样才使后续的资源整合、优势发挥、方法支持等各项努力具有必要性与可行性，否则将让我们在错误的道路上越走越远。南辕北辙的故事看似可笑，但在实际的学习、工作与生活中确实屡见不鲜。

2004 年的雅典，马修·埃蒙斯第一次踏上了奥运会的赛场。起初，一切进行得都很顺利，即便自己的枪被别人弄坏，他也依然能使用队友的枪射下了男子 50 米步枪卧射的金牌。

拿下首枚奥运金牌几天后，埃蒙斯迎来了 50 米步枪三姿的决赛。面对中国老将贾占波，埃蒙斯一度弹无虚发，状态神勇，在进入第 10 枪之前，他甚至已经把领先优势扩大到了整整 3 环，这几乎是一个在射击赛场无法被逾越的优势。

预备、举枪、瞄准、射击，十多秒之后，一个令人意外的结果出现了，伴随着埃蒙斯困惑不已的表情，裁判经过审查后正式宣布：埃蒙斯第10枪脱靶，成绩为0环。

直到比赛结束后，埃蒙斯的队友安迪依然不敢相信眼前发生的一切："埃文斯是我见过最优秀的射击运动员，我不知道他在最后一枪到底射了多少，但我觉得应该在10环左右。"事实上，只要埃蒙斯在第10枪射出7环，他的金牌就绝无旁落的可能，但最终，这枚子弹还是射在了别人的靶上……

在埃蒙斯举起第10枪时，显然瞄准了错误的目标，不管他的预备、举枪、瞄准、射击是多么的精致，最终得到了徒劳无功的结果。有多少人在工作中，只知道埋头苦干，却没有停下来想一想，目标究竟在哪里，就像下面故事里的伐木工一样。

一群伐木工人走进一片树林，开始清除矮灌木。当他们费尽千辛万苦，好不容易清除完这一片树林中的矮灌木，直起腰来准备享受一下完成了一项艰苦工作后的乐趣时，却猛然发现，他们需要清除的不是这片树林，而是旁边的那片树林！

事情是永远做不完的，难的不是不知道怎么去做，而是不知道做什么、做多少，此树立正确的目标是把事情做完、做好的基础。如果只顾低头做事，却不知抬头看路，即使投入巨大，却收不到什么实质性的效果。此外，做任何事情都不要太过匆忙，忙乱中容易出差错。凡事预则立，不预则废。只有明确前进的方向，才能合理安排工作，选择正确的方法，高效、出色地完成工作任务。

（二）设置合理的目标进度

目标对事业成功至关重要。在树立了正确的目标之后，需要在最终目标的指引下设置合理的目标进度。将一个大目标科学地分解为若干个小目标，落实到具体的每周或每天任务上，才是实现目标的最好方法。

设定目标就像建一座金字塔。1984年，在东京国际马拉松邀请赛中，名不见经传的日本选手山田本一出人意料地夺得了世界冠军。全世界的人都惊奇于他凭什么取得如此惊人的成绩。

他在自传中这么写道：每次比赛之前，我都要乘车把比赛的线路仔细地看一遍，并把沿途比较醒目的标志画下来，比如第一个标志是银行；第二个标志是一棵大树；第三个标志是一座红房子……这样一直画到赛程的终点。比赛开始后，我就以百米的速度奋力地向第一个目标冲去，等到达第一个目标后，我又以同样的速度向第二个目标冲去。40 多公里的赛程，就把我分解的几个小目标轻松地跑完了。起初，我并不懂这样的道理，我把我的目标定在40 多公里外终点线上的那面旗帜上，结果我跑到十几公里时就疲惫不堪了，我被前面那段遥远的路程给吓倒了……

山田本一成功的故事告诉我们，如果目标太大太远，我们会被遥远的路程所吓倒。需要善于把目标分解，并设置合理的进度。终极目标、长期目标、中期目标、短期目标并非处于同一个位置上，它们的关系就像一座“金字塔”。如果一步一步地实现各层目标，取得成功就是水到渠成的事情；反之，若想一步登天，那就难上加难了。

（三）目标设置的原则与要求

第一，尽可能地具体、清晰与明确，即要用具体的语言清楚地说明要达成的标准，切忌将目标设置的模棱两可。下面的故事说明，满足目标设置的具体性，能有针对性地调动积极性与主动性，并带来显著的结果差异。

有人曾经做过一个试验，他把人分成两组，让他们去跳高。两组人的个子差不多，先是一起跳过了 1 米。他对第一组说：你们能够跳过 1.2 米。他对第二组说：你们能够跳得更高。经过练习后，让他们分别去跳，由于第一组有具体的目标，大家都努力练习，相互学习，并相互鼓励与帮助，结果第一组每个人都跳过 1.2 米，而第二组的人因为没有具体目标，所以他们中大多数人只跳过了 1 米，少数人跳过了 1.2 米。

第二，尽可能地做到准确衡量，即能用数据作为衡量是否达成目标的依据，否则无法判断目标的完成情况。下面的故事表明，可以衡量的目标能更加精准地指导人们调整、控制自己的行为，并在绩效方面带来呈现出不同。

小王是某企业的销售顾问，在新年伊始给自己定下了努力上进的工作目标，即增强客户意识、勤于客户拜访、控制拜访成本。但是经过了一个季度，工作业绩并没有比去年提升显著。经理与小王进行充分的沟通后，帮助小王把原先的工作目标进行良好，即每周至少拜访 10 个重要客户与 20 个普通客户、将客户投诉率降低至 1%、客户平均拜访成本低于 200 元。按照新的工作目标，小王的干劲更足了，业绩在随后的日子里飞速提升。

第三，要通过努力可以实现，尤其是阶段性目标，不能偏低和偏高，偏低了无意义，偏高了实现不了。下面的故事说明，具有实现性的目标能最大限度地调动个体的积极性，让个体在工作中体验到成就感。

多年前在美国进行了一项成就动机的试验。15 个人被邀请参加一项套圈的游戏。在房间的一边钉上一根木棒，给每个人几个绳圈套到木棒上，离木棒的距离可以自己选择。站得太近的人很容易就把绳圈套在木棒上，而且很快地就泄气了；有的人站得太远，老是套不进去，于是很快就泄气了；但有少数人站的距离恰到好处，不但使游戏具有挑战性，而且他们也还有成就感。

第四，要和问题的解决或任务的进展有相关性。否则，及时顺利实现了既定目标，由于和问题解决的关系不大，很可能得到徒劳无功的结果。

小刘是一个刚入学的会计学硕士研究生，最近和导师交流三年后硕士毕业的打算：小刘希望能进入一所“985”高校继续进行博士深造，导师表示支持她的想法。在谈到最近一年的具体学习计划时，小刘给自己订立了三个阶段性目标：运用英文进行阅读与写作、使用 SPSS 与 EVIEWS 软件进行数据统计与分析、通过至少两门的注册会计师考试科目。导师对最后一个阶段性目标提出了不同的看法：注册会计师考试更适合希望毕业后到会计师事务所从业的学生，与博士深造所需要的科研积累关系不大，因此需要删除。按照导师的建议，小刘的时间与精力分配更加合理了，很快在同届学生中脱颖而出。

第五，要有时限性，要在规定的时间内完成，时间一到，就要看结果。这样可以有效地克服各种拖延与借口，使目标得以顺利实现。

小丽是单身一族，这些日子总想抽空锻炼一下身体。可是下班到宿舍后总感觉很累什么都不想做，要么跟朋友一起出去吃饭、看电影，要么窝在家里看电视或刷微信，拖到夜里 12 点以后才睡觉，一天就这么过去。第二天一早就得强逼自己起床，拖着疲惫的身体去上班，就这么恶性循环。在同事张姐的建议下，小丽给自己订立了详细的计划：晚上七点半前吃完晚饭，八点半前收拾好家务，十点前完成 50 分钟的快走或慢跑，十一点前关灯休息。依据这些具有明确时间节点的目标，小丽的作息规律而健康，连上班时的脸色都红润起来。

（四）明确事情的进展

在确定了目标之后，要对事情的进展有着准确的把握。因为只有知道实际进展与目标的差距，才能知道还需要投入多大的努力继续推进。否则的话，很容易前功尽弃。

1952 年 7 月 4 日清晨，加利福尼亚海岸下起了浓雾。在海岸以西 21 英里的卡塔林纳岛上，一个 43 岁的女人准备从太平洋游向加州海岸。她叫费罗伦丝·查德威克。

那天早晨，雾很大，海水冻得她身体发麻，她几乎看不到护送她的船。时间一个小时一个小时的过去，千千万万人在电视上看着。有几次，鲨鱼靠近她了，被人开枪吓跑了。

15 小时之后，她又累，又冻得发麻。她知道自己不能再游了，就叫人拉她上船。她的母亲和教练在另一条船上。他们都告诉她海岸很近了，叫她不要放弃。但她朝加州海岸望去，除了浓雾什么也没看不到。

人们拉她上船的地点，离加州海岸只有半英里！后来她说，令她半途而废的不是疲劳，也不是寒冷，而是因为她在浓雾中看不到离目标还有多远。查德威克小姐一生中就只有这一次没有坚持到底。

如果我们不能明确把握事情的进展，就会使目标的达成如云遮雾罩，时隐时现，当我们向目标奋进时，无法知道自己究竟向目标靠近了多少，无法体味日益抵达成功的喜悦感，身体就会倦怠，热情就会受挫，直至失去毅力和耐心，导致功亏一篑。只有明确把握事情的进展，才能看见自己不断向目标迈进。当我们雄心勃勃、踌躇满志地走向未来时，一定要随时把握问题解决的进度，在进展与目标的不断比对中顺利到达成功的彼岸。

曾有人做过一个实验：组织三组人，让他们分别沿着十公里以外的三个村子步行。

第一组的人不知道村庄的名字，也不知道路程有多远，只告诉他们跟着向导走就是。刚走了两三公里就有人叫苦，走了一半时有人几乎愤怒了，他们抱怨为什么要走这么远，何时才能走到？有人甚至坐在路边不愿走了，越往后走他们的情绪越低落。

第二组的人知道村庄的名字和路段，但路边没有里程碑，他们只能凭经验估计行程时间和距离。走到一半的时候大多数人就想知道他们已经走了多远，比较有经验的人说："大概走了一半的路程。"于是大家又簇拥着向前走，当走到全程的四分之三时，大家情绪低落，觉得疲惫不堪，而路程似乎还很长，当有人说："快到了！"大家又振作起来加快了步伐。

第三组的人不仅知道村子的名字、路程，而且公路上每一公里就有一块里程碑，人们边走边看里程碑，每缩短一公里大家便有一小阵的快乐。行程中他们用歌声和笑声来消除疲劳，情绪一直很高涨，所以很快就到达了目的地。

第一组的人属于没有目标，也不知道进展的情况，这样导致的结果是没有动力，士气低落，产生抱怨，最终容易放弃。第二组的人属于知道目标，但是没有明确掌握进度，这样的结果是有前进的动力，但容易动摇意志。第三组的人属于目标清晰，又时刻掌握着进展情况，这样的结果是士气一直高涨，最终胜利达到终点。

当人们行动有明确的目标，能准确把握行动的进展情况，并且随时可以比较进度与目标时，就能知道现状与目标达成之间的距离，继续行动的动机就会得到维持和加强，有助于克服困难、实现既定目标。

二、问题发现

所谓问题发现，就是及时发现工作中凸显或隐藏的问题，为分析、解决问题提供基础和线索，以期望实现任务目标。从某种意义上讲，发现问题比解决问题更为关键。如果我们把解决问题想象成打猎时扣动扳机击中猎物的那一瞬间，那么寻找猎物的经验、发现猎物的途径、接近猎物的方法都是扣动扳机的前提与条件。或者说如果没有发现问题这一系列的前置工作，那么我们将无法扣动解决问题的扳机。对于个体而言，不会发现问题，就永远不知道自己的缺陷与不足，学习、工作就只能原地踏步，不会被他人所欣赏，很难取得较大的成就。

（一）注意小问题

人们往往会认为，一些小的事情、小的问题无关紧要。然而问题不会自己消失，你不解决，问题可能会越来越严重，甚至酝酿成大祸。易经“坤”卦第一爻“履霜，坚冰至”，说明凡事都是从小到大，由微至著发展的。在前进的道路上，有些问题看似不大，但却能持续发酵，对工作的成败得失至关重要。可能因为签合同时的潦草字迹，给个人和集体带来巨大损失；可能因为开车时接听手机的坏习惯，酿成严重的交通事故；可能因为随手丢弃烟头的毛病，导致了一场难以扑灭的大火……这些都时刻在警示我们，如果不注意小的问题，往往导致大灾难。因此不能对小问题掉以轻心，要懂得以小见大、关注细节，以免使局面变得不可控制。

1981 年的一天晚上七点，美国堪萨斯城凯悦酒店的大厅举办了一场舞会，有 2000 多人参加。正当人们跳舞跳得性高采烈时，酒店房顶上空的两座空中行人桥突然发生断裂并坍塌下来，砸中了大厅里的人群，造成 140 多人直接死亡和数百多人受伤，歌舞升平的酒店瞬间变成了悲剧之地。

事后，调查小组在对事故的调查中发现，负责这家酒店建设的工程师曾经在酒店及行人桥的设计图上做了修改，这样虽然加快了工程进度，但同时也让支撑空中行人桥重量的吊杆的负荷量变成了原来的两倍，即吊杆的承担压力大大超出了原本规定的范围。

事实上，在酒店竣工之际，行人桥中存在隐患问题便开始显现：酒店大厅的天花板曾经坍塌了一大块；在空中行人桥项目结尾时，工人便抱怨说运送材料时，桥不断地摇晃和摆动，特别恐怖。当这些问题出现时，人们曾向工程师们反映过，但工程师们并没有在意，只是对坍塌部分进行了简单的修补，同时让工人从另一条辅助桥上继续工作。

因此，这次悲惨的事故，并不是一个突发事件，而是工程师们忽视所谓的“小问题”而付出的代价。

事实上，有问题并不可怕，可怕的是人们没有发现问题的意识，或者在发现问题后为了逃避责任而掩饰问题，这样做的后果只能使问题越来越大，如滚雪球一般，越发不可收拾。其实，解决问题的步骤始于发现问题，在上述案例中，假如工程师们在工人反映了问题之后就重视起来，加以处理，那么后来重大事故的悲剧就完全可以避免。

解决问题的原点在于发现问题的存在，如果只知道看得见的问题，不知道看不见的问题，后果是严重的。就如冰山一角图，浮现在表面的只有那一角冰山，人们很容易忽视它，或是忘记它的存在，或是压根认为它不值一提。殊不知那潜藏在水面下的庞大的山体，能让巨轮瞬间倾覆，造成无可挽回的严重后果。在下面的故事中，晋献公因宠幸骊姬而误国的教训充分说明了这个道理。

战国事情，晋献公在骊戎之战后，娶了骊姬、少姬两位美人，无比宠幸，骊姬也渐渐开始干预朝政。

一年后，骊姬生下一子名叫奚齐，爱屋及乌，晋献公竟想要让奚齐取代太子申成为新太子。太子申德才兼备，深受臣民喜爱，晋献公找不到废除的理由，就想先立骊姬为夫人，遭到群臣反对，又令史苏和卜偃占卜，结果都是凶兆。但晋献公一意孤行，硬是把骊姬立为了夫人，也就是当时的后宫之主。

至此，骊姬的行为更加放肆了，她先是色诱重臣优施，使其成为心腹，又用重金贿赂重臣梁五，太子申惨死在三人的毒计之下。公子重耳、夷吾则流离国外，奚齐终于成为太子，并在晋献公死后成为晋国的国君。

但此时的晋国已是外强中干，动乱不已。后来一直到重耳重返晋国执掌大权，因晋献公宠信骊姬而带来的霍乱才告结束。

（二）具备敏锐的洞察力

在工作、生活中，有的人看到路上的蚂蚁搬家就知道要下雨了，有的人则雨点打在身上也感觉不到天气变化；有的人到陌生地方也不会迷路，有的人一个地方去过很多次都记不住；有的人看到别人的眼神就知道随后要发生什么，有的人连别人反复强调的事情都抓不住重点……要把问题发现看作进步和提高的机会，因为从某种意义上讲，发现问题意味着从诸多现象中准确地挖掘、提取有价值的信息，需要敏锐的洞察力才能透过现象把握本质与规律。

21 岁的松元是一名在日本东京市区上班的工厂工人，但他的住处却在 80 多公里外的郊区，由于自己没有车，松元每天只能靠乘坐地铁或公交车往返。

与众多日本男人们一样，每天下班后，松元都会约上三五好友，去单位附近的酒吧喝上几杯，然后带着几分微微的醉意，赶上末班地铁或公交车回家。

可由于需要约 1 个小时后才能到住处，如碰到意外情况时间甚至会更长，因此松元常常会在车上不知不觉就睡着，等醒来后才发现自己早已错过了目的地，车子已经到了终点站了。

每次下车后，松元都非常懊恼，因为此时已没有任何返程车了，要想回到住处，唯一的办法只能是打出租车。但问题是，在日本打出租车非常贵，白天起步价约为 43 元人民币，10 公里的路程则需要 250 多元，而等到晚上 11 点后，费用则会上涨 30%！松元曾咬牙发狠坐过几次出租车回住处，每次都需要近千元人民币，根本吃不消！

由于怕坐过站，每次在末班车上，松元都极力让自己保持清醒，不敢轻易睡着，这让他感到非常痛苦。后来，松元发现，有着同样遭遇和处境的人，远不止他一个，很多家离办公室较远的上班族都有同样的苦恼。

一次，松元在坐车时突然想，如果自己能在地铁和公交车的终点站附近盖一些旅馆，让那些坐过站的“酒鬼”上班族能有一个地方住，问题不就解决了吗？

说干就干，松元开始找合伙人，然后贷款购买了地皮，由于地铁和公交车的终点站都很偏远，荒凉得很，因此它们附近的地价非常便宜，建旅馆的费用也远比在东京的便宜很多，日常运营上的开销也很低。

可松元旅馆每晚的收费却不低，跟东京市区的均价相差不多，但和乘坐出租车的费用比起来仍是划算的。很快的，松元旅馆就开始盈利，没过几年，松元在日本已开了70家“终点站旅馆”，年收入高达420万美元，松元也从一个昔日连车都买不起的屌丝打工仔，摇身变成了一个百万富翁。

每一个发现问题的可能，都是一次契机。机会面前人人平等，具备敏锐的洞察力有助于发现最为本质的问题，为把握问题发展方向、创造性解决问题提供最为关键的依据。松元之所以能从一个打工仔变成百万富翁，原因就是他没有对交通不便的现象进行简单的抱怨，而是借助自身敏锐的洞察力发现并把握了交通不便所带来的契机，最终实现了逆袭。

（三）在问题发现中激发灵感

当出现问题时，有的人会抱怨，有的人会置之不理，有的人则会从问题中发现不同寻常之处。如果换一个角度看待问题时，多一些创造性思维，就很有可能迸发出灵感，并带来意想不到的好结果。

19世纪20年代，英国一位名叫马辛托斯的普通工人，不小心将一些橡胶泼到衣服前襟上。顿时他感到懊恼万分，橡胶肯定洗不掉了，为损毁的一件衣服感到十分可惜。下班回家的路上，倾盆大雨将他淋成了落汤鸡。到了家里，马辛托斯脱下外衣。正当他准备把泼了橡胶的衣服丢弃到垃圾桶里时，他忽然发现衣服其他地方都被淋透了，只有沾满橡胶液的前襟没有淋湿。真是怪事，难道沾了橡胶液的衣服还有防雨作用？这一发现让马辛托斯高兴极了，他立马开始了实验。不久，世界上第一件雨衣就问世了。马辛托斯筹资办起了世界上第一家雨衣制作厂，雨衣投放市场后，大受欢迎，还被人们亲切地称作“马辛托斯”。

在日常的学习、工作与生活中，总会出现这样那样的问题，它们会带来各种各样的麻烦。如果选择循规蹈矩，涛声依旧的局面仍能得到维持，就像马辛托斯一样不小心弄脏了一件衣服，完全可以丢弃掉再买件新的。但是如果能真正重视眼前的问题、在问题发现中激发灵感，就可能发现问题中蕴涵的机会，给自己、他人带来全新的变化。

（四）善于发现问题的方法

在工作中要做到善于发现问题其实并不难。一方面要了解自己的工作，并多问几个为什么，明确工作要朝着什么方向发展，我们每天都具体在做什么，工作进行得怎么样，等等；另一方面要时刻保持清醒的头脑和活跃的思维，习惯于从不同角度出发看待问题，及时和他人进行沟通。作为全球最著名的管理咨询公司，麦肯锡的管理咨询顾问们总结了六个发现问题的技巧，通过时常问自己如下六个问题，来大大提高发现问题的能力。

（1）现状与自己的期待之间有没有落差？

（2）现状有没有发生变化，正在往哪个方向变化？

（3）是否觉得事情发展的哪个方面进展得不顺利？

（4）是否有一些工作虽已完成但并未达到严格的标准？

（5）哪些事情不是自己原本预想的状态？

（6）假如对不良状况置之不理，将来是否会危及今后的发展？

认真回答上述问题，有助于时常提醒自己保持敏感的状态去发现问题，避免造成不良影响。在日常工作中积极主动发现问题，多向自己问问题，多反思自己，这样才能在第一时间发现问题，做好解决问题的基础工作。

三、原因分析

发现问题是解决问题的第一步，为了有效解决问题，在发现问题之后则需要分析、明确导致问题发生的原因。原因分析包括对相关资料的收集、分析以及在此基础上的判断与验证。原因分析不只是仅关注问题的表面或特征，而是逐步找出诱发问题的根本原因，将问题出现的来龙去脉搞清楚，从而为解决问题提供准确的靶向。

（一）多方调查确定原因

原因分析是发现问题症结的过程，其结论直接关乎后续问题解决的成败，因此一定要严谨细致，来不得半点马虎。为了确保原因分析的准确性，一定要从不同角度、采用不同方法进行，只有在多方证据共同指向同一原因时，才能给出相关结论。中医讲究望闻问切，即通过观气色、听声息、问症状、摸脉象等多种方法诊断疾病的原因。尽管面对同样的问题，不同的人会有不同的解决办法，但认真溯源、多方调查是得到问题根本原因的不二法门。

一位病人走进某主任医生的办公室，告诉医生自己身体不适，主要症状是发烧、流鼻涕、呕吐，并且怀疑自己得了流行性感冒。

主任医生的助手通过量体温、听呼吸、验血等方式对病人进行了常规检查，之后表示同意病人的判断，建议按照流行性感冒对病人进行治疗。

医术高明主任，发现了病人的脖子比较僵硬，头颅无法灵活转动。根据自己的经验与判断怀疑患者得了脑膜炎，主任建议患者进行脑脊液检查。化验结果表明，患者患上了病毒性脑膜炎，如不及时治疗会存在生命危险。

主任立刻将患者收治入院，按照病毒性脑膜炎的治疗方案对患者进行了及时、正确的治疗。患者后来康复正常，没有留下任何后遗症。

从上述案例可以看出，找出问题的症结所在，既是对自己的工作负责，也是对他人负责。按照主任助手的诊断与分析，患者得的是流行感冒，如果据此处理肯定会错过最佳治疗时机，不仅无法减缓病情，还会导致非常严重的后果。多亏医术高明的主任，没有局限于常规检查与患者自己提供的结论，进一步综合自己的经验、患者颈项强直的表现以及脑脊液检查的结果，准确找到了患者的病因，避免了误诊，挽救了生命。

（二）连续追问明确原因

对于简单的问题，原因可能众所周知或显而易见；而对于复杂的问题，原因则可能扑朔迷离或难以识别。因此，在遇到复杂问题时，不能仅凭个人判断就轻下结论，而是要抓住已有的线索，刨根问底，多问几个为什么。只要勤于发问、善于发问、精于思考，问题的原因就能浮现出来。

1950 年，日本丰田公司销售收入急剧下降。丰田喜一郎聘请了管理能手石田退三担任丰田公司的总经理，负责丰田汽车的生产与运营。石田退三上任以后就凭着一种追根究底的精神成功地找到了导致丰田没落的根源。他到各车间、各科室进行了深入细致的观察以后，很快就发现丰田的浪费现象十分严重，而这也是导致丰田衰落的根源。石田退三很快制订出一些“杜绝浪费”的相关制度，规定公司里的所有管理干部，都必须到现场办公，监督浪费现象，一旦发现浪费现象就要不断地问“为什么”。

比如有工人报告“保险丝断了”，管理者就必须问“保险丝为什么断了”？如果是因为掉进了铁屑，就要查为什么会掉进铁屑。有的工人会说“因为没有防护罩”，管理者就应该问“那为什么没有防护罩”？是因为厂里没有配置还是其他原因？如果厂里没有配置，车间就要统一制作安装。于是，车床加防护罩的问题迅速得以解决，从而既杜绝了由于经常性地更换保险丝而带来的企业资金和工作时间的浪费现象，同时又提高了工作的安全性和可靠性。

丰田公司正是依靠这种不断追问“为什么”的精神，才能重振雄风，跃入世界汽车制造行业的强者之林，石田退三也因此成为日本的“管理之王”。

从上面的案例中可以看出，在遇到各种问题时，要多问几个为什么，找到问题的真正根源。只有通过连续追问明确原因，才能有的放矢，进而有效指导问题的迎刃而解。

（三）抽丝剥茧挖掘原因

在很多情况下，对问题进行原因分析是极其困难的过程，难以做到一击即中，迅速找到最根本的原因。由于事物之间的联系错综复杂，导致某种现象产生的因素可能是环环相扣的。必要时可以采用“抽丝剥茧”的方法，像破案一样，依据既有线索层层递进，最终挖出问题的根本原因。

20世纪70年代初，某军用机场起飞了一架喷气式歼击机。当飞机爬升到1000多米高时，忽然，飞机发动机吸进了一只小型的鹰隼，打坏了发动机的叶片，引起发动机爆炸起火。飞行员按动弹射电钮，人从座舱里弹出，降落伞开启，降落到地面，但是，飞行员却牺牲了。专家对这场机毁人亡的事故进行原因分析，主要从两方面开始的：一是鹰隼打坏发动机的系列因素；二是飞行员死亡的系列因素。

鹰隼被吸进发动机，是打坏发动机的原因，这是一种现象。为什么机场上空近期出现较多的鹰隼呢？原来是机场跑道周围出现了较多的小鸟和田鼠，吸引了鹰隼扑食。机场周围的小鸟和田鼠为什么增多了呢？原来是飞机跑道两侧的荒地种上了地瓜、花生、大豆等农作物。为什么原来的荒草地改种农作物了呢？原来是机场后勤部门的领导为了改善职工的生活。经过抽丝剥茧式的分析，找出了问题的根本原因：机场管理出现了漏洞，原本机场跑道两侧是不允许种植农作物的，后勤部门的领导擅自做主，违反了规定。于是他们毁掉了农作物，定期在跑道周围施放毒物，杀灭田鼠，并组建了机场驱鸟队，还向机场周围的居民区发出布告，禁止放风筝、少养鸽子等。这些措施大大减少了鸟类对飞机的危害。

飞行员按程序跳伞，原本一切正常，为什么会死亡呢？这一现象背后的原因是什么呢？专家们发现，飞行员弹射出座舱后，其飞行头盔损坏了，飞行员的颅骨发生骨折。为什么颅骨会骨折呢？经过反复的分析实验，并没有发现飞机弹射系统有任何质量问题，飞行员按动弹射电钮后，座舱盖抛掉，飞行员连同座椅弹出，然后降落伞打开，平稳降落地面，应该是没有问题的。可是飞行员为什么会死亡呢？可以肯定的是，飞行员的死亡不是发生在地面，而是发生在弹射过程的某个环节。专家们仔仔细细地分析，并查阅国内外类似的事故，一个现象引起了专家们的注意：同样是这个型号的歼击机，欧洲国家的飞行员跳伞后极少发生飞行员颅骨骨折的事，为什么亚洲的飞行员跳伞后多次出现颅骨骨折的现象呢？

看来是亚洲人和欧洲人在身体的外在结构上存在着差异。经过分析对比，专家们发现，在同等身高的情况下，亚洲飞行员的上半身要比欧洲飞行员的上半身稍高，所以亚洲飞行员的头顶离飞机座舱盖更近，这样当飞行员从座舱里向上弹射时，其头盔瞬间撞击到即将抛弃但尚未完全抛弃的座舱盖，头盔猛地冲击了飞行员的颅骨，导致颅骨骨折。现象背后的原因终于找到了，飞机设计师从此在设计飞机时会考虑到人体方面的这种差异，使飞行员头部与座舱盖的距离保持合适的高度，或者使飞行员连同整个座舱（包括座舱盖）一起弹出，以避免类似事故的发生。

从上述事例可以看出，导致问题发生的因素是复杂多样、相互联系的。那么如何从一团乱麻中整理出问题脉络呢？案例中的专家从结果出发，采用“抽丝剥茧法”，由现象开始一步步探寻，直到找出本质原因。这个深入探究的过程需要获取事实、提出问题、大胆假设、小心求证，这样才不会因为原因不明而导致走冤枉路。在表象的基础上深入分析原因，才能发现引起该问题的根本症结，为抓住问题本质、从根本上解决问题提供依据。

（四）借助外脑定位原因

一般而言，个体在知识经验、能力素质、认知感受等方面存在局限性，所以在问题诊断与原因分析的过程中，很难像福尔摩斯一样在纷繁复杂的表面表象中迅速抓住关键证据，还原问题发展的真相。在许多情况下，会因为偏离正确的方向而不得要领、无法准确定位到导致问题产生的根本原因。因此，在必要的时候向专业人士请教，通过借助外脑亦是原因分析的有效途径。

在美国，有一家摄影工作室专门拍摄宠物广告明星——猫。像这种拍摄宠物的工作室非常时尚且流行，这家工作室被认为是很有发展前景的。

然而该工作室始终被一个问题所困扰：实际拍摄时间比计划时间长得多。为此，员工们常常加班加点地工作，但还是不能按时完成任务，导致工作延期，给该工作室的发展带来负面影响。面对日益激烈的市场竞争，如果不能在规定的时间内完成拍摄工作，很可能会引起客户的不满，导致客户的流失。因此，他们认为已经到了必须解决这个问题的时候。

经过一番讨论，他们认为导致工作延期的因素主要是猫的问题——调皮捣蛋、不听话、难以控制。于是他们决定针对这个原因来解决问题。

不过，这个问题并不容易解决。因为你不可能让每只猫都乖乖听话，摆着各种姿势等你拍摄。员工们想到一个办法：尽量让猫感到舒适、开心，在它们心情愉快时给它们拍照。

那么，如何让这些猫感到舒适呢？方法有很多，如在拍摄前给它们足够的爱抚和食物，将工作室的空调调到合适的温度，将拍摄区域按照猫喜欢的样子进行装扮，尽量避免拍摄工作开始后出现噪声等。

在进行了整改之后，猫在拍摄时的情绪的确变好了一些。但是，问题似乎并没有完全解决，因为许多的猫常常在进入工作室不久，情绪又开始变坏，接着就继续捣乱。

这到底是怎么回事呢？直到他们求助于生物学家，才明确了问题的本质原因：猫捣乱只是表面现象，真正的原因在于后面的猫不喜欢前面的猫在拍摄时留下的气味。

针对上述问题原因，员工们经过一个月的观察和研究，逐步延长了两只猫拍摄的时间间隔，并设置了多个拍摄区域以保证有足够的时间来清除每只猫在工作区留下的气味。如此一来，猫儿们的表现异常出色……实际拍摄时间超出计划时间的问题终于得以解决。

在上述案例中，该工作室出现的问题是不能按时完成拍摄猫的任务。通过自己所进行的分析，并没有抓住问题原因的实质，因此无法完全解决问题。借助外脑定位找到问题的最根本的原因——后面的猫不喜欢前面的猫在拍摄时留下的气味，才最终实现对问题的解决。从该案例中可以看出，个体的局限性会导致在分析原因的过程中产生方向性偏差，无法找出真正的原因，因此在进行原因分析时，需要向专家寻求帮助，从而更准确地把握问题实质、发现根本原因。

四、对策方法

对策方法是解决问题的手段和途径。尽管存在“条条大路通罗马”的说法，但是不同的策略方法及其背后的实施理念及原则，在解决问题的效果、效率等方面会存在着较大的差异。

（一）心动不如行动

问题出现以后，如果有解决的想法，就应该立刻着手尝试，而不是找到各自借口与理由一拖再拖或置之不理。很多时候，问题也许并不如想象中的那样难以解决，只要付诸行动，成功可能会不期而至。若是一味耽搁，只会让问题反复出现、以小变大或积少成多，要么造成不必要的浪费和损失，要么带来更为严重的后果。

有一位老农，在他耕种的农田里，有一块大石头横亘多年。这块石头看上去很坚硬，而且好像有一半深埋在土里。几年间，巨石折断了老农的好几把犁头，还弄坏了他的耕种机械。老农对此无可奈何，巨石成了他种田时挥之不去的心病。

一天，在又一把犁头打坏之后，想起巨石给他带来的无尽麻烦后，老农忍无可忍，终于下决心要了结这块巨石。经过和村民的讨论，决定先把石头撬出来，然后大锤打碎，清出农田。

当他找来撬棍伸进巨石底下时，老农惊讶地发现，石头埋在地里的部分并没有想象中那么深、那么实，老农没有花费很多点气力就将石头撬了起来。当老农用大锤击打巨石时，很轻易就把巨石震碎，变成了许多可以被移动的石块。老农很快将巨石化整为碎，彻底移出农田。

当老农脑海里闪过多年来被巨石困扰的情景，再想到原本可以更早些把这桩头疼事处理掉时，禁不住一脸的苦笑。

从这则寓言故事中，我们可以指导：遇到问题、明确原因后，不应该被解决问题的困难和羁绊所吓住，而应该勇于尝试、迅速行动。如果讳疾忌医或拖延了事，只能增加原本不需要付出的成本。因此，对于一定要处理的问题，不应回避，而应追根溯源、把握关键、及时行动，争取把问题解决在坏结果发生之前。

（二）迅速响应

在面对突发性问题时，在针对问题分析原因、找出解决办法之后，需要立刻采取行动。“射人先射马，擒贼先擒王”，抓住主要矛盾，明确关键节点，落实相关行动，第一时间解决问题，通过迅速响应来化解难题。

一名叫基泰斯的美国记者在日本东京的奥达克余百货公司为婆婆选购礼物，一名售货员接待了她。经过一番沟通，售货员确定了这位顾客对礼物的要求，便向她推荐了某知名品牌的唱机。试机后，女记者很满意，售货员就将一台未启封的崭新唱机精心包装起来。

然而，在百货商店关门后，售货员按照惯例清理商品时，却发现卖给美国记者的竟是一个没有内件的唱机样品。于是，她赶紧向公司经理报告了这件事情。经理得知消息后，立即召集有关人员想办法寻找这位顾客。

这位顾客不是百货公司的会员，在短暂的购物过程中所留下的信息只有名字、职业，以及她“常常通过美国快递公司给父母邮寄礼物”的消息。

起初，百货公司的经理带领诸多员工给东京的各大旅馆打电话，希望查到基泰斯的住址，不料，打了整整一夜，一无所获。后来，他们又通过“美国快递公司”的线索，先给位于美国纽约的“美国快递公司”总部打电话查询到基泰斯父母在美国的电话号码，然后再通过她的父母，打听到她在东京的住址及电话号码。

在忙碌了一整夜，拨打了 35 个紧急电话之后，百货公司的工作人员终于查到了基泰斯的联系方式。

而基泰斯呢，在逛了一天街回到酒店后，打开唱机试用时却发现唱机不能用，检查后才发现唱机竟没有装机芯，顿时觉得自己上当受骗了，气愤之下写了一篇名为“笑脸背后的真面目”的批评稿，准备第二天一早就送到东京的报社。

没想到，第二天她刚起床，就接到奥达克余公司打来的道歉电话。半个小时后，奥达克余公司的经理带领提着大皮箱的公关人员站在她的房间门口。她正惊讶时，两人向基泰斯深深鞠躬表示歉意，并恭敬地送来一台崭新的同品牌唱机、一张流行唱片、一盒蛋糕和一套毛巾。

基泰斯惊讶于他们的举动，不禁问他们是如何得知自己的住处的。公关人员毫不隐瞒地讲述了发现失误、弥补失误的经过，并一再向基泰斯表示歉意。

等百货公司的经理和公关人员离开后，基泰斯撕掉了批评稿，重新写了一篇题为“35 个紧急电话”的表扬稿。表扬稿见报之后，奥达克余公司即因一心为顾客着想而门庭若市。

试想，如果售货员隐瞒了误售唱机样品的问题，或者百货公司选择忽视这一问题，那么第二天事发见报后，会给公司造成多大的负面的影响！百货公司的相关人员在得知问题出现后，迅速进行响应，利用多种途径终于找到了顾客的住址，并在次日清晨由经理带队向顾客道歉并更换了全新的商品。本会发酵成一场“灾难”的危机，由于得到快速、妥当处置，实现了转危为安，给百货公司树立了极佳的口碑、带来了极好的局面。由此可见，在出现突发性问题时绝不能坐视不理，而迅速响应、主动寻求解决办法并付诸实施才是化解危机的有效方式。

（三）转变思路

在解决特定问题时，不同的方式方法所需要的资源投入是不同的。许多人认为，投入越大，问题解决的效果越好。然而，如果能转变思路、认真思考、开拓创新，很有可能找到“四两拨千斤”式的解决办法。与常规的问题解决办法相比，既节约了资源投入，又能得到相同甚至更好的结果。所以在时间等因素允许的情况下，可以尝试通过转变思路来挖掘不同的问题解决办法，运用尽可能少的资源来解决问题。

爱迪生常对助手说：“人生太短暂了，要多想办法，用更少的时间来办更多的事情。”一天，爱迪生在实验室里工作，他递给助手一个没上灯口的空玻璃灯泡，说道：“快去量量灯泡的容量”。随后就继续低头工作了。过了好半天，他问道：“灯泡的容量多少？”。他没听见回答，转头却看见助手拿着软尺在测量灯泡的周长、斜度，并通过测得的数字伏在桌上计算。爱迪生拿起那个空灯泡，向里面斟满了水，交给助手说：“请把里面的水倒在量杯里，马上告诉我它的容量。”助手很快报告了具体数据。爱迪生说：“这么容易的测量方法，它又准确、又节省时间，你怎么没想到呢?”

同样是测量灯泡的容量，不同的方法得出的结果也许差异并不大的。相较于测量周长、斜度等指标后计算的方法，装满水测量容积的方法能在最短暂的时间内得到正确结果，避免人力、物力等不必要的浪费。所以遇到问题时可以尝试转变一下思路，看看是否能找到更好的解决办法。

（四）循序渐进

寻找对策方法的过程有时候是不断修正与不断改进的过程。在各种因素的限制下，很多情况下很难在第一时间就找到最恰当的办法彻底解决问题。为了找到适合自己的解决办法，需要耐心等待、集思广益、循序渐进。

著名跨国公司 UNI 在一次更新香皂自动包装装配线后，发现自动包装好的香皂盒子有一些是空的，也就是说有些盒子没有把香皂包装进去。UNI 公司向装配线生产厂家反映了这一问题，厂家说这一问题正在研究中，还没有彻底的解决办法，建议 UNI 公司在检验环节增加人手或自行添置专门检验设备。

UNI 公司一向重视自动化，不愿意增加检验人手，于是，组建了一个由自动化、机电一体化、日化机械等专业的专家和工程师所组成的研发团队，对自动检验设备进行技术攻关。经过近一个月的日夜奋战，解决技术研发成功，就是在装配线的上空加装了全自动的 X 光透射检查设备，一旦在透射检查中发现空盒子，立即用自动机械臂取走。

与此同时，一家规模不是很大的国内民营香皂厂也向同一装配线生产厂家订购了自动包装装配线，发现了同样的问题并向装配线生产厂家反映。装配线生产厂家建议香皂厂学习 UNI 公司的解决方案。但是，香皂厂的技术、装备和资金实力明显不足，于是厂长动员工人们就这一问题提供合理化建议。第二天，一位年轻的女工建议在装配线旁边放一台电风扇进行吹风，这样空盒子就会被吹走。厂长马上采纳了这一建议。

半年后，装配线生产厂家改进了装配线的工艺设计，彻底解决了空香皂盒的问题，UNI 公司的全自动检测设备和香皂厂的电风扇都结束了它们的历史使命。

为了解决香皂空盒的问题，UNI 公司花费大量人力、物力与时间，设计出了匹配其生产规模与技术化水平的自动检查设备。民营香皂厂肯定不具备这样的条件，但通过集思广益所提出的方法由于简单、有效、成本低廉而得以使用。虽然在准确性方面达不到前者的水平，但切实可行，能暂时解决问题。等到装配线生产厂家对装配线进行技术改进后，香皂空盒的问题最终得以解决。通过耐心等待、循序渐进，民营香皂厂在维持生产的同时，节约了大量的成本。

（五）重在治“本”

“扬汤止沸，不如釜底抽薪”的本意是，水烧开后舀起来再浇下去虽然能让沸腾的程度减小一些，但不如把锅下面的柴火拿走更为有效。其中，扬汤止沸意味着解决表面问题，即通常所说的“治标”；釜底抽薪意味着解决根本问题，即通常所说的“治本”。在问题管理中，治本总比治标好，治标总比不治好，不治总比乱治好。

有一则宇航员太空用笔的故事广为流传。

宇航员们在太空中经常需要写字，但由于失重，太空中无法使用传统水笔。美国人为了解决这一问题，花费数百万美元，制出一种笔杆充压的圆珠笔，在失重的状态下，笔杆末端的压力装置能将油墨压向笔珠，保证笔尖书写流畅。这种太空笔一时之间成了美国高科技的象征，除了宇航员在太空中使用外，还成为参议员和高官们赠送贵客的礼品。

后来，美国太空总署听说苏联宇航员使用的笔与美国不同，便派情报人员全力侦查，最后发现原来苏联宇航员在太空中使用的是最普通的铅笔，铅笔只要有摩擦力就可以顺利书写，即使在失重状态下也书写正常。

但是，使用铅笔真的是解决太空中写字问题的好方法吗？不！用铅笔只是对太空中写字问题的“假解决”，而不是“真解决”。事实的真相是这样的：在太空中使用铅笔，削下来的木屑会在失重的环境下长期漂浮，即使使用弹力式铅笔，也会在书写过程中摩擦留下粉末，而且铅笔笔尖也容易折断产生小垃圾。这些碎屑或粉末容易飘进宇航员的鼻子、眼睛中，也容易飘进电器中引起短路。同时，铅笔的笔芯和木头在纯氧的环境中会快速燃烧，非常危险。

而太空笔是把笔芯密封起来，内有氮气，在太空中靠气体压力代替地球上的重力将油墨推向笔尖。这种太空笔不漏油、不挥发，可以在任何表面书写（水泥路面、石头、砂轮、钢铁等），也可以在零下 60 度到零上 200 度的环境中书写自如。由于太空笔性能非常好，被各国宇航员所广泛采用，后来也被用于登山、潜水、极地考察探险等特殊环境中。

在解决问题时，“治本”与“治标”相比，毫无疑问应该首选“治本”，采用最根本有效的办法彻底解决问题。在太空笔研发成功之前，采用铅笔也是一种可选的“治标”措施。在根本问题暂时难以解决时，“治标”也是应该肯定的。在既有约束下，根据自身情况能把问题解决到什么程度就应该尽量解决到什么程度，这也是一种负责的态度。退一步说，即使没有解决任何问题，也比故意添乱要好。

儒家自省的管理启发

Chapter 3

第三章 君子必自反——省人

有人于此，其待我以横逆，则君子必自反也：我必不仁也，必无礼也，此物奚宜至哉？其自反而仁矣，自反而有礼矣，其横逆由是也，君子必自反也：我必不忠。自反而忠矣，其横逆由是也，君子曰："此亦妄人也已矣。如此则与禽兽奚择哉？于禽兽又何难焉？"——《孟子》

省事是自省中最基础的一项内容，与事情交织在一起的，是做事的人，故省人也是自省中重要的一环。孟子认为在与人交往时，如果他人对自己蛮横无理，作为君子应反省自己是否做到了"仁"、做到了"礼"。如果自己做到了"仁""礼"，但是那人依然对自己蛮横无理，那么君子应反省自己是否做到了"忠"。如果自己已经都做到了"仁""礼""忠"，而对方依然蛮横无理的话，那么他一定是个狂妄之徒，与禽兽无异，又何必与他计较呢？

孟子对自省的理解，为我们提供了省人的内容借鉴，即在与人相处中省察自身的"仁""礼""忠"。仁，即仁爱，礼，即礼数，忠，即忠正。依据第一章的研究结论，省人包括三个方面：互动对象判断、自我体察与和谐互动。与人交往时首先需要对对方进行判断分析，所谓"知彼"也；其次需要观察自我，即"知己"也；最后知己知彼，寻求和谐相处，取得双赢。

第一节　互动对象判断

所谓“互动对象判断”，是指在与人交往时，通过“听其言观其行”等方式方法，省察互动对象的品性、动机、行为习惯、思维方式等内容，从而获得对互动对象深入、全面的认知和了解，做到“知彼”。具体而言，互动对象判断又包括品性判断、动机分析、行为习惯、思维方式和动态变化五个方面。

一、品性判断

品性多指个体的品质与性格。每个人都有自己的品性，而不同人的品性又或多或少存在着差异。“物以类聚、人以群分”，人们在学习、工作与生活过程中，总是倾向于选择与自己品性相近的人交往。孔子按品性将人大致分为“君子”与“小人”两类，并认为“君子喻于义，小人喻于利”“君子周而不比，小人比而不周”“君子坦荡荡，小人长戚戚”。程子发现，“君子循理，故常舒泰；小人役于物，故多忧戚”。指的是君子通晓事理，心胸开朗，思想上坦率洁净，故待人接物处世犹如在平坦大道上行走，安然而舒泰；小人心思常为物役，患得又患失，心理负担很重，故时常坐不定，站不稳，忐忑不安。

品性判断就好像我们在为交往对象贴上评价标签，并据此确定后续的交往方式：好人或君子应该看重道义，与其交往应彼此包容调和，可以建立密切的关系，但不应寻求结党营私；坏人或小人更重视自身利益，并可能为之不惜伤害他人，与其交往虽然可能做到表面亲密无间，但要随时防备其暗箭伤人。

需要注意的是，在孔子“君子”与“小人”的区分基础上，可能会衍生出真君子、伪君子、真小人、伪小人等类别。真君子是人前君子、人后也君子；伪君子是人前君子、人后小人；真小人是人前小人、人后也小人；伪小人是人前小人、人后君子……因此，我们在判断互动对象品性时，需要具有动态、细致的视角，听其言、观其行。可以从互动对象对待他人、名誉、权力、金钱的态度和行为，以及解决矛盾的办法、化解困难的表现等方面获得信息，在“路遥知马力，日久见人心”的原则指导下进行综合判断。

（一）关注细节

互动对象的品性，在很多情况下可以通过关注细节来发现，即通过那些不会经过大脑的、靠本能反应做出来的事来判断互动对象的真实情况。《诗》云："潜虽伏矣，亦孔之昭。"也许一个小人能在很多方面进行有效的伪装，但是在某些小事上不经意的表现，能暴露出他意念最深处的实际情况。君子之所以表里如一，就是因为他在别人看不见的地方依然坚守心志，事无巨细均坚持操守。

小张与一朋友吃饭，恰好父亲来看他，便接来一起吃。小张父亲寡言，饭间一直静静地听小张与朋友聊天。

回家的路上，小张父亲说："你这个朋友，不可深交"。

小张愕然，这个朋友是因生意认识的，合作过几次，印象还不错。

小张父亲说："从吃相看，基本可以估摸出他是个怎样的人。他夹菜有个习惯性动作，总是用筷子把盘子底部的菜翻上来，划拉几下，才夹起菜，对喜欢吃的菜，更是反反复复地翻炒，就好比把筷子当成锅铲，把一盘菜在盘子里重新炒了一次。"

小张不以为然："每个人习惯不同，有的人喜欢细嚼慢咽，有的人喜欢大快朵颐，不可苛求。"

小张父亲摇摇头说："如果一个生活困窘的人面对一盘盘美味佳肴，吃相不雅可以理解，可你这位朋友本是生意之人，物质生活并不困苦，如此吃相，只能说明他是个自私、狭隘的小人。面对一盘菜，他丝毫不顾及别人的感受，用筷子在盘子里翻来覆去地炒，如果面对的是利益的诱惑，他一定会不择手段占为己有。"

接着，小张父亲讲起他小时候的故事。

小张父亲5岁时，小张爷爷就去世了，孤儿寡母的日子过得极为窘迫，常常饥不果腹。有时去亲戚家做客，小张奶奶会提前反复叮嘱："儿啊，吃饭时一定要注意自己的吃相，不能独自霸占自己喜欢吃的菜，那会被人耻笑的。我们家穷，但不能失了底气。"

小张父亲对这段话铭记于心，即使面对满桌美味佳肴，他也不会失态，总能控制有度。

末了，小张父亲意味深长地说："不要小瞧一双筷子，一个小小的细节，可以看出拿筷子者的修为和人品。”

后来发生的一件事，验证了小张父亲的话。为了一点蝇头小利，小张的那位朋友果然弃义而去。因为父亲的劝解，小张对朋友有所警惕，减少了很多损失。

小张因生意上几次合作过起初对朋友印象不错，但是在吃饭过程中，小张父亲通过夹菜的细节，判断那位朋友是一个自私狭隘、见利忘义之徒，而事实也证实了这一判断。这个故事告诉我们，细节能折射出人性的晦暗或光辉。隐藏在几乎不被人注意的外表下面的细节，最容易暴露出人的品性。如表面再光鲜亮丽，私下里对别人颐指气使，这样的品性也难以让人亲近与信服。

一次小江去一个朋友家做客。朋友家雇用了一个保姆，有些年迈了，行动不很便利。

小江坐在客厅里喝茶，朋友笑意盈盈忙前忙后，端庄秀美的身影穿梭厨房与客厅间。这是A第一次到她家里做客，也是小江第一次脱离了社交场合地见她。她陪小江聊天时，不停地指挥那个老保姆干这干那，老保姆亦忙前忙后，一脸谄媚和惶恐。

临别时，战事却突然爆发——小江见到了另一种场面和另一种刺耳的声音——只见小江的朋友端坐在餐台前正凛声斥责那个老保姆。只因为她的玻璃餐台的台面上被水果弄湿，老保姆没有按她说的用牙膏去擦洗。

小江终于见到了她的另一种表情，那表情好陌生好可怕。她正眼都不瞧一下那保姆，只把目光平视，看都不看面前怯懦着的那个大气都不敢出的人。她一字一顿地从牙缝里挤出几个字：还要我再告诉你吗？桌子没擦干净，再用牙膏擦三遍！擦到能照出你的影子为止！

老保姆战战兢兢从卫生间拿出一筒牙膏，却不小心刮倒了水盆，于是，水漫地面，老保姆脚下一滑，扑通摔倒。半天没爬起来。而她，却连眼皮都没动一下。一转脸，立即堆满了笑意对小江。

小江的心一瞬间冷却到极致——天那，她竟会变脸！

小江再也没见过她，也没再接过她打来的电话，内心里已经不拿她当作朋友了。

小江在看到朋友的另一面后，发现了朋友真实品性并不是平时所表现出来的端庄秀美，而是盛气凌人，蛮横霸道。认识了对方的真实品性后，小江果断地不再与这个朋友联系了。这个故事告诉我们，要通过关注互动对象的细节判断其品性，然后决定是依赖还是防备、是欣赏还是反感、是信任还是怀疑、是有求必应还是避之不及……

（二）按照品性选择交往策略

一般而言，人们总是倾向于选择君子或品性好的人做朋友，子曰：“与善人居，如入芝兰之室，久而不闻其香，即与之化矣。与不善人居，如入鲍鱼之肆，久而不闻其臭，亦与之化矣。丹之所藏者赤，漆之所藏者黑，是以君子必慎其所与处者焉。”与好人同行，自己也会向其靠拢，变得越来越好。

率真、友善、富于同情心的人，我们乐意与之为伍；城府很深、轻言善变的人，则不能以真朋友相待。但在现实生活中，我们总是和各式各样的人打交道，纵然知道某人品性较差不能深交，也不能一概回避，而应有不同的交往策略。“君子之交淡如水，小人之交甘若醴”，与君子相处，追求平平淡淡、持久绵长的，通过互相欣赏来合作和进步；与小人相处，有时不得不花天酒地、胡吃海喝，但要时刻警惕伤害与堕落。

刘英是一家规模很大的装潢公司经理，在一次访谈中讲起了她如何判断周围的人以及相应的交往策略：

“在签合同之前，一般我们需要迎合客户，在整个接触过程中我们能表露出来的很少。只要他的人品是我基本认可的，那他的一些条件和要求我可能会接受，是这样，没有办法的，但是人品是个前提。”

“跟我打交道的客户有一些是比较靠谱的政府官员，他们很谨慎很保守，比如说上高速车开快了都不行，但是这种人就很可靠，他会帮你问清楚问题的各个方面，把握好每个细节，我会主动和这类人联系，办事需要帮助时也会找他们。”

“但是还有一些很爱玩也很贪婪，比如说，他小孩过生日都要给你打电话，有人需要接待给你打电话，又或者是想唱歌了就给你打电话，久而久之对于那种人我就会慢慢疏远他，不会主动找他，如果接到他的电话我就会托词说我出差了不在本地，那样他也就无话可说。”

“客户那方面，有一个我很尊重的老大哥，跟他做生意很舒服，他人品很好，很守信用，办事也很牢靠，我能替他垫付很长一段时间的资金，根本不担心他会欠债不还，时间到了他必定会把钱全数打过来，很多次也确实印证了。”

判断对方品性，从而将互动对象归类分组，如将品性不端的小人归入

“拒绝往来”、将品性一般的没有重大缺点的人归入“普通接触”、将品性良好的君子归入“深入交流”，等等。刘英就是如此，对于人品不好的客户对象保持一定的距离，对于人品正直的客户或合作伙伴就保持亲密沟通，建立信任关系。

安史之乱以后，唐朝国力急剧下降，中央集权大大削弱，各地节度使拥兵自重。节度使王镕，世据镇州，已经四世五帅。朝廷多次调集大军征讨，均无功而返。李氏皇帝奈不了王氏家族，只好册封他为赵王。

一次，赵王王镕带领了他的几个儿子前来拜见赵州和尚。这时，赵州正在卧床休息。他拍拍膝盖，然后问王镕：“大王，会么？”

王镕不解其意。赵州说：“自小持斋身已老，见人无力下禅床。”

王镕不但不怪罪，反而对赵州更加尊重。第二天，他又派遣一位将军专程送来礼物。赵州一听，一骨碌从禅床上爬起来，马上到客堂迎接将军的到来。

事后，文远问：“和尚，你每次见大王来，从不下禅床；为什么见了那些小官，反而都要立刻恭恭敬敬地去欢迎呢？”

赵州和尚说：“你还年轻，有所不知，我见客有三种区别：上等人来，我就在禅床上接待；中等人来，我下床到客厅迎接；下等人来，我必须到山门外隆重恭候他的大驾。”

文远灵光一闪，说：“我明白师父的待客之道了：第一等人，您是以本来面目实实在在地接引他；第二等人，您是用礼貌迎接他；第三等人，您是以世俗的应酬对待他。师父，对吧!?”

赵州一笑，不置可否!

在上述故事中，赵州和尚的行为表面看上去显得怪异、不羁，会被很多人视为白痴。但听了他的阐述，其中蕴涵的智慧真的是难以言表。我们应该向他学习，通过品性判断明确互动对象的实际情况，然后选择最恰当的交往策略。

（三）远离小人

“蓬生麻中，不扶而直；白沙在涅，与之俱黑”。蓬草生长在大麻中，用不着扶就长得挺直；白沙混杂在乌黑的泥土中，跟黑土一起就会沾染变黑。良好的环境对人有积极影响，促进进步与成长；不良的环境对人有消极影响，导致退步与落后。诸葛亮在《出师表》中痛陈：“亲贤臣，远小人，此先汉所以兴隆也；亲小人，远贤臣，此后汉所以倾颓也。”小人往往喜欢造谣生事、无中生有，挑拨离间、制造纷争，精于奉承、舌灿莲花，阳奉阴违、表里不一，见风使舵、唯利是图，落井下石、积非成是。如果不小心亲近了小人，那么带来的危害很可能是不可估量、难以挽回的。

公元前527年，楚国的楚平王要为自己的儿子娶一个媳妇，选中的姑娘在秦国，于是派出一名叫费无忌的大夫前去迎娶。费无忌看到姑娘长得极其漂亮，眼睛一转，就开始在半道上动脑筋了。他认为如此漂亮的姑娘应当献给正当盛年的楚平王。

尽管太子娶亲的事已经国人皆知，尽管迎娶的车队已经接近国都，尽管楚宫里的仪式已经准备妥当，费无忌还是骑了一匹快马抢先直奔皇宫，对楚平王描述了秦姑娘的美丽，说反正太子这时与这位姑娘尚未见面，大王何不先娶了她，以后再为太子找一个好的呢。楚平王好色，被费无忌说动了心，但又觉得事关国家社稷的形象和传承，必须小心行事，于是就重重拜托费无忌一手操办。三下两下，这个原来要做太子夫人的姑娘，转眼成了公公楚平王的妃子。

费无忌办成了这件事，既兴奋又慌张。楚平王越来越宠信他，这使他感到满足，但静心一想，这件事上受伤害最深的是太子，而太子迟早会掌握大权的，那今后的日子该怎么过呢？他开始在楚平王面前递送小话："那件事之后，太子对我恨之入骨，那到罢了，我这个人也算不得什么，问题是他对大王您也怨恨起来，万望大王戒备。太子已握兵权，外有诸侯支持，内有他的老师伍奢帮着谋划，说不定哪一天要兵变呢！"

楚平王本来就觉得自己对儿子做了亏心事，儿子一定会有所动作，现在听费无忌一说，心想，果不出所料，立即下令杀死太子的老师伍奢和伍奢的长子伍尚，进而又要捕杀太子。太子和伍奢的次子伍员（伍子胥）只得逃离楚国。从此之后，连年的战火就把楚国包围了。逃离出去的太子是一个拥有兵力的人，自然不会甘心，伍员则发誓要为父兄报仇，曾一再率吴兵伐楚，征战此起彼伏。

然而楚国人民记得，这场弥天大火的最初点燃者，是小人费无忌，大家咬牙切齿地用极刑把这个小人处死了，但整片国土早已满目疮痍。

楚平王因亲近小人费无忌，被谗言所蒙蔽，做出夺子之妻、杀子之师的荒唐之事，甚至还要对自己的儿子痛下杀手，最终导致国家战乱不断，国土满目疮痍。从这惨痛的历史教训之中，我们可以看出小人带来的危害是巨大的。小人能一步步引诱我们踏入黑暗的深渊，陷入困境的沼泽。因此，在条件允许的情况下，一定要远离小人。

二、动机分析

在学习、工作与生活中，人们很少平白无故的与他人交往，之所以会聚在一起产生互动总是存在一定的原因，这些原因背后的需要或意愿就是动机。动机来源于包括生理、安全、社交、尊重、自我实现等方面的需要和刺激，是一种心理上的驱动力，会影响到相关行为的发端、方向、强度和持续性。一个非常饥渴的人，将会克服重重困难去寻找食物和水源，而一个锦衣玉食的人，绝不会为生计而奔波；一个锐意进取的人，总是不断地寻求突破，勇于攀登新的高峰，而一个安于现状的人，是不可能随时准备迎接崭新挑战的。

作为行为的引擎，动机一般可以分为内部动机与外部动机。内部动机指个体对某项活动本身有兴趣而产生的动机，个体从事这种活动的行为不需外力推动；外部动机是由个体所从事活动以外的刺激所诱发产生的动机，个体从事这种活动的行为本身并不能直接满足个体的需要，但通过这种活动却可以得到另外的给个体带来满足的事物。在与他人互动时，我们需要分析对方为什么投入时间或精力与我们交往，他/她需要的是情感、权力、金钱还是其他？究竟属于内部动机还是外部动机？

（一）内部动机分析

当他人在从事某些活动或表现出特定的行为时，可能并没有外在的、附加的推动力量，仅仅是受到内部动机的驱使，如打篮球、侃大山、逛商场等，并在这些活动本身中获得满足。内部动机可能来源于挑战、好奇、控制、幻想、求知等诸多方面。只有当人们被活动本身的满意和挑战所激发，而不是被外在因素所激发时，才会自主或按自己的意志来行动，进而表现得最真实、最有创造力。

拉利是一位卡车司机，但他毕生的理想是飞行。他高中毕业后便加入了空军，希望成为一位飞行员。很不幸，他的视力不及格，因此当他退伍时，只能看着别人驾驶喷气式战斗机从他家后院飞过，他只有坐在草坪的椅子上，幻想着飞行的乐趣。

一天，拉利想到一个法子。他到当地的海陆军剩余物资店，买了一筒氦气和四十五个探测气象用的气球。那可不是颜色鲜艳的气球，而是非常耐用、充满气体时直径达四英尺大的气球。

在自家的后院里，拉利用皮条把大气球系在他的草坪的椅子上，他把椅子的另一端绑在汽车的保险杆上，然后开始给气球充气。接下来他又准备了三明治、饮料和一支气枪，以便在希望降落时可以打破一些气球，然后缓缓下降。

完成准备工作之后，拉利坐上椅子，割断拉绳。他的计划是慢慢地降落回到地上。但事实可不是如此。

当拉利割断拉绳，他并没有缓缓上升，而是像炮弹一般向上发射；他也不仅是飞到二百英尺高，而是一直向上爬升，直停在一万一千英尺的高空！在那样的高度，他不敢贸然弄破任何一个气球，免得失去平衡，在半空中突然往下坠落。于是他停留在空中，飘浮了大约十四小时，他完全不知道该怎样回到地面。

终于，拉利飘浮到洛杉矶国际机场的进口通道。一架泛美航机的飞行员通知指挥中心，说他看见一个家伙坐在椅子上悬在半空，膝盖上还放着一支气枪。

洛杉矶国际机场的位置是在海边，到了傍晚，海岸的风向便会改变。那时候，海军立刻派出一架直升机去营救，但救援人员很难接近他，因为螺旋桨发出的风力一再把那自制的新奇机械吹得愈来愈远。终于他们停在拉利的上方，垂下一条救生索，把他慢慢地拖上去。

拉利一回到地面便遭到逮捕。当他被戴上手铐，一位电视新闻记者大声问他："华特斯先生，你为什么这样做？"拉利停下来，瞪了那人一眼，满不在乎地说："人总不能无所事事。"

拉利先生之所以做出如此疯狂的举动，完全出自于他渴望飞行的内部动机，尽管事情的发展超出了所有人的预期，但并不应该做出任何与之无关的牵强解释。在我们与他人交往的过程中，有时会觉得对方的某些行为令人费解，但通过分析其内部动机，可能看到一个更真实的对方。

有一次一个国王征服了另一个国家，他决定把敌国的这些俘虏们都处死。有俘虏就在绝望时用自己国家的语言，对国王破口大骂。这个国王不懂那个国家的语言，他就问在座的大臣们，这些俘虏们他们都说了些什么？有一位大臣心地非常善良，而且他也觉得这个国王把俘虏都杀掉的做法是有问题的，但是这个国王特别刚愎自用，他又不好直接谏言，于是他就对国王说，"陛下，这个俘虏说的话是这样的意思：天堂是与天地同宽的，就是为了能抑制愤怒，宽容他人的善良准备的，上帝喜欢善人，他乐意到上帝那里去。”国王听明白了大臣的谏言，然后看这些俘虏也很可怜，于是就赦免了他们。

但就在这个时候，有另外一位大臣，他和前一位大臣是仇人，他就站出来跟国王说，“不对，我们不应该在国王面前说假话。刚才这个俘虏分明是在对国王谩骂，这些骂的话都不堪入耳。”国王听了这番话之后很是不悦，他说，“前一个大臣的假话可比你的真话更为可取，因为他是心存善意，而你是不怀好心。”因此，国王重重责罚了第二位大臣，并没有改变之前的决定。

在这则故事里，第一个大臣说了假话并为此冒上身家性命的风险，这种行为源自他善良慈爱内部动机。尽管另一个大臣揭示出事实的真相，但是国王通过内部动机分析，判断出第一个大臣是心存善意。因此，当我们与他人进行交互时，需要尝试分析对方内部动机，以此来解释和判断对方的行为。

（二）外部动机分析

在很多情况下，别人在与你互动时的行为并不是他们的本质需要，他们之所以会有如此这般的表现，是受到外部动机的驱使，因为这种表现能带给他们所看重的某些事物，如名、利等，从而间接地满足他们的真实需求。“天下熙熙，皆为利来；天下攘攘，皆为利往”，因此，在分析互动对象的外部动机时要尽量明确，对方究竟想得到一些什么东西。

有一次，一位中年妇女走进乔·吉拉德的展销室，说她想在这儿看看车，打发一会儿时间。她告诉乔·吉拉德，她想买一辆白色的福特车，就像她表姐开的那辆一样。但对面福特车行的推销员让她过一小时之后再去，所以她就先来这儿看看。她说，这是送给自己的生日礼物，“今天是我55岁生日。”“生日快乐！夫人”，乔·吉拉德一边说，一边把她让进办公室，自己出去打了个电话。然后，乔·吉拉德继续和她交谈：“夫人，您喜欢白色车，既然您现在有时间，我给您介绍下我们的双门式轿车——也是白色的。”

他们正谈着，女秘书走了进来，递给乔·吉拉德一束玫瑰花。乔·吉拉德慎重地把花送给那位妇女：“尊敬的夫人，有幸知道今天是您的生日，送您一份薄礼，祝您好运！”她很受感动，眼眶都湿了。“已经很久没有人送给我礼物了”，她说，“刚才那位福特推销员一定是看我开了部旧车，以为我买不起新车，我刚要看车，他却说要去收一笔款，于是我就上这儿等他。其实我只是想要一辆白色车而已，只不过表姐的车是福特，所以我也想买福特。现在想想，不买福特也可以。”

最后，她在乔·吉拉德手里买走了一辆雪弗兰，并填了一张全额支票。其实从头到尾乔·吉拉德都没有劝她放弃福特而买雪弗兰。只是因为她在这里感觉受到了重视，于是放弃了原来的打算，转而选择了乔·吉拉德的产品。

案例中的中年妇女告知乔·吉拉德她想要买白色福特车，送给自己作为生日礼物。通过这句话乔·吉拉德判断出她需要别人的关心与重视，因为没人给她买生日礼物，她才要自己买。于是乔·吉拉德立即让秘书买来玫瑰花送给她，并送上诚挚的祝福。中年妇女感动了，她感觉自己受到了重视，情感上的需要得到了满足，而白色福特车并不是自己真正最需要的，其实什么车都可以，于是她爽快地在乔·吉拉德这里全款买了车。乔·吉拉德完美地通过分析对方的外部动机，完成了一单漂亮的业务。

18 世纪末期，英国政府决定把犯了罪的英国人统统发配到澳洲去。一些私人船主承包从英国往澳洲大规模地运送犯人的工作。英国政府实行的办法是以上船的犯人数支付船主费用。当时那些运送犯人的船只大多是一些很破旧的货船改装的，船上设备简陋，没有什么医疗药品，更没有医生，船主为了牟取暴利，尽可能地多装人，使船上条件十分恶劣。一旦船只离开了岸，船主按人数拿到了政府的钱，对于这些人能否远涉重洋活着到达澳洲就不管不问了。有些船主为了降低费用，甚至故意断水断食。

三年以后，英国政府发现：运往澳洲的犯人在船上的死亡率达 12%，其中最严重的一艘船上 424 个犯人死了 158 个，死亡率高达 37%。英国政府费了大笔资金，却没能达到大批移民的目的。

英国政府想了很多办法。每一艘船上都派一名政府官员监督，再派一名医生负责犯人和医疗卫生，同时对犯人在船上的生活标准做了硬性的规定。但是，死亡率不仅没有降下来，有的船上的监督官员和医生竟然也不明不白地死了。原来一些船主为了贪图暴利，贿赂官员，如果官员不同流合污就被扔到大海里喂鱼了。政府支出了监督费用，却照常死人。

政府又采取新办法，把船主都召集起来进行教育培训，教育他们要珍惜生命，要理解去澳洲去开发是为了英国的长远大计，不要把金钱看得比生命还重要，但是情况依然没有好转，死亡率一直居高不下。

一位英国议员提出了对策：政府以到澳洲上岸的人数为准计算报酬，不论你在英国上船装多少人，到了澳洲上岸的时候再清点人数支付报酬。

问题迎刃而解。船主主动请医生跟船，在船上准备药品，改善生活，尽可能地让每一个上船的人都健康地到达澳洲。一个人就意味着一份收入。

自从实行上岸计数的办法以后，船上的死亡率降到了1%以下。有些运载几百人的船只经过几个月的航行竟然没有一个人死亡。

在上面的故事中，私人船主并没有从英国往澳洲运送犯人的内部动机，之所以承接这项任务，主要是英国政府支付了可观的费用。因此，在监管不力的情况下，私人船主只管按上船人头收钱而不顾犯人死活，直到付款金额改为按照澳洲上岸人数计算时才扭转了局面。因此，准确判断互动对象的外部动机，并在此基础上配合合理有效的行为导向制度与准绳，才能有效实现互动目的与意图。

（三）动机转化分析

内部动机和外部动机存在着相互转化的可能性。当人们受到内部动机激发而从事活动或采取行为时，他们会将活动与行为本身作为目的；而当人们受到外部动机激发而从事活动或采取行为时，他们仅将活动与行为作为达到目的的手段，目的可能是其他的事物，如金钱、表扬、评分等。因此，当个体因某类动机从事活动或采取行为时，如果有另一类动机的介入，那么目的和手段会相互交织，促使动机发生转化。所以我们也需要准确把握对互动对象的动机转化。

一群孩子在一位老人家门前嬉闹，叫声连天。几天过去，老人难以忍受。

于是，他出来给了每个孩子25美分，对他们说："你们让这儿变得很热闹，我觉得自己年轻了不少，这点钱表示谢意。"

孩子们很高兴，第二天仍然来了，一如既往地嬉闹。老人再出来，给了每个孩子15美分。他解释说，自己没有收入，只能少给一些。15美分也还可以吧，孩子们仍然兴高采烈地走了。

第三天，老人只给了每个孩子5美分。

孩子们勃然大怒，"一天才5美分，知不知道我们多辛苦！"他们向老人发誓，他们再也不会为他玩了！

故事中的孩子天性爱玩，起初在老人家门前的嬉闹完全出自内部动机。老人通过支付美分，在孩子们的玩耍中加入了外部动机因素，逐渐把孩子们的内部动机“为自己快乐而玩”变成了外部动机“为得到美分而玩”，通过他操纵着美分这个外部因素，操纵了孩子们的行为。由此可见，如果驱使我们的是内部动机，我们就是自己的主人；如果驱使我们的是外部动机，我们就会被外部因素所左右，很可能成为它的奴隶。

有一位先生搭了一辆出租车要到某一目的地。这位乘客上了车，发现这辆车不仅是外观光鲜亮丽，这位司机先生也是衣装整洁，车内的布置亦十分典雅，这位乘客相信这应该是次很舒服的行程。

车子一启动，司机很热心地问车内的温度是否适宜？又问他要不要听音乐或收音机？这位司机告诉他可以自行选择喜欢的音乐频道，就在车内，这位乘客选择了爵士音乐，浪漫的爵士风不禁让人为之放松。

司机在一个红绿灯前停了下来，回过头来告诉乘客，车上有早报和当期的杂志，前面的小冰箱中有果汁和可乐，如需要可自行取用，想喝热咖啡，保温瓶里就有。

这些特殊的服务，让这位乘客大感吃惊，他不禁望了一下这位司机，司机先生愉悦的表情就像车外和煦的阳光。

不一会，司机先生对乘客说：“前面路段可能会塞车，这个时候高速公路反而不会塞车，我们走高速公路好吗？”

乘客同意后，这位司机又体贴地说：“我是一个无所不聊的人，如果你想聊天，除了宗教和政治外，我什么都可以聊。如果你是想休息或看风景，那我就静静地开车，不打扰您。”

从上车到此刻，这位常搭出租车的乘客就充满惊奇，他不禁问司机先生：“你什么时候开始这种服务方式的？”

司机先生回答说：“从我觉醒的那一刻开始！我以前工作完全为了赚钱养家糊口，经常抱怨工作辛苦，人生没有意义。但在不经意里，听到广播里在谈一些工作与人生的话题，好像在说如果无法做出改变，就尝试去热爱，工作也能使人快乐。就从那一刻开始，我创造了一种新的工作方式，第一步，我把车子内内外外整理干净，再装一支专线电话，印几盒高级的名片，我下决心，要善待每一位乘客”。

目的地到了，司机下了车，绕到后面帮乘客开车门，并递上刚刚说过的名片，说了声：“希望下次有机会再为您服务。”

结果，这位出租车司机的生意没有受到经济不景气的影响，他很少会空车在这个城市兜转，他的乘客总是会事先预订好他的车，他的改变，不只是创造了更好的收入，而且更从工作中得到了自尊和快乐。

故事中的司机租车最初的工作行为完全出于外部动机，但是在听到广播觉醒之后，认为工作也能带来快乐，于是在工作中加入了内部动机因素，不仅获得了更高的收入，而且并通过工作得到了自尊和快乐。

三、行为习惯

行为习惯指人们在不假思索、不知不觉中表现出来的相对稳定的行为，是经过多次重复或不断练习而形成的语言、表情、举动等定势，是长期积累的不易改变的情境适应或表达方式。行为习惯不需要外部的监督，也不需要主观刻意追求，是人们头脑中建立起来的一系列条件反射，是在重复而有规律的刺激下形成的自动化内在联系。

“播种行为，收获习惯，播种习惯，收获性格，播种性格，收获命运”，我们不仅需要了解自己的行为习惯，也需要深入分析交往对象的行为习惯。“观其果而知其树，观其行而知其人”，通过观察交往对象的行为习惯，了解到对方特定行为的倾向性、优势与弱点。在具体分析时，可以针对行为习惯前提、行为习惯内容、行为习惯结果等方面展开。

（一）行为习惯前提分析

当我们在与特定对象进行互动时，很可能希望其能按照我们的想法或预期做出某个决定或实施某种行为。在这种情况下，对互动对象的行为习惯前提分析就很有必要，应该考虑互动对象一般会在什么时间、什么地点、什么条件下实施特定的行为。因为特定行为是以特定前提条件为基础的，如果有充分的前提条件，行为很可能就不会发生。前提可以是多重因素的组合。

小李是某汽车配件公司的业务员，为人勤奋踏实，领导布置的业务工作总是能很好地完成。最近公司需要争取一个大客户，如果能达成合作的话那么公司的业绩会再上一个台阶。总经理知道小李一向能很快谈成合同，便将这份重任交给了他。

小李在开始与大客户接触前，先通过各自渠道了解了这位大客户平日里的行为习惯与好恶，得知该客户经常在周末与人打羽毛球，他的很多合作伙伴都是球友，并且该客户最不喜欢别人抽烟。

小李在大学时就是校羽毛球社团的得力干将，对于打球他毫不担心，于是他特意准备了上好的羽毛球拍与羽毛球，挑选了一家档次较高的羽毛球馆，邀请大客户周末切磋球技，客户欣然同意。

但是小李自己有多年的吸烟史，牙齿泛黄，右手食指与中指间被烟侵染成暗黄色，很容易被看穿。小李为了拿下大客户，暂时戒了烟，并去诊所将牙齿和手指进行了漂白处理，还做了口腔清洁。

等到周末，客户与小李尽情打了一下午羽毛球，很是尽兴。晚间吃饭时，客户观察到小李阻拦了别人向自己敬烟，还指出了吸烟的种种危害，也看不出小李身上有老烟鬼的标志，心里对小李很是认可……时间不长，大客户就痛快地与小李签下了合作合同。

在上诉案例中，小李通过对该客户的行为习惯前提分析，得知客户喜欢打羽毛球、容易与自己的球友进行生意合作，并且厌恶吸烟的。小李据此采取了一系列行动，创造了符合该客户的行为习惯的有利条件，获得了对方的认可，顺利地签下与该客户的合作合同。因此，善于观察与分析互动对象的行为习惯，发现对方的偏好，能通过投其所好、避其所恶来快速有效地达成预期目标。

（二）行为习惯内容分析

大千世界，各种各样的信息都会对我们的判断产生影响，根据一个人的行为习惯来进行分析，会增加判断的准确性和针对性。通过对互动对象的行为习惯内容分析，我们可以获知对方究竟有什么行为习惯、做了什么以及怎么做等关键信息，在面临外界的情况下对互动对象的意图与行为做出大致准确的判断。

汉昭帝初继位时，霍光与上官桀受先帝遗诏，共同辅佐少主。汉昭帝的哥哥燕王刘旦，因为没有被立为皇帝，心存怨恨，图谋反叛。上官桀妒忌霍光，与霍光积怨已深，于是与燕王共谋，诈使别人为燕王上书，说霍光去广明总阅见习军官时，以帝王出巡的仪节上路，并擅自增选大将军府的校尉，专权放纵，恐怕有反叛的意图。

上官桀特别选在霍光休假回家的日子上奏，但昭帝不肯下诏治罪。

霍光知道了，不敢上殿。

昭帝问道："大将军在哪里？"

上官桀说："因为燕王纠举他的罪状，不敢上殿。"

昭帝命霍光上殿，霍光脱掉帽冠叩头谢罪。昭帝说："将军不必如此，朕知道这份奏章是假的，将军无罪。"

霍光说："陛下怎么知道的？"

皇上说："将军选校尉到现在不满十天，这些事情燕王怎么会知道？而且将军真要谋反，何须如此大动干戈。"

时帝年十四，左右皆惊。

汉昭帝虽只有 14 岁，但却能依据霍光的行为习惯确定出对方没有异心，不可谓不明察秋毫，历史也验证了汉昭帝的判断。否则，如果因为传到耳中的流言蜚语而进行胡乱猜忌，那么轻则导致人人自危、惶惶不可终日，重则错杀忠臣、危害江山社稷。

（三）行为习惯结果分析

好的行为习惯能给人留下良好的印象，成为一张无形名片，彰显着个人的品行和魅力。例如，企业在招聘时，不仅会关注应试者的专业素养与工作经历，还会观察应试者的行为习惯。如果面试对象能做到随手关门、举止得体，会让人感到舒适、有礼貌；如果面试对象抓耳挠腮、跷二郎腿等行为，很容易使面试官产生厌恶的想法。

亨利·福特大学毕业后，去一家汽车公司应聘。福特敲门走进董事长办公室时，发现地上有一张废纸，便顺手把它扔进了废纸篓，然后才走到董事长的办公桌前，说："我是来应聘的福特。"董事长说："很好，很好！福特先生，你已被我们录用了。"

试想在当时情况下，应试者走向董事长办公室时，大家在想什么？一般而言，他们在考虑如何以美好的形象，高超的应答赢得董事长青睐。心情是紧张的，专注于应试本身。在这样的情况下，他们要么没看到这张废纸，要么就是视若未见。福特的杰出之处就在不认为捡这张废纸是种考验，只是良好的行为习惯使然。董事长为选非常之才，采用了非常之法，察其言观其行，从个人行为习惯结果入手分析了应聘者的价值，并做出正确的选择。

日本有一家食品公司要招聘一位卫生检测员，一位衣冠楚楚、气度不凡的年轻人自信地走进了总经理办公室，他优雅的谈吐，扎实的专业知识赢得了总经理的好感，没想到就在年轻人转身离开的时候，他下意识抠了一下鼻孔，这个不起眼的小动作并没有逃过总经理的眼睛，结果可想而知，一个没有良好卫生习惯的人怎么能够做卫生检测员呢？当然，年轻人到死也不会知道是他“抠鼻孔”的坏习惯毁了他的工作，使到手的饭碗落入了他人之手。

故事中的年轻人本来凭借扎实的专业知识和谈吐能够获得工作机会，但是他一个小小的习惯性的动作暴露了他不讲卫生的行为习惯，使面试官肯定地认为他不可能做好卫生检测员的工作，导致其错过了一次极好的工作机会。

四、思维方式

思维方式是人们看待事物与思考问题的角度、方式和方法，对人们的言行起支配性作用。每个人在其生命历程中，都会发展出自身相对独特的思维方式。不同出身、阅历及文化背景的人看待、理解事物的差异很大程度上可能来源于思维方式的不同。例如，同样看到一种动物，有些人想到如何去吃，有些人想到怎么去养，有些人想到了拍照合影，有些人想到了买卖交易。“不识庐山真面目，只缘身在此山中”，很多人无法说清自身的思维方式究竟是什么。

在与特定对象进行互动时，如果能够了解、把握对方的思维方式，就可能在交往过程中把握先机，占据主动地位。受儒家文化的影响，我们的思维方式一般具有一定的共性。例如，从目标上看，希望达到和谐；从视角上看，偏好整体把握；从过程上看，侧重平衡折衷……此外，互动对象在思维方式方面，还可以从思维局限探究、思维本质发现、思维偏好揣摩、思维趋势把握等方面进行具体分析。

（一）思维局限探究

每个人的思维方式都存在着某种程度的片面性，在其无意识中深刻地影响着个体的想法，在形成了特定的“思维天花板”，行为发挥支配性作用，决定着思维主体的格局与命运。对思维局限进行深入、有效的探究，就能有的放矢，有效突破，达到“山重水复疑无路，柳暗花明又一村”的境界，否则只能“原地踏步”“涛声依旧”。

在印度和泰国随处可见这样的情景：一根小小的柱子，一截细细的链子，拴住了一头几千公斤重的大象。很多人都觉得奇怪，大象的力气那么大，稍一使劲就能挣脱链子，养象人不怕大象跑了吗？事实上，驯象人在这些象幼小的时候就用一根这样细的链子拴小象，小象无论如何怎样使劲也无法挣脱。就这样，这些象慢慢认识到链子是永远无法挣脱的，直到它们变成几千公斤重的大象时，仍然这样认为。尽管这些大象只要稍微使点劲就可以立刻把链子扯断，但是由于它们连想都不会这样想，所以主人们从来也不用担心大象会挣脱链子。

故事里的大象一辈子局限在从小养成的思维方式里，无法认清长大后自身力量已经远超细链束缚的事实，因此不会产生努力挣脱的想法，更无法迈开脚步进行尝试，结果只能屈服于自己的“命运”。

有一家公司因为在某个项目上决策失误，损失了一笔资金，使公司的运营情况变得有些艰难。正当A老板在发愁怎么重整旗鼓时，突然想起：以前另外一家B公司的老板欠了自己30万元至今未还，要是能找回这30万元，就能帮助公司度过这次难关。可是当A老板找到B老板想让他还钱时，B老板表面上虽然答应着还钱，却总是用各种各样的借口把还钱的日期一拖再拖。

公司的财政危机不断逼近，A老板实在没办法了，只好向公司员工发出求助：目前B公司欠着我们公司30万元的债务，如果有人能让B公司还钱，我愿意拿出其中的5万元作为奖励。不过，追款必须通过正当途径，不能做些犯法的事情。

消息一出，公司的员工纷纷跃跃欲试。毕竟那可是5万元的奖励，差不多就是半年的工资了！有的员工一有空就去B公司蹲点，想要亲自跟B老板来一番唇枪舌剑，说服B老板把那30万元还回来；有的员工找到了B老板的联系方式，不断地打电话、发短信，将公司的艰难情况一五一十地告诉了B老板，希望用真诚去打动对方。然而，半个月过去了，B老板依然不肯还钱。这下子，连A老板都心灰意冷了。

谁知道几天后，突然有位员工C声称自己能把钱收回来！A老板喜出望外，立刻让那名员工到自己办公室报告。

“你真的把那30万元收回来啦？”

“这个，我要先确定一件事情，请问是真的会奖励我5万元吗？”

“对，奖励你的5万元，直接就从30万元里扣！”

“谢谢老板，那这样钱的确能收回来了。”

“怎么做到的?”

“我跟对方说，我可以给他欠款打个折，只要他给我5000元，那么他就只需要还25万元。B老板不愧是个生意人，觉得有利可图立刻就答应了。”

听了C员工的话，A老板深感惊讶，每个员工都想着把那5万元全部收进自己口袋，却一个人都没有成功。眼前这位员工的思维方式很特别，不仅使B老板顺利的归还25万元欠款，还为自己挣得了5000元的奖励。

故事里的大部分员工只想着如何挣得5万元的奖励，思维方式已经被局限在一个很狭小的空间，结果总是徒劳无功。而C员工发现并突破了思维的局限性，在自己想要得到奖金的欲望和B老板不舍得足额还款的矛盾中找到了平衡，不仅帮公司脱离了资金危机，还为自己得到了奖励。

(二) 思维本质发现

有时候，人们在某种情境下会表现出与思维本质并不完全一致的言行举止，很可能带来“词不达意”或“好心办坏事”。在分析互动对象的思维方式时，一定要注意深入了解对方的思维本质，发现对方特定言行背后的真实想法与意图，进而避免产生误解，给双方带来不快或造成伤害。

美国知名主持人林克莱特一天访问一名小朋友，问他说：“你长大后想要当什么呀?”

小朋友天真的回答：“嗯…我要当飞机的驾驶员!”

林克莱特接着问：“如果有一天，你的飞机飞到太平洋上空所有引擎都熄火了，你会怎么办?”

小朋友想了想：“我会先告诉坐在飞机上的人绑好安全带，然后我挂上我的降落伞跳出去。”

当在现场的观众笑的东倒西歪时，林克莱特继续着注视这孩子，想看他是不是自作聪明的家伙。没想到，接着孩子的两行热泪夺眶而出，这才使林克莱特发觉这孩子肯定还有尚未表达出来的想法。于是林克莱特问他说：“为什么要这么做?”

小孩的答案透露出一个孩子真挚：“我要去拿燃料，我还要回来!”

小朋友对飞机引擎熄火的处置回答，让在场的观众认为他是一个只顾自己、贪生怕死的人，并对他的天真幼稚报以笑声。只有主持人发现小朋友的本意并未完全表达，在追问之下才发现小朋友想带回燃料、拯救所有人。就像故事中的小朋友一样，有些人的思维方式很特别，我们需要善于发现他们的思维本质，才能有效做出调整，以便更好地交往与互动。

南朝时，齐高帝曾与当时的书法家王僧虔一起研习书法。有一次，高帝突然问王僧虔说：“你和我谁的字好?”

这问题比较难回答，说高帝的字比自己的好，是违心之言；说高帝的字不如自己，又会使高帝的面子搁不住，弄不好还会将君臣之间的关系弄得很糟糕。

王僧虔回答：“我的字臣中最好，您的字君中最好。”

高帝领悟了其中之意，哈哈一笑，就此作罢，不再提这事了。

王僧虔的思维方式很巧妙，他认为自己的字在不计其数的大臣中是最好的，而皇帝的字在非常有限的君王中是最好的。表面上回避了问题，实际上既展现了充分的自信，又表达了对齐高帝的恭维。齐高帝实际上已经发现了王僧虔的思维本质，得到了问题的答案。

(三) 思维偏好琢磨

思维偏好一般指个体在思维方式中能表现出来的比较稳定的特征。一个人的言行举止可能发生变化，但是他的思维偏好却和自己的生理、性格等因素相关，且经过多年的学习、工作与生活逐渐形成的，因此很难发生变化。琢磨互动对象的思维偏好，就能对事情进展做出更为充分、准确的预判，有针对性地准备应对措施。

蒋介石控制特工的主要办法是对特工授予大权，但不给高位，以防他们在政治上坐大。戴笠任军统头目十多年，始终是副局长，只给了一个少将军衔。尽管如此，两人又合作得相当默契。一方面戴笠要报蒋介石的知遇之恩；另一方面他也是一个有心计的人，深知以自己的资历、能力和水平，唯有取得蒋介石的绝对信任，才能飞黄腾达。

对于蒋介石的思维偏好研究，戴笠可谓是精细入微，揣摩到家。蒋介石发号施令，一概用“手令”，一年下来，一般都能装满 10 只公文箱，从军事、政治到党务、经济，无所不包。但对特务工作历来讳莫如深，很少下达“手令”，特别是涉及暗杀、离间这些事情，更是小心谨慎，不留半点蛛丝马迹。因此，戴笠对蒋介石的某些指令，他只用脑记，从不笔录。回到军统局本部传达时，戴笠一般只讲“奉谕”，究竟奉谁之“谕”，不做任何解释。对于戴笠的这一套办法，蒋介石也暗暗赞赏。

戴笠素知蒋介石对部下最忌讳两点：一是结党营私，自成体系；二是贪污。这方面，戴笠都能把握到位，表面上从不参加任何派别的活动，以免招来蒋介石的猜疑。他还经常整肃军统小特务的贪污受贿行为，沽名钓誉。

蒋介石用人有两条最重要：一看是不是浙江人或黄埔出身；二看是什么人保荐。在军统的人事安排上，重要职位大都由浙江人或黄埔生把持。凡向蒋介石推荐的人员，非浙江人或黄埔生不荐。

他素知蒋介石独断专行，常有让下属防不胜防的地方。在核定计划、回答问题时，戴笠必须准备两三套方案。在没有准备好第二套方案之前，第一套方案决不拿出来。所以戴笠每次向蒋介石献计呈策时，很少有不被采纳的。

对于待人接事，蒋介石都按亲疏远近有一本细账，对此，戴笠极尽揣摩迎合，十分准确。1941 年夏天，蒋介石到西安视察防务，在西庙游玩时，蒋介石不发一言，久久不肯离去。陪同的胡宗南百思不得其解，事后向挚友戴笠讨教。戴笠说，蒋介石是想在那建一幢别墅，之所以不说出来，是想让亲信们心领神会。一年后，再次来到西安的蒋介石，被胡宗南特地安排到西庙新建的行宫“常宁宫”，蒋介石果然格外高兴，对胡宗南恩宠有加，还把儿子蒋纬国交给胡宗南栽培。

戴笠作为蒋介石的手下，蒋介石的思维偏好揣摩的非常到位，通过精心准备、投其所好等方式因势利导，得到了蒋介石的赏识和重用。因此，在与他人的交往过程中，认真琢磨互动对象的思维偏好，对于适应情境、把握机会、达成目标具有重要意义。

（四）思维趋势把握

人们经常按照某种思维方式思考问题，随着时间推移会逐渐形成思维定式，能深入潜意识中支配言行，并具有一定的趋势外推性。在环境不变的条件下，思维趋势使人能应用已掌握的方式方法分析、解决问题；而在情境发生变化时，它会成为束缚创造性思维的枷锁。把握并利用互动对象的思维趋势，能在“知己知彼”的基础上做出正确判断，取得事半功倍、出奇制胜的效果。

三国时期，蜀国丞相诸葛亮因错用马谡而失掉战略要地——街亭，魏将司马懿乘势引大军 15 万向诸葛亮所在的西城蜂拥而来。当时，诸葛亮身边没有大将，只有一班文官，所带领的 5000 军队，也有一半运粮草去了，只剩 2500

名士兵在城里。众人听到司马懿带兵前来的消息都大惊失色。诸葛亮登城楼观望后，对众人说："大家不要惊慌，我略用计策，便可教司马懿退兵。"

于是，诸葛亮传令，把所有的旌旗都藏起来，士兵原地不动，如果有私自外出以及大声喧哗的，立即斩首。又叫士兵把四个城门打开，每个城门之上派20名士兵扮成百姓模样，洒水扫街。诸葛亮自己披上鹤氅，戴上高高的纶巾，领着两个小书童，带上一张琴，到城上望敌楼前凭栏坐下，燃起香，然后慢慢弹起琴来。

司马懿的先头部队到达城下，见了这种气势，都不敢轻易入城，便急忙返回报告司马懿。司马懿听后，笑着说："这怎么可能呢?"于是便令三军停下，自己飞马前去观看。离城不远，他果然看见诸葛亮端坐在城楼上，笑容可掬，正在焚香弹琴。左面一个书童，手捧宝剑；右面也有一个书童，手里拿着拂尘。城门里外，20多个百姓模样的人在低头洒扫，旁若无人。司马懿看后，疑惑不已，便来到中军，令后军充作前军，前军作后军撤退。他的二子司马昭说："莫非是诸葛亮家中无兵，所以故意弄出这个样子来?父亲您为什么要退兵呢?"司马懿说："诸葛亮一生谨慎，不曾冒险。现在城门大开，里面必有埋伏，我军如果进去，正好中了他们的计。还是快快撤退吧!"于是各路兵马都退了回去。诸葛亮的士兵问道："司马懿乃魏之名将，今统十五万精兵到此，见了丞相，便速退去，何也?"诸葛亮说："兵法云，知己知彼，方可百战不殆。如果是司马昭和曹操的话，我是绝对不敢实施此计的。"

司马懿之前中过诸葛亮数次埋伏，如果不是运气好早就全军覆没，因此认定诸葛亮诡计多端，是难以击败的敌人。而诸葛亮准确把握了司马懿的思维趋势，反其道而行之，巧妙地利用了其害怕再次上当的思维趋势，使用空城计，令司马懿不敢冒险攻城，成功地全身而退。

当然，对于该故事情节还存在其他说法：诸葛亮知道曹魏用司马懿主要是对抗自己，而且司马懿也深知道曹魏势力想铲除自己，只有诸葛亮的存在才能保证曹魏不对自己动手，因此逐渐形成了"不败亦不全胜"的思维趋势，而诸葛亮正是看准了这点，才能胸有成竹地大唱空城计，退去了司马懿的十余万精兵。

五、动态变化

"变易"是《易经》的三原则之一，它告诉我们世上没有一成不变的东西，任何事物都在不断地运动、变化与发展：时间不同，环境不同，情感亦不同，精神亦不同，万事万物，随时随地，都在变中，非变不可。当我们把目光注视在周围人身上时，也会发现各种各样的变化。有些变化是明显的，如换了发型，一眼就能发现不同；有的变化是不明显的，如经过一段时间的学习与思考，谈吐气质发生了细微的改变，若是不仔细观察是感觉不到的。

“士别三日，当刮目相待”。在与他人的交往过程中，我们要省察对方发生的变化。对于好的变化，可以不吝赞美之词，使对方感受到你的细致，建立更为和谐融洽的关系，有利于彼此的交往；对于不好的变化，需要慎重对待，在条件成熟时进行善意提点，亦可以保持距离，在必要的接触过程中做到适可而止。

（一）发现好的变化

前面提及，与人相处要判断对方的品性，若是对方品性不端应尽量减少交往，以远离是非，避免同流合污，给自己带来不好的影响。但是，人是会发生变化的，如果品性不好的人出于某些原因做出了积极的改变，我们应该及时发现，调整原有的看法，改变原有的相处策略。

周处（236 年～297 年），字子隐。东吴吴郡阳羡（今江苏宜兴）人，鄱阳太守周鲂之子。周处年少时纵情肆欲，为祸乡里，为了改过自新去找名人陆机、陆云，后来浪子回头，改过自新，功业更胜乃父，留下“周处除三害”的传说。

周处年轻时，为人蛮横强悍，任性使气，是当地一大祸害。义兴的河中有条蛟龙，山上有只白额虎，一起祸害百姓。义兴的百姓称他们是三大祸害，三害当中周处最为厉害。有人劝说周处去杀死猛虎和蛟龙，实际上是希望三个祸害相互拼杀后只剩下一个。周处立即杀死了老虎，又下河斩杀蛟龙。蛟龙在水里有时浮起、有时沉没，漂游了几十里远，周处始终同蛟龙一起搏斗。经过了三天三夜，当地的百姓们都认为周处已经死了，轮流着对此表示庆贺。结果周处杀死了蛟龙从水中出来了。他听说乡里人以为自己已死，而对此庆贺的事情，才知道大家实际上也把自己当作一大祸害，因此，有了悔改的心意。于是便到吴郡去找陆机和陆云两位有修养的名人。当时陆机不在，只见到了陆云，他就把全部情况告诉了陆云，并说：“自己想要改正错误，可是岁月已经荒废了，怕最终没有什么成就。”陆云说：“古人珍视道义，认为‘哪怕是早晨明白了圣贤之道，晚上就死去也甘心’，况且你的前途还是有希望的。再说人就怕立不下志向，只要能立志，又何必担忧好名声不能传扬呢？”周处听后就改过自新，终于成为一名忠臣。

周处在年少时品性很差，很不受周围人的待见。但是他能浪子回头，及时悔悟。从这个故事可以看出，对于愿意改过自新的人，我们应该宽容、鼓励，引导他向好的方面变化。因为能改正错误、重新向善是需要极大勇气与毅力的，如果得不到帮助与支持，很容易功亏一篑。

《史记·滑稽列传》中记载了这样一个故事：

齐国有一个名叫淳于髡的人。他的口才很好，也很会说话。他常常用一些有趣的隐语，来规劝君主，使君王不但不生气，而且乐于接受。

当时齐国的威王，本来是一个很有才智的君主，但是，在他即位以后，却沉迷于酒色，不管国家大事，每日只知饮酒作乐，而把正事都交给大臣去办理，自己则不闻不问。因此，政治不上轨道，官吏们贪污失职，再加上各国的诸侯也都趁机来侵犯，使得齐国濒临灭亡的边缘。

虽然，齐国的一些爱国之人都很担心，但是，却都因为畏惧齐威王，所以没有人敢出来劝谏。

其实齐威王是一个很聪明的人，他很喜欢说些隐语，来表现自己的智慧。虽然他不喜欢听别人的劝告，但如果劝告得法的话，他还是会接受的。淳于髡知道这点后，便想了一个计策，准备找个机会来劝告齐威王。

有一天，淳于髡见到了齐威王，就对他说：“大王，微臣有一个谜语想请您猜一猜：齐国有只大鸟，住在大王的宫廷中，已经整整三年了，可是他既不振翅飞翔，也不鸣叫，只是毫无目的的蜷缩着，大王您猜，这是一只什么鸟呢？”

齐威王本是一个聪明人，一听就知道淳于髡是在讽刺自己像那只大鸟一样，身为一国之尊，却毫无作为，只知道享乐。于是沉吟了一会儿之后毅然决定要改过，振作起来，做一番轰轰烈烈事业，因此他对淳于髡说：

“嗯，这一只大鸟，你不知道，它不飞则已，一飞就会冲到天上去，它不鸣则已，一鸣就会惊动众人，你慢慢等着瞧吧！”

从此齐威王不在沉迷于饮酒作乐，而开始整顿国事。他一方面召见全国的官吏，尽忠负责的，就给予奖励；而那些腐败无能的，则加以惩罚。结果全国上下，很快就振作起来，到处充满蓬勃的朝气。另一方面他也着手整顿军事，强大武力，奠定国家的威望。各国诸侯听到这个消息以后都很震惊，不但不敢再来侵犯，甚至还把原先侵占的土地，都归还给齐国。

齐威王起初沉迷于声色犬马，不问军国大事，搞得齐国濒临灭亡边缘。但是，通过淳于髡的隐语劝谏，齐威王迷途知返、发奋振作，对内整顿朝纲，对外重建威望。从昏君到明君，齐威王几乎在瞬间实现了一百八十度大转弯，充分说明了个体的品性、动机、思维与行为等内容均可能在特定的条件下发生巨大的变化。

（二）分析坏的变化

对于大多数人而言，能在相对“污秽”的环境中不沾染坏习气、做到“莲出淤泥而不染”实属不易，更多的情形是“近朱者赤，近墨者黑”，否则“孟母三迁”的故事就很难传诵千年。面对着外界或他人的不良诱惑与干扰，许多人会迷失自我，在不知不觉中完成了“由好变坏”的转变。

有个老魔鬼看到人间的生活过得太幸福了，他对小魔鬼们说：“我们要去扰乱一下，要不然魔鬼就无法存在了。”

他先派了一个小魔鬼去扰乱一个农夫。因为他看到那个农夫每天辛勤地工作，可是所得却少得可怜，但农夫还是那么快乐，非常知足。

小魔鬼开始想，怎样才能把农夫变坏呢？他就把农夫的田地变得很硬，想让农夫知难而退。农夫挖了半天，很辛苦，但他休息了一会儿后，还是继续挖，没有一声抱怨。小魔鬼看到计策失败，只好摸摸鼻子回去了。

老魔鬼又派了第二个小魔鬼去。第二个小魔鬼想，既然让他更加辛苦没有用，那就拿走他所拥有的东西吧！小魔鬼把农夫午餐的面包和水偷走了。他想，农夫干得那么辛苦，又累又饿，这下面包和水都不见了，农夫一定会暴跳如雷。

农夫又渴又饿，来到树下休息，想不到面包和水都不见了。“不晓得是哪个可怜的人比我更需要那块面包和水？如果这些东西能让他得温饱的话，那就好了。”农夫说。又失败了，小魔鬼弃甲而逃。

老魔鬼觉得奇怪，难道没有任何办法能把这农夫变坏？就在这时，第三个小魔鬼出来了。他对老魔鬼讲：“我有办法，一定能把他变坏。”

小魔鬼先去跟农夫做朋友，农夫很高兴地和他做了朋友。因为魔鬼有预知的能力，他就告诉农夫，明年会遇干旱，让农夫把稻谷种在湿地上，农夫便照做。果然，第二年别人没有收成，只有农夫的收成满满，他因此而富裕起来。

小魔鬼每年都对农夫说当年适合种什么，三年下来，农夫就变得非常富有。他又让农夫把米拿去酿酒贩卖，赚取更多的钱。慢慢地，农夫开始不工作了，靠着贩卖的方式，获得大量金钱。

有一天，老魔鬼来了，小魔鬼告诉老魔鬼说："您看！我现在要展示我的成果了。农夫身上现在已经有猪的血液了。"只见农夫办了个晚宴，所有富有的人都来参加，喝最好的酒，吃最精美的餐点，还有好多仆人服侍。他们吃喝得非常浪费，衣裳凌乱，醉得不省人事，看上去痴肥愚蠢。

"您还会看到他身上有狼的血液。"小魔鬼又说。这时，一个仆人端着葡萄酒出来，不小心跌倒了。农夫就开始骂他："你做事怎么这么不小心！""唉！主人，我们到现在都没有吃饭，饿得浑身无力。""事情没有做完，你们怎么可以吃饭！"

老魔鬼见了，高兴地对小魔鬼说："你太了不起了！你是怎么办到的？"小魔鬼说："我只不过是让他拥有的比他需要的更多而已。"

故事中的农夫起初老实本分、安贫乐道，他先后受到三次魔鬼的干扰和诱惑。在前两次，更为艰苦的工作环境和生存条件并没有使农夫发生不良的转变。然而第三次，农夫在富裕、贪婪和享乐面前彻底缴械，在短短三年里由一个原本勤劳、善良的人变成一个愚昧、凶残的魔鬼。面对有可能变成"魔鬼"的互动对象，我们一定要随时警惕，做好充分准备，即使不能扭转局面，至少也要争取全身而退。

公司的电梯有超重警报，这本是件好事，可在胖子同事大韦看来，加装警报纯粹是针对他的阴谋，因为每次被别人的眼光逼出电梯的都是他。

大韦对老王诉苦说："每当电梯里的警报响起，大家的目光就像利剑一般，齐齐朝我刺来，那滋味很不好受，为什么受伤的总是我？"

老王帮着找原因，说："你有近两百斤的体重，如果让瘦子退出的话，至少要两个人，你不退谁退？"

大韦颇为不解地问："公司不是还有很多胖子吗？"

老王想了想又分析道："除你之外，胖子多为年轻女性，再说你脸皮薄，你说大家还有什么选择？"

大韦大概是接受了老王的结论，以后乘电梯，只要警报一响，不用大家等，他就自觉退出去，但是却博得了一个好名声。

半年后，忍无可忍的大韦终于发誓要减肥了，他再也不能忍受因为肥胖带来的人权歧视。开始大家还以为他说着玩，没想到大韦真是请了长假，专心减肥去了。

重回公司的大韦减掉了接近50斤肉，居然有了“帅”的感觉。可不巧的是，在他上班的第一天就遇上电梯警报，大韦抄着手闭上眼，等着人出去终于，两个女孩耐不住，低声嘟囔着退出，其他人则用异样的眼光盯着大韦。

公司里很快流传出这样的观点：大韦以前虽然胖得难看，可心地好；现在减了肥，人好看了，心却坏了。

虽然大韦的外表发生了好的变化，但公司同事却对他的内心变化给出了负面的论断。这样看来，大韦的长假减肥，对自己的身体确实带来了积极转变。但是，他在电梯里的表现，对其人际交往与同事评价带来了巨大的伤害。可以试想，如果大韦能在重回公司的电梯里一如既往的表现，他的好名声就能“更上一层楼”。因此，在体察互动对象的动态变化时，我们需要全面、深入的分析，并在必要时因势利导，帮助对方扬长避短、弃恶从善。

第二节　自我体察

所谓“自我体察”，是指个体在与人交往的过程中，通过把注意力聚焦于自身，省察自己的仁、义、礼、智、信等内容，从而对自己在互动过程中的表现进行总结与评价，做到“知己”。具体而言，自我体察又包括对自身礼数检视、初衷关爱、原则持守、策略方法、诚实守信和情绪管控六个方面。

一、礼数检视

儒家的礼数主要指礼法、礼俗与礼仪，包括道德观念和风俗习惯形成的仪式、符合社会整体利益的行为规范、表示尊敬的态度和动作等。在儒家传统六艺之中，“礼”排第一。《曲礼》有云：“道德仁义，非礼不成；教训正俗，非礼不备；分争辨讼，非礼不决；君臣、上下、父子、兄弟，非礼不定；宦学事师，非礼不亲；班朝治军，莅官行法，非礼威严不行；祷祠祭祀，供给鬼神，非礼不诚不庄。是以君子恭敬、撙节、退让以明礼。”著名儿童启蒙读物《弟子规》，也列述了弟子在家、出外、待人、接物与学习上应该恪守的礼仪规范，突出了礼数的重要性。

礼数是人际交往中的一种艺术，是人际互动的前提与手段，不仅表现出形式美，而且折射出心灵美。基于礼数的重要意义，我们在与他人互动的过程中应该省察自己的言行举止是否满足了礼数的要求。孟子说：“有人于此，其待我以横逆，则君子必自反也：我必不仁也，必无礼也，此物奚宜至哉?”孟子认为与人相处时需要反省自身的“仁”“礼”。而此处的“礼”，则是要求我们检视自身的礼数是否周全以及自身是否真正做到了以礼待人。

在具体实践方面，对于礼数的自身检视可以从礼貌、礼节、礼仪等方面展开。礼貌是在与人接触交往中，表示敬重和友好的行为规范，是文明行为的最起码要求；礼节是在日常生活或交际场合中，进行交流、致意、祝愿、慰问以及给予必要协助和照料时必要的形式；礼仪是在较为正式或隆重的场合，人们交往时所认同的准则和行为规范。一般而言，礼貌是礼仪的基础，礼节是礼仪的组成部分。礼仪在层次上要高于礼貌与礼节，是更为系统、完整的过程。

（一）礼貌检视

礼貌能反映出个体在待人接物方面的涵养，需要通过刻苦学习、艰苦磨炼、长期陶冶而形成，包括尊重他人、遵守秩序、遵守时间、仪表端庄等诸多内容。在与人交往过程中，礼貌是最基本的要求。如果希望得到别人的尊重与关注，首先要礼貌待人。否则，轻则让人认为素质低下、引起误会和抵触，重则遭到唾弃、丧失诸多交往与发展机会。

与在布里斯托尔的大多数中国留学生一样，张君也是借住在当地一户居民家中，这样既省钱生活的条件又好。

房东姓坎贝尔，是一对老年夫妇。坎贝尔夫妇待人热情大方，他们只是象征性地收张君几英镑房租，硬把他从邻居家“抢”了过来。有一位外国留学生住在家里，对他们来说是一件很自豪的事情。他们不仅让整个社区的人都知道了这件事，还打电话告诉了远在曼彻斯特和伦敦的儿女。

张君终于实现他出国留学的梦想，他自然非常珍惜这得来不易的学习机会，晚上在图书馆一直待到闭馆才离开是常有的事。好在他遇到了好东家，可以一门心思学习，一点儿也不用为生活操心。每天张君回到“家”里，可口的饭菜都在等着他，每隔四五天，坎贝尔太太就会逼着他换衣服，然后把换下的脏衣服拿去洗净熨好。可以说，他们就像对待亲儿子一样待张君。

可是，没过多久，张君就感到坎贝尔先生对他的态度有些转冷，看自己的眼神有点异样。好几次吃饭的时候，坎贝尔先生都好象有什么话要对张君说，但是看看太太，又把话咽了回去。张君开始猜测，他们是不是嫌自己的房租太少，想加租又不好意思说？

那天晚上11点多张君从学校回来，洗漱完毕刚想脱衣睡觉，坎贝尔先生蹑手蹑脚地走进张君的房间。寒暄两句后，坎贝尔先生坐到椅子上，一副谈话的架势。看来他终于要说出憋在心里的话。张君心里早有准备，只要在自己承受能力之内，他加多少房租都答应，毕竟这样的东家不是到哪都能找到的。

"孩子，"坎贝尔先生开口道，"在你中国的家里，你半夜回家时，不管你父母睡没睡，你都使劲关门、劈劈啪啪地走路和大声咳嗽吗？"

张君愣住了：难道这就是憋在他心里的话？

张君说："我说不清，也许……"真的，长这么大还从没有人问过自己类似的问题，自己也根本没有注意过这些"细节"。

"我相信你是无心的。"坎贝尔先生微笑着说，"我太太有失眠症，你每次晚上回来后都会吵醒她，而她一旦醒来就很难再睡着。因此，以后你晚上回来如果能够安静些，我将会非常高兴。"坎贝尔先生停顿了一下，接着说："其实我早就想提醒你，只是我太太怕有伤你的自尊心，一直不让我说。你是一个懂事的孩子，你不会把我善意地提醒视为伤害你的自尊吧？"

张君很勉强地点头。张君并不是觉得坎贝尔先生说的不对，或者有伤自尊，而是觉得他有些斤斤计较。自己和父母一起生活了二十几年，他们从没有跟自己计较过这种事情，如果自己也因此打扰过他们的话，他们肯定会容忍自己的，充其量把他们的卧室门关紧而已。张君心里感叹：到底不是自己的家呀！

当然，尽管张君心里有牢骚，但还是接受了坎贝尔先生的提醒，以后晚上回屋尽量轻手轻脚。

然而，不久的一个下午，张君从学校回来刚在屋里坐定，坎贝尔先生跟了进来。张君注意到，他的脸阴沉着，这可是少有的。

"孩子，也许你不高兴，但是我还得问。你小便的时候是不是不掀马桶垫子？"他问。

张君的心里"咯噔"一声。张君承认，有时尿憋的紧，或者偷懒，小便的时候没有掀开马桶的垫子。

“偶尔……”张君嗫嚅。

“这怎么行?”坎贝尔先生大声说:“难道你不知道那样会把尿液溅到垫子上吗?这不仅仅是不卫生，还是对别人的不尊重，尤其是对女人的不尊重!”

张君辩解:“我完全没有不尊重别人的意思，只是不注意……”

“我当然相信你是无心的，可是这不应当成为这样做的理由!”

看着坎贝尔先生涨红的脸，张君嘟囔:“这么点小事，不至于让你这么生气吧?”

坎贝尔先生越发激动:“替别人着想、顾及和尊重别人，这是一个人最起码的礼数，而礼数正是体现在小事上。孩子，考取学位和谋得一个好的职位固然重要，但与人相处时的礼貌同样重要。如果说学位、职位代表一个人的身份的话，那么礼貌和修养，就是人的第二身份，人们同样会以此去判断一个人。”

张君不耐烦地听着，并随手拿起一本书胡乱翻起来。他觉得坎贝尔先生过于苛刻，这种事如果是在国内，还算是事吗?

晚上张君躺在床上考虑良久，决定离开坎贝尔家。既然他们对自己看不上眼，那自己就找一家户比较“宽容”的人家居住。

第二天张君就向坎贝尔夫妇辞别，全然不顾他们极力挽留。然而接下来的事情却令他始料不及。

张君一连走了五六户人家，他们竟然都以同样的问话接待他:“听说你小便时不掀开马桶垫子?”那口气、那神情，让他意识到这在他们任何一个人看来都是一件不可思议的很严重的事情。可想而知，面对这样的问话，张君只有满面羞惭地返身逃走。

至此，张君才明白了坎贝尔先生说的“礼貌和修养是人的第二身份”这句话。在人们眼里，张君既是正在接受高等教育的中国留学生，也是一个不懂礼貌、缺乏修养的人。

故事中的张君，因为在图书馆用功学习而很晚回家，但是他在关门、走路、咳嗽、上厕所等事情上没有考虑对房东的影响，忽视了房东的感受，这些都是很不礼貌的行为。结果，不仅辜负了房东对他的关爱，失去了优惠的住宿条件，而且受到其他房东的鄙夷。所以在与他人交往时，一定要讲究礼貌。如果遭遇冷淡或敌意，一定要检视是否在礼貌方面存有问题。

（二）礼节检视

礼节通过握手、交谈、致意等形式体现出对他人的尊重，是不妨碍他人的美德，是恭敬他人的善行，也是自己行事的通行证，是要通达践履的。《汉书·董仲舒传》指出“知仁谊，然后重礼节；重礼节，然后安处善”，认为礼节是和睦相处的必要条件。在日常学习、工作与生活中，我们不但要对于生人讲究礼节，更应该对熟人或亲人保持礼节，不能因为关系亲密而忘乎所以。

战国时期的思想家、政治家和教育家孟子，是继孔子之后儒家学派的主要代表人物，被后世尊奉为仅次于孔子的“亚圣”。

孟子一生的成就，与他的母亲从小对他的教育是分不开的。孟母是一位集慈爱、严格、智慧于一身的伟大的母亲，早在孟子幼年时候，便给后人留下了“孟母三迁”“孟母断织”等富有深刻教育的故事。孟子成年娶妻后，孟母仍不断利用处理家庭生活的琐事等去启发、教育他，帮忙他从各方面进一步完善人格。

有一次，孟子的妻子在房间里休息，因为是独自一个人，便无所顾忌地将两腿叉开坐着。这时，孟子推门进来，一看见妻子这样坐着，十分生气。

原先，古人称这种双腿向前叉开坐为箕踞，箕踞向人是十分失礼的。孟子一声不吭就走出去，看到孟母，便说：“我要把妻子休回娘家去。”孟母问他：“这是为什么？”孟子说：“她不懂礼节，又没有仪态。”孟母又问：“因为什么而认为她不讲礼节呢？”，“她双腿叉开坐着，箕踞向人”，孟子回道：“所以要休她。”

“那你又是如何明白的呢？”孟母问。孟子便把刚才的一幕说给孟母听，孟母听完后说：“那么不讲礼节的人就应是你，而不是你妻子。难道你忘了《礼记》上是怎样教人的？进屋前，要先问一下里面是谁；上厅堂时，要高声说话；为避免看见别人的秘密，进房后，眼睛应向下看。你想想，卧室是休息的地方，你不出声、不低头就闯了进去，已经先失了礼，怎样能责备别人没礼貌呢？不讲礼节的人是你自己呀！”

一席话说得孟子心服口服，再也没提什么休妻子回娘家的话了。

与人相处，应首先检视自身的“礼节”是否周到，而不是先责怪他人。孟子见妻子坐姿失仪，认为其不讲礼节，却没有认识到是自己冒失进屋，不尊重他人，失礼在先。经过母亲的提醒，终于意识到自身的过错。纵然是作为

“亚圣”的孟子也会因为礼节不周而做出不恰当的判断，更何况我们这些普通人呢？所以在与人相处时要时时检视自身的“礼节”，做到严于律己。

（三）礼仪检视

礼仪最早用于古时的祭祀，表达人们用心跟鬼神交往的态度与诚意。经过数千年的发展，礼仪已经成为适用于正式场合、维护秩序稳定、保证和谐交往的行为准则和规范，并且以风俗、习惯和传统等方式固定下来。对于个体而言，礼仪是道德水平、文化修养、交际能力与真实情感的外在表现。在正式场合与人交往时，不能因为对方位高权重就心生怯意，卑躬屈膝；也不能因为对方身份卑微就心生轻视，傲慢无礼。

张林是市外办的一名干事，有一次，领导让他负责与来本市参观访问的某国代表团进行联络。为了表示对对方的敬意，张林决定专程前去对方下榻的饭店拜访对方。

为了避免出现得仓促，他先用电话与对方约好了见面的时间，并且告之自己将停留的时间长度。随后，他对自己的仪容、仪表进行了修饰，并准备了一些本市的风光明信片作为礼物。

届时，张林如约而至，进门后，他主动向对方问好并与对方握手为礼，随后做了简要的自我介绍，并双手递上自己的名片与礼品。简单寒暄后，他便直奔主题，表明自己的来意，详谈完后便握手告辞。

作为一名国家公务员，张林的表现符合拜会的常规礼仪，展示了他训练有素的交际风采。

案例中的张林，极好地展现了其不卑不亢的交际礼仪，既做到了恭敬有礼，也没有过度热情，让对方产生不适感。在与人交往中，既要待人热诚友好，又要严格把握分寸，做到热情而有度。

战国时期，廉颇是赵国有名的良将，他战功赫赫，被拜为上卿。

蔺相如“完璧归”有功，被封为上大夫不久，又在渑池秦王与赵王相会的时候，维护了赵王的尊严，因此也被提升为上卿，且位在廉颇之上。

廉颇对此不服，扬言说：“我要是见了他，一定要羞辱他一番。“蔺相如知道后，就有意不与廉颇会面。别人以为蔺相如害怕廉颇，廉颇为此很得意。可是蔺相如却说：“我连秦王都不怕，哪里会怕廉将军？不过，现在秦国不敢欺负我们赵国，这主要是因为有廉将军和我两个人在。如果我跟他互相攻击，那只能对秦国有益。我之所以避开廉将军，是以国事为重，把私人的恩怨丢一边儿了！”。

这话传到了廉颇耳朵里，廉颇感动异常，便脱掉盔甲，光着上身，背负荆杖，来到蔺相如家请罪。他羞愧地对蔺相如说：“我真是一个糊涂人，想不到你能这样地宽宏大量！”两个人终于结成誓同生死的朋友。

廉颇在起初对蔺相如非常无礼，但当得知蔺相如因国事为重、放弃私人恩怨后非常羞愧与后悔，打算正式向蔺相如赔礼道歉。廉颇为了表达自己的诚意，光着上身，背负荆杖，恳请蔺相如责打，使用了非常庄重的礼仪。结果取得了蔺相如的谅解，消除了隔阂，加强了团结，成为国家倚仗的栋梁。

因此，在与人交往时应该多注意检视自己的礼数，我们需要常常反省自身的言行举止是否合适。若有不当之处应及时道歉与改正，尽量取得互动对象的理解与原谅，并避免下次再犯同样的错误。此外，我们平时应多积累礼貌、礼节、礼仪等有关礼数的知识，在实践中加以应用与体会，逐渐做到礼数完备。

二、初衷关爱

初衷关爱源自儒家之“仁”。“仁”始见于儒家经典《尚书·金滕》的“予仁若考”，指人所具有好的道德，如尊亲敬长、爱及民众，忠于君主等。“仁”的字面解释是人两足走路旁加个二，就是人与人之间，有我就有你，表达互存、互助、互爱的意思。孔子继承前人的观念，把“仁”定义为“爱人”，将“仁”提升为儒家最高道德规范，并发展出善待他人、关爱他人的系统仁学。

“仁”所指的“爱”是在人们的头脑中业已扎根、成为秉性、并非权宜的关爱，故可称初衷关爱。孔子的学生子夏提出了“四海之内，皆兄弟也”，体现在“己欲立而立人，己欲达而达人”“己所不欲，勿施于人”的交往之道。孟子认为人天生都有“恻隐之心”的说法，亦可理解为对他人的初衷关爱。初衷关爱立足于人类社会，是由天道生生不息的源头而发生的，体现出人与人、人与社会之间的天然本质。

孔子又提出：“君子而不仁者有矣夫，未有小人而仁者也”，认为君子的积累达到了一定的高度，他有能力“仁”，也有能力不“仁”；而小人没有这么高的层次，想“仁”也“仁”不了。对于君子来说，“仁”一点也不远。子曰："仁远乎哉？我欲仁，斯仁至矣"。因此，当我们与人交往时，要时刻注意自己是否满足"仁"的要求，并从初衷关爱的立场、过程和结果等方面进行深刻的反省。

（一）初衷关爱的立场反思

很多时候，人们会被众说纷纭的观点左右，从而迷失善待他人、关爱他人的初衷。在形形色色的观点与诱惑面前，如果没有清醒的自我认识，就不能倾听内心的真实声音，无法持守关爱他人的立场待人接物。只有不忘仁心，坚持主见，才懂得欣赏他人，做出准确的判断，从容面对各种问题与挑战。

孔子有一个弟子叫子夏。有一天，他问孔子："老师，颜回同学为人怎么样？"

孔子沉吟了一下答道："颜回的仁爱之心比我要好。"

"那子贡呢？"子夏接着问。

"他呀！他的辩才比我好。"孔子笑着说。

"那子路，子路同学呢？"子夏又接着问。

孔子开心地笑着说："要说勇武精神，我们都不如他。"

"那子张呢？子张难道也有过老师之处？"子夏满脸狐疑。

孔子顿了顿，说："子张同学，为人处世，庄重严谨的作风，比我这个做老师的要强。"

子夏听到这里，禁不住站了起来。他曲躬作揖地问道："老师，这我就不明白了。既然那四位同学，都有超过老师的地方，那么为什么，他们还要师从老师您，学习呢？"

孔子见子夏这样，忙举手向下按了按，并和蔼地对子夏说："子夏！你别着急，先坐下，听我慢慢说。颜回同学虽然他很仁慈，但有时他过分的仁慈，导致的不忍之心，使他变得一味地迁就他人，影响了自己对事态作出正确的决断，从而反而害了别人。所以说，他虽能仁，却不能忍。"

孔子接着对子夏说："至于子贡，他的口才的确很好，可谓辩才无碍。他精通语言的妙用，却不识语言的局限，不懂得沉默的力量。所以，他能辩不能讷。"

"关于子路，"孔子继续说："他英勇过人，敢作敢为，是个不可多得的将才。但有时不懂得谦冲退让，持弱守雌，蓄势而动。这样难免会意气误事。所以说，他能勇，不能怯。”

“而子张呢，”孔子说到这里沉了沉，然后说：“他过于庄重严谨，以致清不容物。不能和煦接众，不能容纳有污行的人，让人见之生畏，敬而远之。所以，他能庄，不能谐。”

“因此，”孔子最后总结道：“如果将这四位同学的长处都加起来，来对换我的修养，我也是不愿意的。这也是为什么，他们要一心跟从我，学习的原因。”

在故事中，孔子首先总结了颜回、子贡、子路、子张的优点，即仁爱、雄辩、勇武、谨慎，然后分析了各人的问题，即能仁不能忍、能辩不能讷、能勇不能怯、能庄不能谐。很显然，孔子对待弟子的判断源自关心与爱护的初衷，他希望自己的弟子能够扬长避短，在人生中不断进取。

（二）初衷关爱的过程反思

在与人交往的过程中，为了善待他人、爱护他人，有时可能并不能按部就班、实事求是。尽管撒谎、歪曲事实可能给我们带来良心上的过意不去，但是，只要我们的言行举止所蕴涵的关爱是发自内心，并且真正能够为互动对象带来幸福、快乐、满足与成就的感受，我们就完全可以对自己的表现点赞。

很久以前，有一个姑娘一生下来就瞎了眼。

黑暗是她唯一的主题，世间的美丽和丑陋她无法得知。

但她一向很快乐，因为母亲说她是村里最美丽的女子。而事实恰恰相反，她是村里最丑陋的女子。但她并不明白，她只相信母亲的话，所以她快乐而骄傲地活着。

转眼间，姑娘到了出嫁的年龄了，由于是瞎子，长得又丑，所以村里没有一个人愿意娶她。经过母亲的寻找和游说，外村的一个断了一只手的小伙子同意娶她。

姑娘的母亲说，她只有一个要求，不准小伙子说姑娘长得丑，要夸奖姑娘是村里最漂亮的女子。小伙子一口答应下来。

母亲对姑娘说：“孩子，我给你找了一个村里面最英俊的小伙子。”

洞房花烛夜，姑娘问小伙子：“娘说，你是村里面最英俊的人，是吗？”

小伙子说：“是的。”

姑娘又问：“娘说，我是村里面最漂亮的女子，是吗？”

小伙子响亮地说："是的。你是村里面最漂亮的女子。我爱你。"

姑娘听了小伙子的回答，脸上泛起了羞涩的红晕。从此以后，姑娘活得更加自信了：我是村里面最漂亮的女子，又嫁给了村里面最英俊的小伙子，还有什么比这更加幸福的事情呢。

又过了一段时光，姑娘的母亲去世了，而姑娘给小伙子生下了一个小男孩。

善良的小伙子从小男孩懂事起就告诉他，不能说自我的母亲长得丑，要说她是这个村里最漂亮的女子。

姑娘继续活在美丽之中，母亲、丈夫、儿子，以及周围的人让姑娘的一生都充满了幸福和甜蜜。

最后有一天，姑娘老了，安详地闭上了眼睛，脸上挂着满足的笑容。

在别人眼中，姑娘是一只丑小鸭，而姑娘自我却活得像一个骄傲的公主。这就是善待与关爱的力量。

在很多人眼中，故事中的姑娘很不幸，她不仅是个天生的盲女，而且长相非常难看。姑娘的母亲出于亲情与爱护，向她隐瞒了真相，让姑娘活在快乐与期盼之中。后来姑娘的丈夫与儿子，出于几乎同样的考虑，依然让姑娘对自己的美貌与幸福毫不怀疑。姑娘周围的邻里，也是同样用关爱之心维系着姑娘对待生活的感受。一群初衷关爱的人，在数十年间自始至终小心翼翼地为姑娘编织出美丽的谎言，真是令人感动与敬佩。

（三）初衷关爱的结果反思

与人交往时需要反省自身初衷关爱的结果，看看现实与预期是否存在偏差。原本的想法是和对方好好相处，尽量地关心、爱护对方，可是在接触过程中可能出于各种各样原因的干扰，好心办出了坏事。"授之以鱼不如授之以渔"，说明在他人需要时送给鱼只能解决一时之饥，而教会捕鱼的方法才是真正的关爱。西方有句谚语，"通向地狱的路有时是由好心铺就的"，揭示出初衷关爱与结果背离的悖论。最近网上流传着两封写给母亲的信，让我们对自身初衷关爱的可能与真实结果，有了更为深刻的思考。

A 一位死刑犯写给母亲的信：

妈妈，您的儿子明天就要奔赴刑场了。我也不知道为什么会走到今天这一步，只能任由一幕幕往事浮现眼前……

3 岁那年：我跑得太快被石头摔倒。您赶忙把我扶起来，一边安慰一边往石头上踢了两脚，“宝宝不哭。臭石头！看把我们宝宝磕的。”听了这话，本来想忍着眼泪的我在您怀里委屈地哭了半个多小时。是您让我知道原来我摔倒错在石头，可我不知道您只是为了哄着我不再哭。

4 岁那年：我因为看电视不想吃晚饭，您就把饭端到身边喂我吃。是您让我知道原来生活可以这么享受，可我不知道您只是怕我把饭洒在衣服上还得麻烦自己去洗。

6 岁那年：您带我到玩具店买圣诞礼物，说好只能买一样。可买了变形金刚我还想要模型飞机，您不同意我就躺在地上哭，直到您乖乖付了钱。是您让我知道原来用这招对付您屡试不爽，可我不知道您只是为了不想让自己在别人面前丢脸。

8 岁那年：我想试着洗袜子，您怕我洗不干净；我想学着刷碗，您怕我把碗碰碎了；我想自己盛饭，您怕我烫着了。是您让我知道原来生活里有这么多我不能面对的困难和危险，可我不知道您只是为了不想让自己把我干的事再返工一遍。

10 岁那年：您给我报了三个辅导班和两个兴趣班，当我被折磨得疲惫不堪时，您说不吃苦中苦怎为人上人。是您让我知道原来学习和上兴趣班是这么痛苦的事情，可我不知道您只是想让我有朝一日在亲友面前一鸣惊人。

13 岁那年：我踢球打烂了邻居家的窗户，您赔了钱后让我跟邻居道歉。是您让我知道原来闯祸后一句“对不起”就没事了，可我不知道您心里正在抱怨邻居讹了我们不少钱。

15 岁那年：我说想学钢琴，您借钱给我买了一架，可一个月后我就再也没碰过它。是您让我知道原来没钱也可以很任性，可我不知道您用了三年才还清债务。

19 岁那年：我报志愿，您说当律师不但赚钱多还有地位，一定要让我学法律。是您让我知道原来只要照着您计划好的路走就行了，可我不知道您只是想通过我弥补您未能当律师的遗憾。

20 岁那年：我想换部新手机，跟您说这样就能常联系您。您二话不说给我卡上打了 3000 元。可除了天天给女朋友煲电话外，我一年也没给您打过几次。是您让我知道原来您是我随取随用的提款机，可我不知道您有多少次过生日时盼着我给您打个电话。

24 岁那年：我毕业后您花钱把我弄到事业单位。是您让我知道原来大学混得一塌糊涂也能抱个铁饭碗，可我不知道您背后求了多少人。

27 岁那年：看着我谈了好多对象都处不长，女孩们都说我没责任心，还是个没长大的孩子。您说是姻缘未到，是她们配不上我。是您让我以为错过我是那些女孩们的损失，可我不知道您背着我去了多少次相亲角。

32 岁那年：我欠下高额赌债，您气得大病一场，可最后还是帮我还清债务。是您让我知道原来无论我做什么事都有您帮我兜着，可我不知道我榨干了您准备养老的钱。

35 岁这一年：我再也不能从您那里索取一分钱时，我因为抢劫被捕。听到死刑判决那一刻，您哭着骂老天爷对您不公平，自己苦了一辈子却换来这种结果。我终于知道，是您一直以爱的名义一次次夺走了我成长的机会，一次次剥夺了我为自己的人生负责的权利。妈妈，您自己保重！我明天就要走了。希望在另一个世界，我能学会为自己负责，找到属于自己的幸福。

B 一位 CEO 写给母亲的信：

妈妈，您的儿子就要开新工厂了。能走到今天这一步，源于您教给我的一项重要品格——为自己负责。怀着一颗感恩的心，一幕幕往事浮现眼前……

3 岁那年：我跑得太快被石头摔倒。您让我自己爬起来，又朝我屁股上打了两巴掌，“下次摔倒打四巴掌！”是您教会我要为自己的鲁莽负责。

4 岁那年：我因为看电视不想吃晚饭，您说如果现在不吃就要饿到第二天早饭。我说好，以为您只是说说而已。谁知夜里我爬起来到厨房竟然连半块馒头也没找到。是您教会我要为自己的任性负责。

6 岁那年：您带我到玩具店买圣诞礼物，说好只能买一样。可买了变形金刚我还想要模型飞机，您不同意我就躺在地上哭。谁知您转身就往外面走，我只好一边擦干眼泪一边爬起来乖乖跟上去。是您教会我要为自己的选择负责。

8 岁那年：我想试着洗袜子，您教我怎样才能洗干净；我想学着刷碗，您教我怎样避免把碗碰碎；我想自己盛饭，您教我怎样不会被烫着。是您教会我要为自己的生活负责。

10 岁那年：看着同学们的课余生活被辅导班和兴趣班挤满，您说上课学好，课余玩好，剩下的时间多看点书比啥都强。是您教会我要为自己的兴趣负责。

13 岁那年：我踢球打烂了邻居家的窗户，您带着我到市场上买来玻璃、腻子和钉子，让我帮您一起把玻璃安好，又扣了我当月一大半零花钱。是您教会我要为自己的过错负责。

15岁那年：我说想学钢琴，您给我买了个口琴。您说我能把口琴吹出个样再说钢琴的事。口琴一直吹到现在，可我早没了学钢琴的念头。是您教会我要为自己的坚持负责。

19岁那年：我报志愿，您帮我系统地分析了我感兴趣的几个专业后，让我多问几遍自己的心来决定。是您教会我要为自己的未来负责。

20岁那年：我想换部新手机，您说旧手机没坏就不要换，一定要换就勤工俭学自己去买。当我用做家教挣来的钱买到新手机时，成就感带来的喜悦远超手机本身。是您教会我要为自己的欲望负责。

24岁那年：我毕业后想自己创业。您建议我不要急，先在喜欢的领域从基础做起，有了经验再说。两年后我决定开公司时，您说如果最坏的结果都能承受，就大胆用心去做。您给我10万元钱，要求我四年内归还。我拍着胸脯说，不但钱会还，将来还会孝敬您一套房子。是您教会我要为自己的事业负责。

27岁那年：我带着聪明漂亮的女朋友见您，您当着她的面少见地把我夸了个够。还得意地说，一个人只有自己优秀才能吸引同样优秀的人。还说我的爱情由我决定，只要我们真心相爱，您就为我们开心。是您教会我要为自己的幸福负责。

32岁那年：我把给您买的房子钥匙交到您手中时，您收下后马上转过了身。看着您抖动的肩膀，我知道您正在被幸福的泪水淹没。是您教会我要为自己的承诺负责。

35岁这一年：我的公司扩大生产，要建新工厂了。那些一直责怪您狠心的人们终于无话可说了。同时，我也在教育我的孩子学会为自己负责，我相信他以后会比我更优秀。

在这两封家书令人唏嘘感叹：我们不能怀疑死刑犯母亲对儿子的爱是发自肺腑的，可是，这位母亲一直用溺爱的错误方式为孩子付出，亲手把儿子送上了断头台，收获了两代人的痛苦；而CEO的母亲起初看似严厉苛刻、不近人情，但是让儿子懂得了为自己负责的道理，并在儿子的成长过程中以恰当的方式塑造其必须具备的素质与品性。同样的初衷关爱，截然不同的结果，让我们在与人交往的过程中不得不警惕，不得不反思。

三、原则持守

原则持守源自儒家之“义”。“义”最初的繁体字写法是羊在上，下边是人手持戈，上面的羊两点左右均分，中间也是左右对称，象征公平，同时羊是祭祀用品，表达了信仰，下面是持戈的武士，表达了我的态度，即愿意为了公平或信仰而战斗。孔子提出，“君子义以为上。君子有勇而无义为乱，小人有勇而无义为盗”，认为义是立身之本，是行为的最高标准，凡事合于义则做，不合于义则不做。孟子有云，“生，亦我所欲也，义，亦我所欲也。二者不可得兼，舍生而取义者也”，认为义的价值高过生命。

在儒家的思想体系中，义是一个内容丰富的道德范畴。朱熹指出：“义者，心之制，事之宜也”，突破了义对个体品格的规定，带着明显的实践性特征。因此，“义”同时强调主体性和实践性，既可内敛为个体的品格，在人们的心灵深处播种下道德文明的基因，又能外化为个体的行为，把抽象的价值准则贯穿到日常生活和言行举止之中，妥善应对了经与权的矛盾，实现了普遍性与特殊性、绝对性与相对性的统一。

在我们的现实生活中，儒家之“义”的出现频率相当高，如仁至义尽、有情有义、见义勇为、义不容辞、义愤填膺、义无反顾、忘恩负义、深明大义、义正词严、仗义执言、大义凛然等。简单地说，义可以理解为公正合宜的道理、原则与底限。面对着形形色色诱惑，如果我们与人交往时能守住道义的底限，就能树立正面形象，给人以可信、可靠的感觉，并受到真诚的回馈；反之，如果为了一己之私而背信弃义，就会破坏已有的关系，并可能遭到谴责与报复。

（一）情感原则持守

“人非草木，孰能无情”，在与他人的交往过程中，我们应该树立、持守并反思自己的情感原则：能否真诚待人、想别人之所想、急别人之所急，己欲立而立人、己欲达而达人；能否谦虚谨慎、不骄不躁，得意时不盛气凌人、失意时不妄自菲薄；能否不为利益左右、抵制贪念诱惑，受人点滴之恩、必当涌泉相报，等等。情感原则持守是与人互动的基础，是相知相伴、携手进步的前提。

杨鑫龙是个贫困大学生，父亲是借遍了街坊邻居七大姑八大姨的钱，才凑足了他第一年的学费。上学后，杨鑫龙一边学习一边打工，可很快他就发现，现在工作真难找，就连一些粗活累活脏活也要“竞争上岗”，每当这时他就暗暗发愁。

一天，辅导员兴冲冲地向大家宣布了一个好消息，说有一位好心人愿意资助困难学生，并许诺这些学生毕业后可以去他的公司上班。但是，被资助人必须符合几个条件：经济困难，在勤工俭学；来自山村，能吃苦耐劳；诚实本分，能知恩图报；成绩优异，精通计算机。听到这4个条件，大家的目光不约而同地集中到杨鑫龙身上。

过了几天，杨鑫龙跟那位好心人见了面。那人身材瘦削，一看就是个很精明能干的人。他说自己是公司的总经理李新仁，曾经去杨鑫龙的老家调查过，认为他完全符合条件，所以决定资助他。

这简直就像天上掉馅饼。不过，杨鑫龙相信世上没有免费的午餐，他忐忑不安地问：“李经理，你为什么要这样做？”李新仁笑而不答，只是提醒他好好学习，公司会随时关注他的成长。

一晃4年过去，杨鑫龙顺利地拿到了金融学学士学位。在同学们艳羡的目光中，他坐上了在校门外等候的黑色宝马轿车，飞驰而去。

可杨鑫龙的兴奋劲儿还没过去，就发现宝马不是驶往市中心的写字楼，而是开向城外。杨鑫龙疑惑地问：“李经理，我们是不是走错了路？”李新仁微微一笑：“我先带你去一个地方再说。”

汽车下了高速，来到一座小县城，停在城郊的一所出租民房前。进到屋内，里面只有一张床铺、一台电脑。李新仁打开电脑，收藏夹里储存的都是各种跟证券有关的网站。接着，他又拿出一本账目，要杨鑫龙认真清算。他说：“鑫龙啊，这就是你的工作室。你先帮我关注一些股票的走向，过几天再向我汇报。对了，我们之间只能单向联系，我能够找你，但是你却不能来找我。”说完，他留下一笔生活费就走了。

杨鑫龙看了看破旧的房间，心理落差很大。但是，他想到4年来李新仁对自己的无私帮助，也就渐渐平静下来，开始认真工作。

一个星期后，李新仁来了。他先看了鑫龙整理的账目，比较满意。然后又读了鑫龙撰写的分析报告，并要他谈谈对股票市场的看法。

杨鑫龙侃侃而谈：“李经理，我认为投资者没有必要四处寻找黑马，而应该牢牢地将目标锁定在行业龙头股上。即使行业龙头股暂时不能成为行情龙头股，也不要轻易放弃，只要坚守住阵地，最终一定会有意想不到的结果。”

李新仁赞许地点了点头：“鑫龙啊，我没有看错你。炒股就好比做人，如果老是走偏门，搞小九九，是成不了大事的。以后，你继续关注这几支股票的走向，把资料整理好，我随时会来查看。”杨鑫龙答应了。就这样，李新仁每隔几天就会来看看，带走一些资料。有时，他也会指出杨鑫龙报告中的不当之处，并做出精辟的分析，每一次都说得杨鑫龙心服口服。

不知不觉，半年过去了。奇怪的是，这半年里李新仁为杨鑫龙搬了3次家，好像害怕什么人找来似的。这天，杨鑫龙正在专心致志地制作图表，门外响起了一阵敲门声。他刚开了一条门缝，就有一伙人挤了进来。为首的一个年轻人“砰”的关上房门，低声问道：“你是不是在分析凌云B股和银河A股的走向?”杨鑫龙吃惊不小：“你怎么知道的？你又是谁?”

来人凑到杨鑫龙面前，神秘兮兮地说：“我叫杜永斌，和你一样，我们都是李新仁资助的大学生。我已经为他工作3年了，现在，我终于摸清了他的底细。他开办的证券咨询公司，名头上挂的是上海，地点却在县城。他主要靠提供精确的股市信息给客户，以换取高额报酬。我们的工作被分割成几个片段，合起来就形成了一个完整的流程。可悲的是，我们这些人被蒙在鼓里，还没日没夜地给他卖命。”

杨鑫龙有些吃惊，但想了想，又不以为然地说：“话不能这样讲，如果没有李经理的资助，我可能连大学也无法毕业。现在，我替他工作，他给我发工资，这很公平啊。”

杜永斌不屑地一挥手：“你真傻啊，现在谁不想自己发财？我们现在有技术上的优势，只是没有客户而已。如果我们顺藤摸瓜，直接联系固定客户，就可以发大财了！现在你是他最信任的人，只要你……”

“不，李经理对我恩重如山，我绝不会背叛他。请你们出去，我不想再见到你们。”杨鑫龙斩钉截铁地说道。杜永斌凶狠地盯着他，挥了挥手，几个人冲上去，绑住了杨鑫龙，打算先把他带走，免得计划泄露。

可他们一打开门，全傻了，李新仁居然安静地站在那里。那帮人见到他，就好像碰到了债主，都低下了头。李新仁上前解开杨鑫龙身上的绳索，缓缓说道：“我先给大家讲个故事吧。”

他说10年前，有个小伙子刚从中央财经学院毕业，立志要干出一番大事业。他回到老家，向亲朋好友筹集了100万元。正当他雄心勃勃要大展拳脚时，合伙人竟卷款潜逃，而他手中的资金只剩下不到10万元。

消息传出，债主蜂拥而至。他的父母兄弟只好拿出全部积蓄替他还债。他成了丧家之犬，只能躲到一个县城里，靠帮别人提供股市信息为生。

不想天无绝人之路。由于他的精确推算，帮股民赚了不少钱，自己也获得不少佣金。于是，他干脆租了一间房子，买了一台二手电脑，打算靠自己的努力去还掉大山一样的债务。后来，他靠着诚信和勤劳，抓牢了几个大客户。业务多了，一个人忙不过来，他就寻思着找人帮忙。但这个行当不比别的，员工最容易掌握老板的机密。有过一次教训，他考虑得更细致了。

李新仁顿了一顿："我只想找几个靠得住的人，可你们几个太令我失望了。其实你们的事我早就有所察觉，我一直希望你们不要走到这一步。实话告诉你们吧，我早就还清了全部债务，上个月我已经在上海买了房子，准备把公司迁过去。"

这时，杜永斌痛哭流涕道："李经理，我们知错了，请你留下我们吧，我们没有功劳也有苦劳啊！"

李新仁叹了口气说："你们已经丢了做人最根本的原则，我无法再相信你们了，你们走吧。对了，顺便宣布一件事，杨鑫龙将成为本公司的业务部经理。"

故事中的杨鑫龙知恩图报，在面对利益诱惑时坚守住了自己的情感原则，获得了李新仁的信任，也促进了自己事业上的成长。由此可见，坚守情感原则是与人交往时获取他人信任必要条件。在充满着诱惑与陷阱的现实世界，我们一不小心就会被外物所役，被名利所困。因此，我们要时刻反省自身的情感原则，"不以物喜，不以己悲"，在情感原则的持守过程中散发出人性光辉。

（二）制度原则持守

制度原则指要求遵守的处事规程或行动准则，"王者以制度为节，使用之有道，役之有时"。在与人交往的过程中，我们应该持守并反思自己的制度原则：该做的事能否按时做好；不该做的事能否坚决不做；能否分轻重缓急，远近厚薄；不要为了做一些次要的事而影响了重要的事；等等。制度原则持守是安于本分的基本要求，是个人学习、生活与生活态度的直接体现，更是与人交往、获得他人认可的重要依据。

深夜，一位中国人走进德国某小镇的车站理发室。那理发师热情地接待了他，却不愿意为他理发。理由是，这里只能为手里有车票的旅客理发，这是规定。中国人委婉地提出建议，说反正现在店里也没有其他顾客，是不是可以来个例外？理发师更恭敬了，说虽然是夜里也没有别的人，我们也得遵守规则。无奈之中，中国人走到售票窗前，要了一张离这儿最近的那一站的车票。当他拿着车票第二次走进理发室，理发师很遗憾地对他说，如果您只是为了理发才买这张车票的话，真的很抱歉，我还是不能为您服务。

当有人把深夜小站理发室的故事告诉给一群在德国留学的中国学生时，不少人就感慨万端，说太不可思议了，德国人真的太认真了，这样一个时时处处讲规则讲秩序的民族，永远都会是一个强大的民族。但有的就不以为然，说偶然的一件小事，决定不了这么大的性质，一个小镇的车站，一个近乎迂腐的人，如何能说明一个民族的性格呢？双方甚至还为此发生了争执，相持不下之际，就有人提出通过实践来检验孰是孰非。于是，聪明的留学生们共同设计了一项试验。

他们趁着夜色，来到闹市区的一个公用电话亭，在一左一右两部电话的旁边，分别贴上了“男士”“女士”的标记，然后迅速离开。第二天上午，他们又相约来到那个电话亭。令他们惊奇的一幕出现了：标以“男士”的那一部电话前排起了长队，而标以“女士”的那一部电话前却空无一人。留学生们就走过去问那些平静等待的先生：“既然那一部电话前没有人，为什么不到那边去打，何必等这么久呢？”被问的先生们无一不以坦然的口吻说：“那边是专为女士准备的，我们只能在这边打，这是秩序啊……”留学生们不再争执了。在他们默默回去的一路上，每个人都想了很多，大家都隐隐觉得自己乃至自己身后那个曾是礼仪之邦、崇尚井然有序的民族，这许多年来，可能于无意之中慢慢丢失了一些美好的东西。在重创民族辉煌、融入世界之流的今天，规则和秩序，也许正是我们最为需要的素质。有一位同学感慨道：“这是我们在德国学到的最为宝贵的一门课程啊！”

德国理发师坚持制度原则，只为手里有车票的旅客理发，不会因为深夜无人知晓就擅自改变；排队打电话的男士，并不因另一部电话空无一人而选择进入贴着“女士”标记的电话亭。上述故事中充分体现出按规则办事、严谨有序的德式道义。因此，只有持守制度原则、尊重游戏规则，才能赢得他人的尊重和信任，才能更好地与人交往，并获得更广阔的发展空间。

（三）道德原则持守

道德原则指待人接物的观念标准。王阳明的“吾性自足，不假外求”告诉我们，人人内心都有良知，良知是道德原则的终极判断标准，能解决所有问题。因此，在与人交往的过程中，我们应该明确并反思自己的道德原则：能否做到勿以恶小而为之，勿以善小而不为；能否做到持守中庸之道，不偏不倚；能否做到富贵不能淫，贫贱不能移，威武不能屈；等等。在与人交往的过程中，道德原则持守是理想人格塑造和培养的重要手段，能够得到交往对象的欣赏与尊敬。

在宗教圣地耶路撒冷，有一个名叫“芬克斯”的酒吧。它的面积只有30平方米左右，里面只有1个柜台和5张桌子，然而就是这样一个内部摆设极其普通的酒吧，连续3年被美国《新闻周刊》杂志选入世界最佳酒吧的前15名之列，更是各国游客和记者喜欢去的地方。

经营“芬克斯”酒吧的是一名叫罗斯·恰尔斯的犹太人。罗斯·恰尔斯把酒吧经营得有声有色，“芬克斯”在当地小有名气。而真正让“芬克斯”一跃而成为世界著名的酒吧，是罗斯·恰尔斯让美国前国务卿基辛格颜面尽失的一次经历。

在20世纪70年代，那时在耶路撒冷，可以说没有人不知道基辛格的大名，因为他掌握着约旦和中东的命运。一次，基辛格为了中东和平问题来到耶路撒冷，他听随从说“芬克斯”酒吧在当地口碑相当不错。为了显示自己身份的特殊和高贵，他亲自打电话到“芬克斯”预约，接电话的恰好是酒吧的老板罗斯·恰尔斯。

罗斯·恰尔斯开始非常客气地接受了基辛格的预约。然而，基辛格说：“我有10个随从，他们也将和我一同前往贵店，到时希望你谢绝其他一切顾客。我会双倍付所有的费用。”基辛格信心满满地认为这个要求绝对能够被接受，因为自己是一位举足轻重的大人物，自己光顾那酒吧是对小店的抬举，而且能提升“芬克斯”酒吧的形象。

不料，罗斯·恰尔斯却给了基辛格一个意想不到的回答。他非常客气地说：“您能光顾小店，是我莫大的荣幸。但是，为此而谢绝其他客人，是我万万做不到的。因为他们都是我的老顾客，也是支撑着酒店生存下去的人。以前酒店不会因为某人的身份特殊而受到特别的照顾，现在也不会，获取利润并不是我经商的全部……"

基辛格气愤地挂断了电话。

第二天傍晚，基辛格放下高姿态，再次打电话给罗斯·恰尔斯。首先他对昨天的行为表示歉意，说这一次他只带两三个随从，不必谢绝其他客人，只订明天1桌，后天他就要离开此地了。基辛格想："自己堂堂一大特使，做出这么大的让步，这次老板应该没有理由拒绝。"但是，结果让基辛格更加失望。

罗斯·恰尔斯说："非常感谢您的诚恳道歉，但是我还是不能接受您的预约。因为明天是星期六，本店的例休日。作为犹太人的您也应该知道，对我们犹太人来说，星期六是一个神圣的日子，在星期六营业，是对神的亵渎和不尊。"

基辛格简直不敢相信自己的耳朵，挂断了电话。

罗斯·恰尔斯的话刚好被当时正在店里喝酒的美国新闻记者听到。记者向罗斯·恰尔斯了解了事情的经过。几天后，美国大大小小的报纸头版上便出现了《基辛格和芬克·斯》《基辛格被酒吧拒绝》《基辛格在耶路撒冷的郁闷之行》等类似的新闻。一时间，基辛格和"芬克斯"成了人们最热议的话题。人们都觉得罗斯·恰尔斯是个有原则、有道德的人，他所经营的"芬克斯"也应该是个忠实的、高贵的酒吧。"芬克斯"酒吧一夜之间迅速红遍中东地区。

乍一看来，罗斯·恰尔斯非常不识抬举，拒绝了一个尊贵的顾客，失去了难得的赚钱机会。但事实，在道德原则的底限面前，恰尔斯对所有顾客一视同仁，并坚守犹太人的信仰与习俗，从而使得自家酒吧从当地小有名气一跃成为世界知名酒吧。因此，通过对道德原则的持守，我们在与人交往时更容易获得他人的尊重，同时能够提高自身的魅力与"身价"。

四、方法策略

方法策略源自儒家之"智"。"智"属于形声字，上面的"知"表示"说的准""一语中的"；下面的"日"表示"太阳""每天"；合起来表示"每天都能一语中的"，即对变化发展做到胸中有数与妥善应对。在儒家思想体系中，"智"既指知识，又指智慧。孔子提出"智者不惑"，认为"智"具有辨别事物、分辨是非的功能；西汉杨雄认为："智，烛也"，说明智是要在黑暗中为人们照亮，明确前进的方向。因此，儒家之“智”可以理解为知识、智慧以及在此基础上的计谋与策略。

在与他人交往时，需要不断进行观察、记忆、思考、想象与判断，时时审视自己采用的方法策略是否恰当。与不同的人相处需要不同的方法，与同一个人在不同时间、不同地点、不同事件中的相处也需要不同的策略，做到因时制宜、因地制宜、因人制宜、因事制宜，这样才能把握前进的方向，得到预期的结果。

（一）因时制宜体察

因时制宜指根据不同的时期或发展阶段的具体情况，采取适当的应对措施。“路遥知马力，日久见人心”，当我们和交往对象接触不多时，很难把握其真实情况，如果贸然采取措施，很可能考虑不周密，行动不谨慎，其结果多为不得要领或打草惊蛇，不利于达成预期目标。

B单位里调来一位新领导，据说是个能人，专门被派来整顿业务，大多数的同仁都很兴奋。可是，日子一天天过去，新领导却毫无作为。每天彬彬有礼，进入办公室后便躲在里面难得出门，那些本来紧张得要死的坏分子，现在反而更猖獗了。

许多人认为他根本不是能人，就是个老好人，比以前的领导更容易唬住！

四个月过去了，到了年终考核的时候，就在真正努力的员工为新领导感到失望时，他却发威了：坏分子一律开除，能人则获得晋升。下手之快，断事之准，与四个月内的表现判若两人。

年终聚餐时，新领导在酒过三巡之后讲了个故事：

“我有位朋友，买了栋带着大院的房子，他一搬进去，就将那院子全面清理，花草树木一律拔除，改种自己新买的花卉。某日原先的屋主往访，进门大吃一惊，发现最名贵的牡丹被当作杂草给铲了……后来他又买了一栋房子，虽然院子更是杂乱，他却是按兵不动。果然，冬天以为是枯死的树木，春天里开了繁花；春天以为是野草的，夏天里成了锦簇；半年都没有动静的盆栽，秋天居然红了叶。直到暮秋，他才真正认清哪些是无用的植物，而大力铲除，并使所有珍贵的草木得以保存。”

说到这儿，新领导举起杯来说道：“让我敬在座的每一位，因为如果这办公室是个花园，你们就都是其间的珍木，珍木不可能一年到头开花结果，只有经过长期的观察才认得出，才能大力栽培!”

新领导的整顿手段非常高明，在上任伊始表面按兵不动，实际上是认真观察，等待时机。当他用四个月的时间把实际情况摸清搞透，明确了坏分子和业务骨干之后，把握住年终考核的时机，快刀斩乱麻，清理了坏分子，晋升了能人。我们应该向这位新领导学习，深入反思自己的为人处世是否做到了因时制宜。

(二) 因地制宜体察

当我们和某类人群打交道时，会总结出一些规律或特点，并时常抱有“一招鲜，吃遍天”的想法，但实际情况却经常并非如此。“橘生淮南则为橘，生于淮北则为枳，叶徒相似，其实味不同”，随着地点等环境因素的改变，我们原先掌握的规律或特点可能变得不再适用。因此需要积极思考变化的关键点及其原因，因地制宜地提出具有针对性的新办法。

有一个美国人叫卡尔，家里在马里兰州经营着一家杂货店，生意一直不好。年轻的卡尔告诉他的父母，既然经营了这么多年都没有成功，就应该换一个思路，想想别的办法。他家附近有几所学校，学生经常出来吃快餐。卡尔想，附近还没有人开一家比萨饼屋，卖比萨肯定能行，他就在家的杂货店对面开了一家比萨饼屋。他把比萨饼屋装修得精巧温馨，十分符合学生高雅讲情调的特点。不到一年时间，卡尔的比萨饼成为附近的名吃，每天顾客都是爆满。他又在本州的其他城市开了两家分店，生意也很好。

卡尔随后马不停蹄地在附近新泽西州的学区开设分店。不久，一个个坏消息传来，他的分店严重亏损。起初，他一家店每天准备500份比萨饼，结果总有一半的卖不出去；后来他又按200份准备，还是剩下很多；最后他干脆准备50份，这是一个连房租都不够的数字，仍然不行。最后，一天只有几个人光顾的情景也出现了。同样是卖比萨饼，同样是卖给学生，为什么在马里兰州可以，在新泽西州就失败呢？不久他发现了问题，两州学生的饮食习惯以及对店面装潢情调的偏好存在着巨大差异。他迅速改正，生意很快兴隆起来。

在纽约，卡尔也吃了苦头，他发现卖不动的原因居然是比萨饼的硬度不合纽约人的口味。他立即研究新配方，改变硬度，使他的比萨饼在纽约成为畅销食品。

从第一家比萨饼餐厅算起，19年后卡尔的比萨饼店遍布美国，共计3000

余家，总值3亿多美元。

卡尔比萨在马里兰州的主要客户是学生，在新泽西州的主要客户也是学生。但是，地点发生变化后，学生对于比萨的口味、店面风格等偏好产生了巨大的差异。如果经营策略与方法一成不变，那么失败是必然的。卡尔能够敏锐捕捉到问题关键，把握变化的关键而提出应对之道，取得了巨大的成功。我们应该向卡尔学习，深入反思自己的为人处世是否做到了因地制宜。

（三）因人制宜体察

因人制宜指根据不同交往对象的具体情况，采取特定的应对措施。在学习、工作与生活中，我们会本能地与自己喜欢、欣赏的人靠近。但是，现实充满着各自无奈，我们在选择交往对象时不能随心所欲。由于种种原因我们经常要与自己不喜欢，甚至是与自己相敌对的人打交道，这就更需要讲求方法策略，做到因人制宜。

被后世誉为“全世界最伟大的矿产工程师”的哈蒙从耶鲁大学毕业后，又在德国弗莱堡攻读了三年学业。当毕业后的哈蒙向美国西部矿业主哈斯托求职时，脾气执拗、注重实践的哈斯托说：“我不喜欢你的理由就是因为你在弗莱堡做过研究，我想你的脑子里一定装满了一大堆傻子一样的理论。因此，我不打算聘用你。”

这时，哈蒙没有怒气冲冲地为此事争持，反而假装胆怯，对哈斯托说道：“如果你不告诉我的父亲，我将告诉你一句实话。”当哈斯托表示守约后，哈蒙便说道：“其实在弗莱堡时，我一点学问也没有学回来，我尽顾着实地工作，多挣点钱，多积累点实践经验了。”

听完哈蒙的回答，哈斯托笑着说：“好！这很好！我就需要你这样的人。”

哈蒙了解哈斯托的偏见后，并没有去进行言辞反驳，反而是顺着对方的脾性巧妙应答，消除了对方的顾虑，成功获得了工作。在现实世界中，每个人都有自己的气质和性格特点，不同的成长背景和生活习惯，所以在与人交往的过程中，如果能做到因人制宜，会减少很多不必要的麻烦。俗话说：“人无完人，金无赤足”，在和不同人打交道时，我们应该深入反思能否做到了因人制宜。

（四）因事制宜体察

在与人相处的过程中，我们需要持守原则，但并不意味着不知变通。当所看重的道义原则与当前所面临的问题发生冲突时，要因事制宜，持经达变。在很多场合，只有以原则为基础，以变通为形式，才能获得更好的结果。下面三个会计的故事，能够启发我们如何将原则性与灵活性结合起来做到因事制宜。

老主任退休后，财务室就只剩下马大姐和大王、小李三个会计了。马大姐资格老、业务熟，是个“老财务”。大王和小李虽然年轻，但两个小伙子都是科班出身，论业务能力，也不在马大姐之下。

正赶上公司换了经理。新官上任，火势很猛。

裁员首先拿机关行职人员开刀：凡是不能胜任现职的，一律充实到生产一线。提出这样的改革口号，在这家酒业集团公司还是第一次。

财务室是公司的“钱匣子”，作用非同小可。老主任退休前，四个会计整天忙得脚打后脑勺。往来账目、职工工资、报税纳税，时不时还要接待审计、税务、财政方方面面的各种检查，忙着呢。

三个会计都知道，公司裁员的原则是“不养闲人”，所以他们谁也没把裁员的事放在心上，他们关心的是谁能当上财务室的主任。

新经理似乎把精力全部放在产品开发上了，裁员的事迟迟没有动静，哪里还有时间考虑财务室主任的人选问题呢。

三个会计除了做好自己的本职工作外，更加注意自身形象的塑造和人际关系的处理。以往，他们最怕发工资，忙；也怕有人来报销，烦。现在，他们都很看重每一次与职工接触的机会，都想把自己好的一面展示给大家。来有迎声，走有送声，让座倒水，这在财务室是极其平常的事。

三个会计能接触到一线职工的机会并不多。常报销差旅费的，除了营销人员，便是公司领导。

新经理报销的次数最多，数额也最大。

新经理是省经济管理干部学院毕业的，正在攻读硕士学位。虽说学的是函授，但毕竟是“既有文凭，又有水平”，属于那种理论基础和实际经验兼而有之的企业经理人。

新经理上任后主持开发的系列“极品酒”投放市场后，一炮打响，市场很快铺开。公司的酿酒车间、罐装车间、成品车间二十四小时连轴转，加班加点，但还是满足不了市场需求，客户天天催货。

这天，小李刚去国税局报税，新经理就推开财务室的门。马大姐和大王立即起立，让座。

新经理笑了笑，将一沓票子放在大王的桌上。

大王拿过票子一看，全是白条子：招待客户用烟560元；用餐费850元；其他300元。

“这……”大王抬眼看看新经理，不知道说什么好。

“我签字了，在这儿，”新经理指了指自己的签名，“做了吧。”

“这是白条子，不能报的！”大王认真地说。

“怎么不能报？这都是为公司办事儿花的钱嘛。”新经理的脸“晴转多云”。

“这，这没法下账的——再说，财务制度您也是知道的。”大王的态度很坚决，伸手将票子推给新经理。

“给我吧。”马大姐笑着伸手抓过了票据。

“啪啪啪啪”，算盘一阵山响。

“一共是1710元整。”马大姐将填好的传票交给新经理。新经理的脸这才“多云转晴”。

没过几天，新经理又拿一沓票子走进财务室。马大姐和大王、小李立即起立，让座。

新经理笑了笑，将票据放在小李的桌上。

小李拿过票子一看，全是白条子，每张条子上都有新经理的签字。

“经理，您先请坐。”小李笑着说。

“不不，你抓紧做，我还有事儿。”

“那您先忙着，回头我给您送办公室去。”小李认真地说。

“好好。”新经理笑着转身走出财务室。

大王用眼睛的余光观察小李。只见小李一张一张地翻看着票子，又一张一张地放在桌上。

过了好一会儿，小李端起茶杯喝了口水，拿着票子走出财务室。

小李回来时，脸上的表情淡淡的。

“票子呢？”大王问。

“退回去了——都是白票子，报不了。”小李轻描淡写地说。

马大姐笑了：“唉！你们哪……”马大姐看看两个年轻人，摇了摇头。

三天后，公司公布了财务室人员变动情况：小李担任财务室主任；马大姐调到成品车间工作。大王没动，还是会计。

有人不解，私下问新经理个中缘由。新经理说：不讲原则的人，不能用；只讲原则的人，不能重用；既讲原则又讲方法的人——重用。

因事制宜的本质就是既讲原则又讲灵活性。在面对不情之请时，小李的做法最为可取：他采取迂回的方法，先安抚新经理的情绪，最后再向对方说出实情，得到了经理的认可。小李没有破坏公司的财务制度，没有放弃作为财务人员该坚持的原则，同时也维护了领导的自尊，给事情带来转机，达到两全其美的效果。因此，我们要借鉴小李的做法，在为人处世方面深入反思是否做到了因事制宜。

五、诚实守信

诚实守信源自儒家之“信”。“信”字的书写由“人（身）”和“言”组成，生动地表明了信的含义为言行一致。作为儒家的伦理范畴，“信”可以理解为诚实与守信，并通常以诚释信，以信释诚。“诚实”更多地指“内诚于心”，“守信”则侧重“外信于人”。具体而言，诚实就是忠于事物的本来面貌，不隐瞒自己的真实思想，不掩饰自己的真实感情，不说谎，不作假，不为不可告人的目的而欺瞒别人；守信，就是讲信用，讲信誉，信守承诺，忠实于自己承担的义务，答应了别人的事一定要去做。

人无信不立，国无信不强。千百年来，人们讲求诚信，推崇诚信。孔子提出，“民无信不立”“人而无信，不知其可也”，强调做人一定要诚信。荀子说：“天地为大矣，不诚则不能化万物；圣人为智矣，不诚则不能化万民；父子为亲矣，不诚则疏；君子为尊矣，不诚则悲。”明代诗人朱舜水说得更直接：“自天子至于庶人，未有舍诚而能行事也；今人奈何欺世盗名矜得计哉？”认为诚实守信是人之所守，事之所本，如果不讲诚信将会一事无成。

我们应该清醒地认识到，诚信是个人必须具备的素质和品格。缺乏诚信迟早会使自我陷入非常不利的局面，不仅欺骗自己，而且伤害他人，这种自欺欺人会对人际关系产生极为巨大的危害。因此，当我们与他人交往时，一定要认真反省自己是否做到了诚实与守信。

（一）诚实反思

孟子指出，“反身而诚，乐莫大焉”，认为一个人如果能够反省自己，做到完全诚实，就会得到最大的快乐；《中庸》指出，“诚者，自成也”，认为诚实是自我的完善，也是一切事物的发端和归宿。《礼记·大学》说：“所谓诚其意者，毋自欺也。”真诚实意就是不自欺，不欺人，亦不为人所欺。因此，我们需要呼唤诚实、推崇诚实、恪守诚实，使诚实成为与人为善的根基。

有一家很大的外资公司在中国招聘雇员。条件是很苛刻的，前往应聘者都是具有高学历者。

当第一位应聘者小刘走进房间时，主考的美国人立即露出兴奋之色。像他乡遇知己一样热情地说：“你不是哈佛大学某某专业的研究生吗？我比你高一届，你不记得我了？”

小刘心里一震：“他认错人了。”在此时，承认自己有哈佛的学历对应聘绝对有好处。但这个青年认为，诚实的人比什么都重要。于是，他冷静而客气地说：先生，你可能认错人了。我没有到美国哈佛大学学习过。我只有在中国读大学的学历。”

说着话的同时，他已做好了不被录用的心理准备。

没想到，主考的美国人又一次露出惊喜之色，他说：“你很诚实，刚才就是我们考试的第一关。现在我们进行第二关的业务水平测试……”

最终，这位青年被录取了。如果这个应聘者耍小聪明，不诚实，那么他连第一关都过不了，更别谈其他了。

该外资公司的选人第一关就是考察应聘者是否诚实，小刘在面对诱导性问题时，没有自欺欺人，实事求是地告诉对方自己的学历情况，结果顺利通过了考验，进入下一轮测试并最终得以录用。小刘的做法非常值得我们借鉴，在与人交往的过程中反思并坚持自身的诚实。

“秤是规矩。做秤的人，要守规矩”“做一杆缺斤短两的秤，会让千万人受害，这跟做千万根短秤没有区别”。这是武汉新洲区 70 岁老人江玉珍多年来做秤的心得。江家祖祖辈辈五代人在邾城街做秤已经 200 多年。多年来，江家不为利益诱惑所动，不赚昧心钱，没有做一杆缺斤少两的秤。江家出产的秤被当地人称为“良心秤”。

挑木材、刨木、制粗胚、打磨、包铜管、定刀口、定星位……在江玉珍手上，一杆秤要经过 10 多道工序、做五六个小时才能完成。作为江家做秤的第五代传人，70 多岁的江玉珍满头银发，面带笑容，看上去很慈祥。

1988 年，弟弟江远斌开始和江玉珍一起开厂做秤。虽然国家普及了电子秤，但在偏远地区，一些流动商贩和当地人还是选择便于携带的杆秤。如今，仍有许多人到江玉珍的作坊里买秤、修秤。

江玉珍介绍说，她家祖祖辈辈做了200多年的秤。江家做秤有一条原则：不做计量有偏差的“劣秤”，更不做人为缺斤少两的“短秤”。

“哪怕只做一杆‘黑心秤’，我一辈子都不会安心。就算穷得把米磨成糊糊吃，也绝不做那种事。”做秤多年，常有不法商贩要求江婆婆做“短秤”，她总是毫不犹豫地拒绝，“我家五代人都是做秤的，传到我这辈已经200多年了。”江婆婆说，祖上做秤时曾用过“江正兴”这个牌子，“正兴”就是“心正则兴旺”，只要坚持公正公平，就会生意兴隆家庭兴旺。在当地，“江正兴”可是商贩和居民心中的“大品牌”。

做一杆良心秤不难，难的是几代人祖祖辈辈坚守。做秤做出了名声，这些年，不断有商贩找到江玉珍，要她做“短秤”。为何能不为利益所动？老人告诉记者：“老一辈传我手艺的时候就讲，千万不能昧良心。昧着良心，落不到好。做事光明磊落，心里才没鬼。”

出于对诚实的追求，江玉珍祖祖辈辈200多年一直坚守职业准则，也因此建立了很好的名声。卖方只要说句“这是江家的秤”，就能打消买方对重量的顾虑。

江家秤“称”的是斤两，体现的诚实。江家人不仅收获了口碑，也赢得了荣誉。践行诚实、严守规矩在于点滴积累，说到做到，才能实至名归。“商海无桥诚作舟”，江家姐弟的“良心秤”虽小，却体现出诚实、求真的良好道德，为我们树立了学习的榜样。

（二）守信反思

儒家推崇“言而有信”，在“言”与“行”的关系上，认为个人应该“讷于言而敏于行”“先行其言而后从之”，对待他人则是“听其言而观其行”。孔子曾说过：“言忠信，行笃敬，虽蛮貊之邦，行矣。言不忠信，行不笃敬，虽州里，行乎哉?”，即只有言而有信，言行一致，才能得到他人的信任；一旦获得他人的信任，那么即使是在蛮荒陌生的地方也会行得通；如果说话不实事求是，行为不恭敬实在，就是在本乡本土，也处处受阻。

他是一位守诺如金的商人，20余年从不拖欠农民工工资；他与哥哥冒风迎雪生死接力送薪，被称为“信义兄弟”；他将社会各界捐赠悉数捐出设立基金会，倾情帮助困难农民工；他的义举在中华大地广为传扬，当选“2010 年度感动中国十大人物”。他，就是来自湖北省武汉市黄陂区的建筑商孙东林。

诚信为本，20 年守诺如金。

孙东林出生于黄陂区李集街仰山庙村的一个农民家庭，家境贫寒。幼年时，父母便时常教导他，日后要忠厚持家、诚信为人。13 岁那年，孙东林利用假期打工挣钱用做学费，没想到，11 天的辛勤工作之后，他却没能领到工资。那时，他便深深感受到了农民工生活的艰辛。

1989 年，孙东林与哥哥孙水林一同组建起建筑队伍，开始在北京、河南等地承接建筑工程和装饰工程。此后的 20 年中，无论遇到什么状况，孙东林从未拖欠过工人的工资。有时，工程款不能及时拿到，他四处借钱，也要坚持将工资按时发放。他说，“诚信，是为人之道，也是立足之本。”

对待承包的工程，孙东林严把质量关、精益求精。在北京顺义区，孙东林参与了几乎所有重点工程的施工，许多工程都被誉为“样板工程”。对待建筑队中的农民工，他视为兄弟亲人，主动关心帮助。工人们遇到困难时，常常向孙东林求助，孙东林也总会欣然伸出援手。湖北罗田的农民工余保书，家中亲人受伤急需用钱，孙东林得知后，立即给他预支了 2 万元工资。湖北黄陂的农民工黄伟家中装修房屋资金紧张，孙东林马上为他垫付了 1.5 万元现金。

通常情况下，农民工的工作流动性大。但在孙东林带领的工程队中，许多工人是从 1989 年开始便一直跟随他参与建筑施工，具有 10 余年工龄的农民工占了半数以上。工人们说，“跟着他，我们放心。”

“新年不欠旧年账，今生不欠来生债。”这是孙东林和哥哥孙水林的共同准则。

2010 年 2 月 9 日，在天津承包建筑工程施工的孙水林，为抢在春节前赶回武汉黄陂给先期返乡的农民工发放工资，不顾路途遥远、天气恶劣，连夜赶路千里送薪。不料在 2 月 10 日凌晨遭遇车祸，一家五口不幸罹难。

得知噩耗，孙东林悲痛不已。为了替哥哥完成遗愿，他带上哥哥车上的 26 万元钱，连续驱车 15 小时返乡代兄为农民工发放工资。由于事故后农民工的工资清单已不知去向，孙东林毅然决定：根据农民工报出的钱数，报多少给多少。钱不够，他从自己的账户上取出了 6.6 万元；仍然不够时，孙东林 70 多岁的母亲宋腊梅甚至把自己的 1 万多元养老钱拿了出来。有的农民工得知事故的消息后，不好意思前来领取工钱。孙东林坚定地说：“虽然我家遇到了大难，但绝不能因此让辛辛苦苦干了一年的农民工都过不好年！”

就这样，在除夕夜的前一天，孙东林将33.6万元工资，全部发放到了农民工手中。兄弟二人生死接力送薪，谱写出了一曲诚信颂歌。人们开始将孙水林、孙东林称作“信义兄弟”。

接力送薪的义举被媒体报道后，社会各界的慰问和捐赠纷至沓来。孙东林并未把这些钱据为己有，而是将33.4万元慰问金全部捐出，并在黄陂区委的支持下发起设立了湖北省“信义兄弟”农民工帮扶基金会，帮助困难农民工。截至目前，基金会已接受各类捐赠200余万元。

社会各界也掀起了向孙东林及孙水林学习的热潮。据黄陂区委常委、宣传部长蒋红瑶介绍，孙东林获得了全国“五一”劳动奖章，入选中国文明网“中国好人榜”，当选了“2010年度感动中国十大人物”。中央和省市区有关部门授予他的荣誉称号已达20余项。

面对荣誉，孙东林并没有自满，他说，“我只是做了我应该做的事。”

“信义兄弟”孙东林诚信做人，不昧良心，竭尽全力做好诚信这件事，为自己树立了诚信的口碑，也极大地促进了自己事业的发展。“信义兄弟”给我们的启示是，重诺守信是十分重要，只有守信，才能立信，只有守信，才能立人。

《郁离子》中记载了一个因失信而丧生的故事。济阳有个商人过河时船沉了，他抓住一根大麻杆大声呼救。有个渔夫闻声而致。商人急忙喊：“我是济阳最大的富翁，你若能救我，给你100两金子”。待被救上岸后，商人却翻脸不认账了。他只给了渔夫10两金子。渔夫责怪他不守信，出尔反尔。富翁说：“你一个打渔的，一生都挣不了几个钱，突然得十两金子还不满足吗？”渔夫只得怏怏而去。不料想后来那富翁又一次在原地翻船了。有人欲救，那个曾被他骗过的渔夫说：“他就是那个说话不算数的人！”于是商人淹死了。

一个言而无信的人，是很难在社会上立足的。商人两次翻船而遇同一渔夫虽属偶然，但其不得好报的结局却是在意料之中。因为一个人若不守信，便会失去别人对他的信任。一旦处于困境，没有人愿意出手相救。守信是为人之本，如果一个人失去了诚信，就好比大树失去了泥土，大厦失去了地基，因此，我们一定要在与人交往的过程中反思自己是否真正守信。

六、情绪管控

情绪一般指人的喜、怒、哀、乐、忧、惧等心理体验，在儒家思想中通常以“情”字来表达。荀子提出：“好恶喜怒哀乐臧焉，夫是谓之天情”，认为好恶喜怒哀乐是人的固有情绪，是天性内有、感物而动、发之于外的感情；《礼记·礼运》上写道：“何谓人情？喜、怒、哀、惧、爱、恶、欲，七者，弗学而能”，指出欲也可以列入情绪。朱熹从心、性、情、欲的关系出发，分别以水喻心、水静喻性、水动喻情，水流滥喻欲，提出情绪会引起人的生理变化并有其外部的反应的思想。

提倡“性本善”的孟子认为，“乃若其情，则可以为善矣，乃所谓善也。若夫为不善，非才之罪也”；而在主张“性本恶”的荀子看来，“情亦为恶”“是以为之起礼义，制法度，以矫饰人之性情而正之，以扰化人之性情而导之也”；《中庸》提出，“喜怒哀乐之未发谓之中，发而皆中节谓之和。中也者，天下之大本也。和也者，天下之达道也。致中和，天地位焉，万物育焉”，为情绪管控提供了指导。

当与他人交往时，我们需要反省自身的情绪是否得到了管控。因为情绪不仅左右着我们的身心健康，而且对人际关系具有极大的影响。一般来讲，正面的情绪能够起到促进作用，而负面情绪会起到破坏、瓦解和干扰的作用。因此，意识到自身情绪，对其进行合理管控，是促进有效沟通、加强人际关系的重要手段。

（一）反思情绪失控之害

对很多人来说，最关注同时也是最担心的事情，莫过于控制不住自己的情绪。当情绪失控时，自己所做出的不理智决定和行为不仅可能伤害到别人，也会使自己的内心也承受着后悔和内疚的煎熬。

倩倩是一位漂亮的“90后”，来到一家公司上班两年了，一直没见她交男朋友。后来同事们才知道，她两年前离婚了，现在没有遇到比她前夫更优秀的男人。

倩倩是在和前夫结婚半年后离婚的。当时正是冬天，倩倩在房间里要开暖气，前夫认为没有必要这么浪费，只要多盖一张被子就足够了。倩倩说自己喜欢开着暖气睡觉，这样比多盖一张被子舒服得多。前夫却说被子比暖气好，既暖和又节约资源。于是，她认为前夫不够爱自己，和他吵了一架之后，提着行李箱回了娘家。几天后，见前夫不来认错，倩倩又向他提出了离婚。前夫让她想清楚，不要草率做决定，但她正在气头上，谁的劝告都不停，坚决要离，并且在离婚协议书上首次签下了自己的名字。前夫见她态度坚决，也只好签名同意。

离婚后，倩倩便离开居住了多年的城市，只身来到邻近的一座城市。随着时间的推移，倩倩逐渐冷静下来，她觉得自己离婚的决定太草率，就是因为一点小事头脑发热。但离婚已成定局，只好不去想它。父母经常打电话给她，让她留意身边的男人，有合适的就不要错过，再给自己找个好归宿。这两年来，她偶尔会去相亲，但总爱拿对方跟前夫比，结果没有一个能看得上眼的。

前几天，父母打电话给倩倩时，不经意提起她前夫的事，说前夫最近结婚了，嘱咐倩倩你要趁年轻抓紧找个好归宿。听说前夫的事情，倩倩突然感到心疼，她这才发现，其实自己一直都是很爱他的，即使已经分开两年，心里仍然装满了前夫。她想起和前夫在一起的时光，发现他对自己其实很好，只是怪自己太任性，任何小事都不肯妥协，情绪上来控制不住，做事不经大脑，才草率的办理离婚。现在，前夫重新找到了他的幸福，而自己的幸福又在哪里呢？每每想到这里，倩倩的泪水就不由自主地涌了出来。

在上述故事中，倩倩和前夫的矛盾其实是非常小的家庭琐事，当前夫没有满足自己的要求时，倩倩大吵大闹，无法控制自己的不良情绪，草率地决定并办理了离婚手续。结果两年后前夫再婚，倩倩虽难以割舍对前夫的感情，却也只能吞下冲动离婚酿下的苦酒，终日以泪洗面。“早知今日，何必当初”，我们需要时常反思情绪失控带来的危害，争取不让情绪失控的情形发生在自己身上。

世界杯决赛中，齐达内开场就利用点球帮助法国队取得领先，意大利队随后扳平比分。在比赛中，意大利队后卫马特拉齐负责死死的贴身逼防齐达内。马特拉齐的动作有些大，经常用胳膊顶着齐达内并拉扯他的球衣。

当比赛进行到下半场时，两人发生了口角，齐达内说：“如果你真的那么想要我的这件球衣，那么比赛结束之后我会将他送给你”。

马特拉齐回了一句：“相比较你的球衣，我更喜欢你的姐姐”。

随后齐达内丧失冷静，突然用头部狠狠地顶在马特拉齐胸口上，意大利后卫应声倒地，主裁判埃利松通过和第四官员交流，向法国队长出示了红牌。

最终，法国队在点球大战中不敌意大利，遗憾地与大力神杯擦肩而过。而在齐达内下场前，法国队一直处于进攻态势，但是法国人的不冷静行为，使得本身局面占有优势的法国队最终输掉了比赛。

作为曾经的足球世界级明星，法国足球国家队队长，齐达内在与意大利后卫马特拉齐的纠缠中最终没能遏制住自己的怒火，丧失理智用头攻击对方，被红牌罚下，使法国队在原本局势占优的情况下陷入被动，并最终在世界杯决赛中失利。试想一下，如果齐达内能够有效控制自己的情绪而不被罚下场，那么法国队很可能在点球之前就拿下比赛，再次举起大力神杯。

小张是一名销售人员，他是个争强好胜的人，希望通过自己的努力做出好业绩，因此工作非常努力认真，业绩很突出，并且在季度考核时被评为销售明星。成为销售明星之后，小张的压力开始变大，对客户的态度也变了，行动上明显很急躁。每次与客户谈生意，他总是希望客户能够立刻决定购买自己推销的产品，并且一再催促，这使得许多客户开始反感，即使本来打算购买，最终也因生气匆匆离去。就这样，小张的业绩每况愈下，心里更是着急，在销售中手忙脚乱，并且一遍又一遍地催促客户购买，如果客户拒绝，他就会很生气。慢慢地，小张的压力越来越大，动不动就想骂人，工作也是频频出错，越来越多的客户向公司投诉小张态度有问题。小张急于求成，使自己错误百出，不仅没有提高业绩，反而严重影响了工作，得不偿失。

工作中若是被不良情绪牵着走，就会像故事中的小张一样弄得焦头烂额。我们常把情绪不好作为做错事的借口，如“我今天对你态度不好，是因为我心情不好”“我又把事情搞砸了，是因为我今天情绪不好”等。每一条都似乎向我们诉说情绪失控之苦。与此同时，我们也有必要适时转变思路，多想想有效控制情绪所带来的好处。

（二）反思情绪受控之益

在我们的学习、工作与生活中，很可能碰上非常奇葩的人与事，使我们像“秀才遇到兵”那样，“有理说不清”，我们很可能会着急上火，甚至愤怒狂躁。这时，如果能想起并做到“忍一时风平浪静，退一步海阔天空”，就很容易平复自己的情绪，用谅解、克制、包容的心态化解一触即发的不良情绪。

有一天，大师的一个学生在门外扫地，来了一个客人他：“你是谁啊？”

他很自豪地说："我是大师的弟子！"

客人就说："那太好了，我能不能请教你一个问题？"

学生很高兴地说："可以啊！"他心想：你大概要出什么奇怪的问题吧？

客人问："一年到底有几季啊？"

学生心想，这种问题还要问吗？于是便回答道："春夏秋冬四季。"

客人摇摇头说："不对，一年只有三季。"

"哎，你搞错了，四季！"

"三季！"

最后两个人争执不下，就决定打赌：如果是四季，客人向学生磕三个头。如果是三季，学生向客人磕三个头。

大师的学生心想自己这次赢定了，于是准备带客人去见老师。正巧这时大师从屋里走出来，学生上前问道："老师，一年有几季啊？"

大师看了一眼客人，说："一年有三季。"这个学生快吓昏了，可是他不敢马上问。

客人马上说："磕头磕头！"学生没办法，只好乖乖磕了三个头。

客人走了以后，学生迫不及待地问大师："老师，一年明明有四季，您怎么说三季呢？"

大师说："你没看到刚才那个人全身都是绿色的吗？他是蚂蚱，蚂蚱春天生，秋天就死了，他从来没见过冬天，你讲三季他会满意，你讲四季吵到晚上都讲不通。你吃亏，磕三个头，无所谓。"

在这则故事里，大师告诉学生，永远不要和"三季人"争吵，也不要为此生气。每个人的经历、见解不同，我们没有必要因无法向"井底之蛙"介绍世界之大而苦恼和郁闷。当我们知识不断地丰富、智慧不断地增加、修养不断地提高以后，就能够容人所不能容，忍人所不能忍，处人所不能处，有效控制自己的情绪，超然于纷繁、喧杂的世俗之上，健康快乐，从容潇洒。

（三）反思情绪管控之法

如果情绪是我们生活中的音乐，那么有效的音乐家既不会完全压制情绪，也不会过度沉浸在情绪之中。相反，他们能将情绪融入学习、工作与生活的节奏之中，与他人和谐相处。正如一首歌中唱到："每个人有他的脾气"，人们会因为各种人与事产生诸多的情绪，如果不能有效管控，将害人害己。因此，我们需要好好琢磨如何管理好自己的情绪。

有一个坏脾气的男孩，他父亲给了他一袋钉子。并且告诉他，每当他发脾气的时候就钉一个钉子在后院的围栏上。第一天，这个男孩钉下了 37 根钉子。慢慢地，每天钉下的数量减少了，他发现控制自己的脾气要比钉下那些钉子容易。于是，有一天，这个男孩再也不会失去耐性，乱发脾气。他告诉父亲这件事情。父亲又说，现在开始每当他能控制自己脾气时，就拔出一根钉子。一天天过去了，最后男孩告诉他的父亲，他终于把所有钉子给拔出来了。

父亲握着他的手，来到后院说："你做得很好，我的好孩子，但是看看那些围栏上的洞。这些围栏将永远不能回复到从前的样子。你生气的时候说的话就像这些钉子一样留下疤痕。如果你拿刀子捅别人一刀，不管你说了多少次对不起，那个伤口将永远存在。话语的伤痛就像真实的伤痛一样令人无法承受。"

"良言一句寒冬暖，恶语相向六月寒"，我们要知道，情绪失控所带来的伤害，就如同被钉过钉子的木桩一样留下疤痕，无论怎样去弥补，终究还是会留有印记。当我们牢记这一点后，就不会再让自己的情绪如脱缰之马肆意纵横。

一天，陆军部长斯坦顿来到林肯那里，气呼呼地对一位少将用侮辱的话指责他偏袒一些人。林肯建议斯坦顿写一封内容尖刻的信回敬那家伙。

"可以狠狠地骂他一顿。"林肯说。

斯坦顿立刻写了一封措辞强烈的信，然后拿给总统看。

"对了，对了。"林肯高声叫好，"要的就是这个！好好训他一顿，真写绝了，斯坦顿。"

但是当斯坦顿把信叠好装入信封时，林肯却叫住他，问道："你干什么？"

"寄出去呀。"斯坦顿有些摸不着头脑了。

"不要胡闹。"林肯大声说，"这封信不能发，快把它扔到炉子里去。凡是生气时写的信，我都是这么处理的。这封信写得好，写的时候你已经解了气，现在感觉好多了吧，那么就请你把它烧掉，再写第二封信吧。"

对情绪进行管控并不是指一味地压抑情绪，实际上当我们压抑情绪时，可以像林肯建议的那样，把感受写到信封里，然后使它灰飞烟灭。通过适当适时地对情绪进行疏导与宣泄，能够排解心中的不良感受，防止产生不良的后果。

吉姆在公司里人缘很好，他性情好、待人和善，几乎没人看他生气过。有一次，他的朋友经过他家，顺道去看看他，却发现他正在顶楼上对着天上飞过来的飞机吼叫，朋友好奇地问他原因。

他说："我住的地方靠近机场，每当飞机起落时会听到巨大的噪音。后来，当我心情不好或受了委屈、遇到挫折，我就会跑到顶楼，等待飞机飞过，然后对着飞机放声大吼。等飞机飞走了，我的怨气、不快也被飞机一并带走了！"

吉姆脾气这么好，是因为他知道如何适时宣泄自己的情绪。一味地压抑心中的不快，并不能解决问题。在生活步调紧凑繁忙的现代社会，可以采用适当地哭一场、痛快地喊一回、向亲朋好友倾诉衷肠等方法舒缓自身的情绪。此外，还可以采用数颜色法、记日记法、暗示调节法、运动舒解法、音乐缓解法、包容现实法、注意力调控法等专业方式管控自己的情绪，活出健康豁达的人生。

第三节　和谐互动

所谓"和谐互动"是指人与人在交往过程中，追求一种融洽与和谐的人际关系。具体而言，和谐互动包括判断彼此相对位置、寻求共同点、换位思考、权衡情理与以和为贵五个方面。

一、判断彼此相对位置

在学习、工作与生活中，个体在与人交往过程中的角色地位会随着时间、地点、场合与情境的不同而发生变化，需要及时判断互动双方的相对位置和关系，调整相处的策略与行为，从而使人际关系达到预期的效果。与西方人重视平等的观念相比，中国人更重视合理的不平等。在互动过程中，如果直呼领导或长辈的姓名，在西方人的观念里是可以的，因为他们认为人人平等；但是在国人看来，如此做法要么是头脑有毛病，要么是大逆不道。在与人交往时，我们接受合理的不平等，这种合理的不平等建立在彼此相对位置的基础上。"君为臣纲，父为子纲，夫为妻纲"，不仅体现着君对臣、父对子、夫对妻的支配权力，也隐含着主导方所担负的责任与义务。

在与人相处时，需要明确彼此的相对位置，判断自己究竟在扮演什么角色。在这样的前提下，选择恰当的行为方式，承担责任、履行义务。彼此之间，必须维持“合理不平等”的分寸，而不是“平起平坐”的“不合理的平等”。两者之间的差异，必须慎重拿捏，才不致发生差错，避免自己不明不白地遭受“平等”的祸害。因此，要判断好彼此相对位置，树立起“合理的不平等”这一观念，并将其渗透至与人交往的言行举止中去。

在具体实践中，判断相对位置要弄清彼此究竟是什么身份，在一起要做些什么，双方的权利义务都有哪些、彼此的好恶与诉求、区别和联系……如主管与下属、医生和病人、供应商与客户、老师与学生等。在判断好彼此相对位置后，还要关注相对位置的变化发展，从相对位置的平衡性、动态性、适应性、冲突性等方面进行系统反思。

（一）相对位置的平衡性

平衡指的是多方相互作用、相互联系而达到的一种相对平稳状态。儒家一贯主张平衡，认为任何形式的孤立只有相对意义，只有彼此联系与调和才能实现整体功能。平衡是任何事物发展的形式和条件，发展总是趋向平衡，而平衡不仅是既有发展的结果，又为新发展准备条件。因此，在人际交往的过程中，每个人都占据着不同的位置，扮演着不同的角色，但同时又是互相联系和互相影响的，处于一种相对平衡的状态。这种相对平衡的状态对于大家的共同利益至关重要，不可被轻易打破。

法国著名寓言大师拉封丹曾讲过一则关于“胃和四肢”的故事：四肢看到胃成天不干活，心里很不平衡，它们决定像胃那样，过一种不劳而获的绅士日子。

“没有我们四肢。”四肢说，“胃只能靠西北风活着。我们流汗流血，我们受苦，我们做牛做马地干活，都是为了谁？还不是为了胃！我们什么好处也没有得到，我们全在忙碌，为它操心一日三餐。我们现在马上停工别干了，只有这样，才会让它明白，它得让我们养着它。”

四肢这样说了，果真也这么做了。于是，双手停止了拿东西，手臂不再活动，而双脚也歇下了。它们都对胃说已经侍候够了它，让胃自己劳动，自己去找吃的。

没过多久，饥饿的人就直挺挺地躺倒了。因为心脏再也供不上新鲜的血液，四肢也就因此遭了殃，没有了力气，软绵绵地耷拉在身上。

这下，不想干活的四肢才发现，在全身的共同利益上，被它们认为是懒惰和不劳而获的胃，要比它们四肢的作用大得多。

“在其位，谋其政”。“胃”和“四肢”各有各的任务，各有各的职责，同时又互不可缺。“四肢”不能苛求“胃”去做不在他职责范围之内的事情，更不应认为“胃”的工作轻松就停止自己的本职工作。这个小故事告诉我们相对位置的平衡性，每个人在特定的情境下扮演着不同的角色，在与人交往的过程中，不可相互倾轧，要学会彼此欣赏，努力做到“人尽其职”，争取“一荣俱荣”，避免“一损俱损”。

（二）相对位置的动态性

在与人互动的过程中，双方可能兼具位置与角色，并且会随着时间、地点、情境等因素的不同而发生变化的。例如，一对恋人，可能又是某一公司的同事，某所学校的师生，某一事业的伙伴，某一项目的对手……我们必须熟悉并适应相对位置的动态性，并随着特定因素的改变而做出准确的切换。

英国女王维多利亚是历史上有名的女王，但是她私下和丈夫阿尔伯特亲王相处时，不免也有一般家庭的争执场面。

有一次，他们夫妇又吵架了，丈夫阿尔伯特愤而回到卧室，并且关上了门。事后维多利亚女王知道自己理亏，就在房门外敲门，打算向丈夫道歉。

“谁？”女王在敲门后，听到丈夫这样问道。

“英国女王！”

可是屋里没有任何回音，于是女王又敲了敲门。

“谁呀？”

“我是维多利亚。”

可是对方依旧没有开门。

最后，女王又敲了敲门，然后温柔地说道：“对不起，亲爱的，开门好吗？我是你的妻子。”

这次房门从里面打开了。

根据相对位置动态性的要求，我们都必须适时地扮演自己应该扮演的角色，就如同故事中的一样：在英国，维多利亚是女王；而在家里，维多利亚女王是阿尔伯特的妻子。当维多利亚在家中以女王的身份与丈夫阿尔伯特相处时，阿尔伯特是无法接受的。这则故事告诉我们，在人际交往的过程中，我们需要准确把握相对位置的动态性，才能恰当得体地与他人互动。

（三）相对位置的适应性

一个人在不同的情境下所扮演的角色不尽相同，而不同角色在权利义务、言行举止等方面有着不同的体现，人们对不同角色的认识与期许也存在差异。因此，情境与角色具有匹配性，相对位置应该适应情境的需要。在与人交往的过程中，我们不仅要认识到自身所扮演的角色，同时更重要的是根据情境及时做出调整，否则将陷入尴尬的窘境。

有一个秀才去买柴，他对卖柴的人说："荷薪者过来！"

卖柴的人听不懂"荷薪者"（担柴的人）三个字，但是听得懂"过来"两个字，于是把柴担到秀才前面。

秀才问他："其价如何？"

卖柴的人听不太懂这句话，但是听得懂"价"这个字，于是就告诉秀才价钱。

秀才接着说："外实而内虚，烟多而焰少，请损之。（你的木柴外表是干的，里头却是湿的，燃烧起来，会浓烟多而火焰小，请减些价钱吧。）"

卖柴的人因为听不懂秀才的话，于是担着柴就走了。

秀才身为读书人，平日里说话文绉绉，和知识分子交流自然没有问题。但卖柴人只是普通百姓，听不懂读书人的言语。这则故事启示我们，面对不同的情境和对象，我们应尽快切换角色与位置，根据对方的实际情况，选择合适的交往和交流方法。

（四）相对位置的冲突性

在与人交往的过程中，如果已经熟悉并习惯了某种特定的相对位置，而无法根据情境的改变而做出及时调整，就会体现出相对位置的冲突性。例如，当往日的朋友或同事变成了上下级时，很多人难以适应，在纠结与挣扎中做出不合适的判断与选择，给双方的学习、工作、生活带来巨大挑战。

创业开办新工厂的时候，刘总从家里带了很多朋友进厂做事，他考虑到朋友之间关系比较亲密，可以一起干一番事业。但是在工作的过程中，平时交往起来感觉很多不错的朋友，一旦上升到共事的层次，大多数人选择了中途退出，最后只有一个人留了下来。

以后，刘总感觉自己的朋友圈较以往也出现了一些新问题。比如说，建厂之前，他回来做东请大家吃饭，大家在一起都有说有笑得很开心，但是自从大多数朋友都退出了新厂之后，他再做东请客吃饭，氛围明显不一样了。选择的饭店档次低一点，朋友会觉得你一个老板这么小气，就不乐意；如果选档次高一点的饭店，又会觉得你装模作样显摆有钱。

后来刘总就在反思为什么会有今天这样尴尬的局面：那些人都是一些从小玩到大的朋友，初中、高中一直在一起，就算上大学各奔东西也会经常联系，都基本上是十几年的朋友。在学生时代，朋友之间并没有太大的差异，身份地位也相差无几。但是，创业开办新工厂之后，身边的朋友们发现以往跟自己平等相处的一个人，突然变成企业老总，成为发号施令管理自己的人了，这样就产生了很大的心理落差，而这种落差是导致他们关系出现问题的主要原因。

这则故事中，朋友变上下级，但双方没有在相对位置和角色方面做出及时调整，尤其是对于成为下级的朋友来说，心理难免有落差，导致朋友间产生嫌隙。因此，当相对位置存在冲突性可能时，无论是哪一方，都要分清不同场合中自身的角色，树立良好心态，相应地改变与对方的交往方式，通过“能伸能屈”“通权达变”来维持合理的人际关系。

二、寻求共同点

所谓寻求共同点，是指主动发现自己与互动对象之间存在的共同点，并以此为契机、拉近彼此的距离，为双方和谐关系的建立与发展提供条件。合适的共同点，如兴趣、爱好、话题等，可以让彼此一见如故，相见恨晚；而没有共同点则可能导致形同陌路，无言以对。“君子和而不同，小人同而不和”，寻求共同点并不是一味地去迎合别人的心理、附和别人的言论，而是相互关心、互相体谅，在深化感情、取得共鸣的基础上考虑双方的共同追求或利益。

在分工越来越细、隔膜越来越多的现代社会，如果仅仅遵循“道不同不相为谋”的原则与人相处，必然会使自己陷入非常尴尬与孤立的境地，因此我们要把打开格局、拓展视角，主要找寻求他人的共同点。一般而言，人们往往会喜欢与自己有相似之处的人，这种相似性可能存在于学习、工作、生活等多个领域，体现在“缘”（如“血缘”“地缘”“人缘”等）和“趣”（如

“兴趣”“情趣”“志趣”等）等诸多方面。人与人之间一旦有了共同点，就可以很快地消除彼此间的陌生感，产生亲近的感觉。

在与人交往的过程中，无论是初步建立关系，还是已经有了很多回合的互动，我们都希望自己能够进一步得到对方的认可，产生更强烈的共鸣，使自己的打算能够得到对方的心领神会，并获得轻松与真诚的回应。因此，在与人交往时，对共同利益、共同伤害、共同缘分、共同志趣等问题进行梳理与思考，挖掘并合理展现共同点，往往会收到意想不到的效果。

（一）反思共同利益

人与人之间的交往很多时候是以共同利益为联结的，这里所谈的利益不仅局限于金钱、权利，还包括很多其他内容东西。趋利避害是多数人的选择，当你去求一个陌生人帮你办一件事情时，如果他觉得这个事情对他而言没有好处，那么他很可能不会帮你。如果你从中找到了对方可能感兴趣的利益，并成功地将其展现出来引起对方的关注，那么结果可能大不相同。

一位优秀的商人杰克，有一天他把儿子叫到了自己的办公室，高兴地说：“孩子，我发现了一个好女孩，打算给你定下这一门亲事，准备好娶她吧。”

儿子好像并不买账，嘟囔着说：“现在都什么时代了，还想决定我的终身大事？我自己要娶的新娘，自己会做决定，就不劳您老费心了！”

杰克一点都不介意，微笑着说：“但我说的这女孩，可是世界首富比尔的千金喔！”

儿子突然来了精神：“哇！那这样的话…… 就按您的意思办吧！”

在一个上流社会的聚会中，杰克端着酒杯走向比尔，寒暄几句后，突然冒出一句话：“我打算帮你个大忙，给你女儿介绍个好丈夫”。

比尔脸上闪出一丝不悦，但还是相对礼貌地回答：“我女儿的年纪还不大，暂时还没想嫁人呢！”

杰克一脸的遗憾，不经意地说到：“太可惜了，但我说的这个年轻人，可是世界银行的副总裁喔！”

比尔马上换了另外一幅表情：“等等！那这样的话……就有劳您啦！”

没过多久，杰克去见自己的老朋友，世界银行的总裁，直截了当地说：“我想介绍一位年轻有为的小伙子来帮你，你给个副总裁的职位就可以了”。

总裁皱皱眉头说：“别开玩笑啦！伙计！我们这里已经有很多位副总裁，够多了！”

杰克接着说：“我给你介绍的这个年轻人可不简单啊，他是比尔的女婿喔！”

总裁的眼睛都放光了：“哇！那这样的话，真是太棒了……我们要想办法让他尽快来上任！”

最后，杰克的儿子娶了比尔的女儿，又当上世界银行的副总裁……

杰克之所以办成了看似不可能完成的事情，就是成功地把握住了互动对象的利益关注：儿子很愿意赢取富豪的女儿，过上令人羡慕的生活；比尔很愿意将女儿嫁个世界银行的副总裁，有了世界银行的支持，自己的生意会越来越大；世界银行的总裁很愿意自己的副手是世界首富的女婿，这对于自己的事业非常有帮助。杰克能在平常中发现不平常的机会，巧妙挖掘并把握每一个互动对象的兴趣点，并成功地把它们串联成共同利益，在满足所有人意图的过程中实现了自身目的。

（二）反思共同伤害

在双方互动过程中出现分歧时，把握共同点，能够获取对方共鸣、拉近彼此距离、缓和紧张氛围。尤其在伤害面前，共同点能够让对方产生同仇敌忾、同病相怜的感受。在反思共同伤害时，不仅要体会对方的心情，而且要保持高度的冷静，寻求认识与行动的统一。

赵太后刚刚执政，秦国就加紧进攻赵国。赵太后向齐国求救。齐国说：“一定要用长安君来做人质，援兵才能派出。”赵太后不肯答应，大臣们极力劝谏。太后明白地告诉左右近臣说：“有谁敢再说让长安君去做人质，我一定朝他脸上吐唾沫！”

左师触龙希望去见太后。太后气势汹汹地等着他。触龙做出快步走的姿势，慢慢地挪动着脚步，到了太后面前向太后谢罪说：“我的脚有毛病，连快跑都不能，很久没来看您了。私下里我自己觉得情有可原，但又总担心太后的贵体有什么不舒适，所以想来看望您。”太后说：“我全靠坐车才能走动。”触龙问：“您每天的饮食该不会减少吧？”太后说：”吃点稀粥罢了。”触龙说：“我现在特别不想吃东西，自己却勉强走走，每天走上三四里，就慢慢地稍微增加点食欲，身上也比较舒适了。”太后说：“我做不到。”太后的怒色稍微消解了些。

左师说："我的儿子舒祺，年龄最小，不成才；而我又老了，私下疼爱他，希望能让他替补上黑衣卫士的空额，来保卫王宫，特冒着死罪禀告太后。"太后说："可以。年龄多大了？"触龙说："十五岁了。虽然还小，希望趁我还没入土就托付给您。"太后说："卫士太过于危险，你可以为你小儿选择其他的职位。"触龙说："年轻而没有功绩，恐其以后难以服众。"太后问："你们男人也疼爱小儿子吗？"触龙说："比妇女还厉害。"太后笑着说："妇女更厉害。"

触龙回答说："我私下认为，您疼爱燕后就超过了疼爱长安君。"太后说："您错了！不像疼爱长安君那样厉害。"左师公说："父母疼爱子女，就得为他们考虑长远些。您送燕后出嫁时，拉着她的脚后跟，为她哭泣，对于她的远嫁，您十分悲伤，那情景够伤心的了。她出嫁以后，您也并不是不想念她，可您祭祀时，一定为她祝告说：'千万不要被赶回来啊。'您这样做难道这不是为她作长远打算，希望她生育子孙，一代一代地做国君吗？"太后说："是这样。"

左师公说："从这一辈往上推到三代以前，甚至到赵国建立时，赵国君主的子孙被封侯的，他们的子孙还有能继承爵位的吗？"赵太后说："没有。"触龙说："不光是赵国，其他诸侯国君的被封侯的子孙，他们的后人还有封王、封侯的吗？"赵太后说："我没听说过。"左师公说："这是普遍现象，祸患来得早的就会降临到自己头上，祸患来得晚的就降临到子孙头上。难道国君的子孙就一定不好吗？这是因为他们地位高而没有功勋，俸禄丰厚而没有劳绩，在这样的情况下拥有太多的金银财宝，难免会有祸患！现在您把长安君的地位提得很高，又封给他肥沃的土地，给他很多珍宝。您如果不趁现在这个时机让他为国立功，一旦您百年之后，长安君凭什么在赵国站住脚呢？我觉得您为长安君考虑得太短浅了，因此我认为您疼爱他比不上疼爱燕后。"太后说："好吧，任凭您指派他吧。"

于是，赵太后就为长安君准备了一百辆车子，送他到齐国去做人质，齐国的救兵才出动。子义听到了这件事，说："国君的儿子啊，国君的亲骨肉啊，尚且不能依赖没有功勋的高位，没有劳绩的俸禄，并守住金玉之类的重器，何况做臣子的呢！"

赵太后因为爱护小儿子长安君，不愿将他作为人质换取援兵，使赵国陷入困境。左师触龙面对太后盛怒并没有直接劝谏，而是采用了迂回的手法，表示自己愿意将最为深爱的小儿子安排在宫中，从事卫士这一危险性工作。由于赵太后和左师触龙面对伤害的共同点都是将深爱的儿子置于危险境地，从而取得了情感上的共鸣，左师触龙借此切入主题，逐渐使赵太后心平气和、理性思考，最终成功劝谏了赵太后，化解了赵国的危机。

（三）反思共同缘分

一般而言，对于初次见面或交往不深的人，一旦涉及比较敏感或关键的话题，人们通常会抱有警戒之心。不过，当发现对方与自己有某些共同点，如老乡、校友等，信任感会随之增加，很容易快速建立、增进友谊，缩短彼此之间的距离，进而产生良性互动。

在广州的某百货商店里，一位在南海舰队服役的军人对售货员说："请你把那个东西拿给我看看。"说话的时候把"我"说成字典里查不到的地道的苏北土语。另一位也是苏北人的军人在广州某陆军部队服役，听了前者的话，也用手指着货架上的某一商品对售货员说了相同的话。两句字里行间都渗透着苏北乡土气息的话，使两位陌生人相视一笑，买了各自要买的东西后，出了店门就谈了起来，从老家问到部队，从眼下任务谈到几年来走过的路，介绍着将来的打算。身在异乡，因为一句家乡话，使陌生的路人变为熟人，最后发展成好的朋友，并且时常互相帮助。

"共同缘分"恰似人际关系的润滑剂，很多方面的内容都可能成为共同缘分。例如，毕业院校、家庭籍贯、成长背景、彼此都熟识的人、彼此都到喜欢的地方等。很多时候，共同缘分能够带来双赢的局面。

一位顾客走进了一家商场，问了销售人员几个问题之后，销售人员说："听口音这位先生是四川人吧？"

"是啊，我是四川南充人，你对四川很了解啊。"顾客答道。

"是吗？真是太巧了！我也是南充人，哎呀，老乡啊！"销售人员瞪大眼睛回答。

就这样，这位销售人员和顾客聊了起来。聊家乡近年来的变化，聊春节家家户户放鞭炮的热闹，甚至聊到了家里最有特色的小吃。

结果，这位顾客从这位销售人员那里买走了许多商品，而且还给这位销售人员介绍了许多老乡。

在前面的故事里，因为共同的乡情，拉近了销售员与顾客的心理距离。销售人员能向同乡卖出更多的产品，提高了自己的业务量；而顾客又能从同乡那里买价格公道且质量放心的产品，提高自己的满意度。因此，共同的缘分促成了双方的良性互动，达到了合作共赢的效果。

（四）反思共同志趣

在生活中与人交往，双方共同的兴趣、爱好、学历、阅历、经验、气质、风度等都是聊天的最好话题。如果大家都喜欢《红楼梦》，那立即切入进去双方就会谈得很投缘；如果都去黄山旅游过，那就聊聊黄山。共同的话题，双方会越聊越亲、越聊越过瘾。在与人交往时，着力反思和寻找与对方的志趣共同点，由此为契机逐步深入，可以在潜移默化的过程提升互信、互助的可能性。

B汽车制造公司因为需要定期招聘专业的一线操作工人，决定与当地高职大专院校进行校企合作。

有一天，刘经理要代表公司去拜访一下当地汽车工程职业技术学院的教学副校长，在此之前公司都是跟学校的招生就业处领导打交道，这一次为了加大合作力度，初次拜访这位副校长，刘经理带着公司的宣传材料，和一位介绍人来到副校长的办公室。

首先刘经理表达了公司对学校大力支持与帮助的诚挚感谢，为副校长介绍了公司主力车型与下一代改进款的情况，从外观到内饰，再到发动机……这位副校长为人也比较爽快，跟公司的相关领导也比较熟悉，寒暄几句后，副校长给刘经理递了一支烟，聊起了他对汽车生产制造的看法。

刘经理平时是不抽烟的，包里揣着烟都是为了应酬使用。把烟点着之后，刘经理敏锐地感觉到，对汽车生产制造的发展方向是自己和副校长共同的兴趣点。围绕这个话题，双方聊得非常热烈……

随后双方又聊到学生在公司的发展问题，副校长说到B公司落户当地第一家合作的院校就是他们，因为刘经理是北京总部调过来的，来学校之前有一些了解，提前准备了一些材料记在了心里。目前在B公司有多少他们学校的学生，有哪些表现比较优秀，哪些成了班组长，学生在公司的发展和表现，刘经理都在副校长面前给他介绍，并肯定学校在人才培养和人才输送方面做得好，赞美他们学校发展很快、很好。

接下来聊到副校长对B公司的了解，他说去过公司总部，与哪些领导见过面，刘经理恰巧就在总部大楼工作，接着副校长的话题，给他介绍总部大楼有哪些特色，聊着聊着，副校长提到一位领导就是刘经理在总部的“铁哥们儿”，这样双方的亲近感又近了一层。

期间相互递烟，已经抽了三支烟了，刘经理看气氛差不多，交流地非常愉快，接下来向副校长提出了公司的请求，希望近期再招聘几十名学生，请他给予大力支持，副校长很爽快地答应了，并说“B公司的事，我们全力支持!”

在前面的故事中，刘经理和副校长通过初步的交流，找到了若干个“共同志趣”，如对汽车生产制造发展方向的看法、学生在B公司的发展情况等。在充分和愉快的交流之后，刘经理在提出请求之后顺利地得到了副校长的口头承诺，为后续的工作奠定了基础。因此，善于发现共同志趣并“借题发挥”，能够取得事半功倍的效果。

三、换位思考

换位思考即站在对方的立场，设身处地地为对方着想，理解对方的需要与难处，考虑对方的情绪与感受。在与人交往的过程中，换位思考非常重要，因为每个人所处的角度不同，考虑问题也会不同，从而得出的结论也不同，如果能够换位思考，不仅可以得到更加缜密周到的结论，而且有益于了解他人的心意与想法，为相互理解、相互体谅与相互信任奠定基础。“己欲立而立人，己欲达而达人”与“老吾老，以及人之老；幼吾幼，以及人之幼”等至理名言都包含着推己及人、将心比心的换位思维理念。“如果愿意别人怎样待你，你也要怎样待人”，不同地域、不同种族、不同宗教、不同文化的人们，有着大体相同的认识，旨在教导人们能够做到换位思考，因为“当我们拿花送给别人时，首先闻到花香的是自己；当我们抓起泥巴抛向别人时，首先弄脏的也是自己的手”。换位思考本质上是一种心理体验过程，要求我们将自己的内心世界，如情感体验、思维方式、认识水平等调整到对方的频道，并据此思考问题、感受情境，从而作出判断、得到结论。

从某种意义上说，换位思考既是一种理解，也是一种关爱，更是人与人和谐相处的保障。“一千个读者就有一千个哈姆雷特”，不同人在面对同一事物时往往会由于个体差异性而产生不同的想法，并在彼此接触过程中产生一定的误解，而换位思考则是发现、解释并消除误解的有效手段。因此，在与人交往的过程中，需要“以责人之心责己，以宽己之心宽人”，学会并习惯换位思考，不仅使我们更加睿智，而且心情会更加舒畅。

（一）切换位置

“横看成岭侧成峰，远近高低各不同”，不同人处于不同的位置与状态，对事物有着不同的理解与看法，而每个结论就其立场而言都有一定的合理性？所以在与人交往时，如果想把人看得真切，把事情看得准确，就必须学会切换位置，并随之切换视角，调整思路。

妇女甲问：“你儿子现在还好吗？”

妇女乙一声叹息道：“别提了，真是不幸哦！他娶了个媳妇懒得要命，不烧饭，不扫地，不洗衣服，不带孩子，整天就知道睡觉，连早餐都要我儿子送到她的床上！”

妇女甲又问：“那么你的女儿呢？”

妇女乙立马换了口气说：“噢，她可就命好了。她嫁了一个不错的丈夫，不让她做任何的家务，全部由先生一手包办，煮饭，洗衣服，带孩子，而且每天都把饭送到她的床上给她吃呢！”

毫无疑问，故事中妇女的感叹很耐人寻味：儿媳与女儿的婚后表现基本一致，而她的态度却截然相反，认知上来了个一百八十度大转弯，把同样的现象诠释出两种不同的结果。只有学会换位思考，她才能意识问题的本质，进而给出更为客观公道的结论。

一位母亲很喜欢带着自己5岁的女儿逛商店，可是女儿总是不愿意去，母亲觉得很奇怪，商店里有琳琅满目的商品，小孩子为何不喜欢呢？直到有一次孩子的鞋带开了，母亲蹲下身子为孩子系鞋带，突然发现一种从未有过的可怕现象，眼前晃动着的全是腿和胳膊。于是，她抱起孩子，快步走出商店。从此，即使必须带着孩子去上商店时，她也是把孩子扛在肩上。母亲终于学会了“蹲下身来看看孩子世界”。

“蹲下来看看孩子的世界”，就是站在孩子位置、使用孩子的视角来看待问题。现实我们往往认为自己掌握着正确的标准，当孩子做了我们所定义的“错事”后，经常采取责问、训示与体罚的做法。事实上，孩子未必一定是错误的，他们有自己看待世界的立场，他们的反应也是建立在自己的判断与感受基础上。因此我们不能以己度人，把自己的感情、意志、思维与行为投射到他人身上，应该多尝试换个位置与角度，这样可能会对他人更加理解与宽容。

（二）切换需求

在学习、工作与生活过程中，每个人都置身于特定的情境，扮演着特定的角色，存在着特定的需求。由于我们已经习惯于“自我中心化”的思考反思，所以在与人交往时很少能考虑他人的想法和需求。如果能尝试分析与把握他人的实际需求，可以更好地理解并帮助别人，进而让自己获得对方的认可。

拿破仑·希尔是世界著名的励志成功大师。有一年，他需要聘请一位秘书，于是在几家报刊上登载了一则广告。结果应聘的信件如雪片般飞来。但这些信件大都如出一辙，比如第一句话几乎是一样的：我看到您在报刊上刊登的招聘秘书的广告，我希望能得到这个职位，我今年××岁，毕业于××学校，如果我能荣幸被您选中，一定兢兢业业……

拿破仑·希尔对此很失望，正琢磨着是否放弃这次招聘计划时，一封信件姗姗来迟，让拿破仑·希尔一下子惊喜不已，认定秘书人选非写信的这位女孩莫属。

女孩的信是这样写的：“敬启者：您所刊登的广告一定会引来成百乃至上千封求职信，而我相信您的工作一定特别繁忙，根本没有足够时间来认真阅读。因此，您只需轻轻拨一下这个电话，我很乐意过来帮助您整理信件，以节省您宝贵的时间。您丝毫不必怀疑我的工作能力与质量，因为我已经有15年的秘书工作经验……”

后来，拿破仑·希尔说：“懂得换位思考，真正抓住对方的实际需求来分析与考虑问题，就能有效传递自己的想法，并能切实帮助他人解决问题，这个世界就是你的。”

在千篇一律的求职信中，作者们只是希望把自己的想法展现出来，基本没有考虑雇主的情境、角色以及想法。只有一位女孩准确把握住了拿破仑·希尔的真实状况与实际需求，用非常简短的话语切中要害，成功打动了对方并获得了这份宝贵的工作。所以在与人互动时，多站在对方的位置想想其需求到底是什么，这样更容易抓住关键问题，得到对方的肯定。

（三）切换心态

“将心比心”是达成理解不可缺少的部分，这需要我们设身处地地把自身心态调整到适用于对方的情形，从而与对方在情感上得到沟通并达成一致。在与人交往时，切换心态既是一种理解，也是一种关爱。因此，我们在心态方面要保持足够的开放性与适应性，学会用别人的心态去面对问题，甚至在必要时尝试使用从未出现过的心态与对方产生共鸣。

儿子打完仗回到国内，从旧金山给父母打了一个电话，“爸爸，妈妈，我要回家了。但我想请你们帮我一个忙，我要带我的一位朋友回来。”

“当然可以。”父母回答道，“我们见到他会很高兴的。”

“有些事情必须告诉你们，”儿子继续说，“他在战斗上受了重伤：他踩着了一个地雷，失去了一只胳膊和一条腿。他无处可去，我希望他能来我们家和我们一起生活。”

“我很遗憾地听到这件事，孩子，也许我们可以帮他另找一个地方住下。”

“不，我希望他和我们住在一起。”儿子坚持。“孩子，”父亲说，“你不知道你在说些什么，这样一个残疾人将会给我们带来沉重的负担，我们不能让这种事干扰我们的生活。我想你还是快点回家来，把这个人给忘掉，他自己会找到活路的。”

就在这个时候，儿子挂上了电话。

父母再也没有得到他们儿子的消息。然而过了几天后，接到旧金山警察局打来的一个电话，被告知，他们的儿子从高楼上坠地而死，警察局认为是自杀。

悲痛欲绝的父母飞往旧金山。在陈尸间里，他们惊愕地发现，他们的儿子只有一只胳膊和一条腿。

对于故事中的父母，如果能将心态调整到与参战归来的士兵一样，那么就能理解到在经历了枪林弹雨、生死考验之后，活着就是最大的胜利。儿子所提到的朋友，不管是谁，既然希望能够一起生活，很可能在战场上经历了不一般的事情，情感方面难以割舍。在这种心态下面，想想父母会尊重并同意儿子的决定，那么结局可能就不会这样悲惨。因此，我们应该能够学会切换心态，那么在人际交往中就会多一些理解，少许多烦恼，让彼此充满欣慰与欣赏。

（四）切换结果

在很多时候，人们总是处于“城里的人想出去，城外的人想进来”的状态，对于某种局面的判断截然相反。同是一朵花飘落，既可能有人感怀“花谢花飞飞满天，红消香断有谁怜”，也有人会产生“落红不是无情物，化春泥更护花”的想法。所以在必要时尝试一下结果的切换，可以对许多人和事产生不同的感受与体悟。

有一个农民在田间劳动，感到非常辛苦，尤其是在炎热的夏天，感到更是苦不堪言。他每天去田里劳动都要经过一座庙，看到一个和尚经常坐在山门前的一株大树树荫下，悠然地摇着芭蕉扇纳凉，他很羡慕这个和尚的舒服生活。一天他告诉妻子，想到庙里做和尚。他妻子很聪明，没有强烈反对，只说：“出家做和尚是一件大事，去了就不会回来了，平时我做织布等家务事较多，我明天开始和你一起到田间劳动，一方面向你学些没有做过的农活，另外及早把当前重要农活做完了，可以让你早些到庙里去。

从此，两人早上同出，晚上同归，为不耽误时间，中午妻子提早回家做了饭菜送到田头，在庙前的树荫下两人同吃。时间过得很快，田里的主要农活也完成了，择了吉日，妻子帮他把贴身穿的衣服洗洗补补，打个小包，亲自送他到庙里，并说明了来意。庙里的和尚听了非常诧异，说：“我看到你俩，早同出，晚同归，中午饭菜送到田头来同吃。家事，有商有量；讲话，有说有笑，恩恩爱爱。我看到你们生活过得这样幸福，羡慕得我已经下决心还俗了，你反而来做和尚?”

在现实的学习、工作与生活中，我们总是习惯于羡慕别人，认为别人的处境更加理想。在上述故事中，农民十分钦羡和尚的生活，并为成为一名和尚而积极准备，但真正的和尚却在农民与妻子的行动中体会到现实生活的幸福与美好，并决心还俗。如果农民与和尚能尝试进行结果切换，那么就能理解双方的真实感受，免去很多不必要的麻烦。

四、权衡情理

“道始于情”，在儒家看来，“情”是人性之本。“情”不是源自单纯生理需求的食色情欲，而是一种自然而然生发的、向善而生成的深层情感，这种情感又是被社会化的，通过人文教化与“感召”而形成。在孔子的“成己之学”中，心理动力就在于“欲仁”之情，即一种道德的情感。孟子通过列举的方式，提出“恻隐之心，仁之端也；羞恶之心，义之端也；辞让之心，礼之端也；是非之心，智之端也”，展示由情入理的程度顺序，从恻隐开始、经由羞恶与辞让，最后达及是非。到了是非之心，理性与情感几乎同时生成，达到情理相互交融的状态。

随着时间的推移，情理的含义逐渐得以丰富。情可指有关喜爱、思恋等的心理倾向，人们会因情而产生特定的选择和判断，“人情”“情面”等与“情”有关的词汇已经成为人际交往过程中不可忽视的因素。理即道理、规则，既可指“大道无形生育万物，大道无情运行万物，大道无名养育万物”“道之理者唯自然也，自然之理者，顺者昌，逆者亡”等自然规则，也可指在此基础上衍生出来的人文道理。理一般不以个体意志为转移，具有客观性、长期性等特点。

尽管情理在很多情况下具有一致性，但是也时常产生矛盾与冲突。在人际交往的过程中，在情与理的选择上，既不能由于认为“天理无非人情”“王法本乎人情”而将普遍精神服从于特殊私情、“理”让位于“情”，也不能“不食人间烟火”、完全将“理”凌驾于“情”之上，而是应该具体问题具体分析，不断权衡、把握平衡点，根据情境做出最佳选择。

（一）以情为本

人们在进行具体的分析与判断时，情感往往会占据思维的主导地位，其在交往过程中很可能其支配和组织个体的想法和行为。因此，重视、把握互动对象的情感，做出维系、尊重互动对象情感的选择与决定，满足人情的需要，会令对方感同身受，积极回馈。

20 世纪 70 年代初，藤田田在日本东京创办了麦当劳公司，作为董事长兼总裁的他，上任后做的第一件大事，就是与东京一家知名医院签订了“预定病床”协议。

该协议规定，藤田田每年交付 10 万美元的床位预订费，而院方则保证，任何一名日本麦当劳公司的员工及其家人，在生病需要紧急住院时，都能随到随住，绝不会因为没有病床而四处转院，耽误病情，并且保证病人在住院期间能享受到优质的医疗服务，包括由医术最精湛的医生为他们诊治，由最热情周到的护士为他们服务等。

该协议签署的第一个 3 年，日本麦当劳公司一共交付了 30 万美元的预订费，但因为紧急情况入院的员工及其家属人数加起来，还不到 30 人。公司高层内，有人觉得没必要再续签下一个 3 年的合同，因为这笔投资太不划算，但藤田田却坚持续签，他对持反对意见的人说："这是一笔对员工的'感情投资'，重要的不是赢得公司的'投资'，而是赢得员工的'感情'。我相信，这必将是日本麦当劳公司所有投资中花费最少，回报率最高的投资，不信，就等着瞧吧。"不久，藤田田又颁布了一则总裁令——员工生日当天，可以享受带薪休假。对此，藤田田的解释是："生日当天，员工还要上班干活，这似乎很不近人情，毕竟生日一年仅有一次。更何况，即便员工来上班了，也大多会心不在焉，他们会盼着下班的时间早点儿到，自己好安排生日庆祝会上的事宜。与其这样，不如干脆给他们放一天假，让他们跟家人在一起好好热闹一番，然后养足精神，并带着对公司的感激之情，第二天来更好地工作。"

类似这样替员工着想的福利，在日本麦当劳公司里还有很多，绝大多数都是由藤田田自己提出来并推行实施的。今天，日本有1万多家麦当劳连锁店，年营业总额高达45亿美元，但每年的员工离职率却只有0.6%，其中因为对公司不满而离职的人更是少之又少。

藤田田把握了员工的情感需要，让员工感受到了关怀与重视，对于经济上"不划算"的项目，藤田田因更重视情感上的回报而坚持执行。通过独特的感情投资，藤田田让员工产生"士为知己者死，女为悦己者容"的想法，不仅更加努力地工作以回报公司，而且很少因不满而离职。

（二）以理为先

情感与道理产生矛盾与纠葛时，"以理服人"能帮助我们拨开迷雾，还原本真。遇事冷静、理性分析、酌情处理能使我们的决断更加符合事物发展的规律，在把握道理的基础上首先说服自己，然后通过阐述、辩论等方式获得互动对象的接受，辅之以理解与宽容，就能逐步获得他人的认可与尊重。

三国时期，许允的新婚妻子阮氏长相特别丑。行完交拜礼，许允不想进新房去，家里人都十分担忧。正好桓范来看望许允，阮氏说："不用担心，桓范一定会劝他进来的。"果然，桓范劝许允说："阮家既然嫁个丑女给你，想必是有一定道理的，你应该体察明白。"许允便转身进入新房，见了新娘，即刻又想退出。阮氏料定他这一走再也不可能进来了，就拉住他的衣襟让他留下。许允于是问她说："妇女应该有妇德、妇言、妇容、妇功四种美德，你有其中的哪几种？"阮氏说："新妇所缺少的只是容貌罢了。可是读书人应该有各种好品行，您有几种？"许允说："样样都有。"阮氏说："各种好品行中以德为首，可是您爱好女色而不爱好德行，怎么能说样样都有？”许允听了，脸有愧色，从此夫妇俩互相敬重。

许允担任吏部郎时，提拔了一些同乡。魏明帝知道后，就派人去逮捕他。阮氏跟出来劝诫许允说：“对英明的君主只可以用道理去取胜，很难用感情去求告。”许允被押到大殿后，魏明帝审查追究他的责任。许允回答说：“孔子的学生仲弓问孔子，怎么样去识别优秀人才并把他们提拔上来，孔子说‘提拔你所了解的人’。臣的同乡，就是臣所了解的人。陛下可以核实他们是否称职。如果不称职，臣愿受应得的罪。”魏明帝派人查验以后，知道各个职位都用人得当，于是就释放了他。起初，许允被逮捕时，全家人都号哭，唯独阮氏神态自若，说：“不要担心，许允不久就会回来。”并且煮好小米粥等着他。果然不久，许允就回来了。

在前面的故事中，许允的妻子阮氏虽然相貌丑陋，但是知书达理、贤惠聪颖。她在承认自己容貌缺陷后，以“君子好德”的道理打动丈夫，获得敬重。然后又在许允被捕后劝诫丈夫许允要理直气壮、以理服人、以理取胜。由于把握住以理为先、理性待人、理性处事的原则，阮氏在与人活动的过程中占据了有利地位，在获得认可的基础上达成了自己的目的。

（三）兼顾情理

情与理，是天平的两端，情是心理需要，理是客观原则，本质上两者很难分出优劣。我们不能遇到原则问题，就以感情来疏通，也不能一提起感情就拿原则来做“隔心墙”，要把握好讲原则与讲感情的“度”，这个“度”就是不能让原则与感情的天平失衡，要兼顾情理。

蜀后主建兴六年（公元228年），诸葛亮为实现统一大业，发动了一场北伐曹魏的战争。他命令赵云、邓其为疑军，占据箕谷（今陕西汉中市北），亲自率10万大军，突袭魏军据守的祁山（今甘肃），任命参军马谡为前锋，镇守战略要地街亭（今甘肃秦安县东北）。临行前，诸葛亮再三嘱咐马谡：“街亭虽小，关系重大。它是通往汉中的咽喉。如果失掉街亭，我军必败。”并具体指示让他“靠山近水安营扎寨，谨慎小心，不得有误”。

马谡到达街亭后，不按诸葛亮的指令依山傍水部署兵力，却骄傲轻敌，自作主张地想将大军部署在远离水源的街亭山上。当时，副将王平提出：“街亭一无水源，二无粮道，若魏军围困街亭，切断水源，断绝粮道，蜀军则不战自溃。请主将遵令履法，依山傍水，巧布精兵。”马谡不但不听劝阻，反而自信地说：“马谡通晓兵法，世人皆知，连丞相有时得请教于我，而你王平生长戎旅，手不能书，知何兵法?，接着又洋洋自得地说：“居高临下，势如破竹，置死地而后生，这是兵家常识，我将大军布于山上，使之绝无反顾，这正是致胜之秘诀。”王平再次谏阻：“如此布兵危险。”马谡见王平不服，便火冒三丈说：“丞相委任我为主将，部队指挥我负全责。如若兵败，我甘愿革职斩首，绝不怨怒于你。”王平再次义正辞严：“我对主将负责，对丞相负责，对后主负责，对蜀国百姓负责。最后恳请你遵循丞相指令，依山傍水布兵。”马谡固执己见，将大军布于山上。

魏明帝曹睿得知蜀将马谡占领街亭，立即派骁勇善战、曾多次与蜀军交锋的蜀大军张郃领兵抗击，张郃进军街亭，侦察到马谡舍水上山，心中大喜，立即挥兵切断水源，掐断粮道，将马谡部围困于山上，然后纵火烧山。蜀军饥渴难忍，军心涣散，不战自乱。张命令乘势进攻，蜀军大败。马谡失守街亭，战局骤变，迫使诸葛亮退回汉中。

诸葛亮总结此战失利的教训，痛心地说：“用马谡错矣。”为了严肃军纪，诸葛亮下令将马谡革职入狱，斩首示众。临刑前，马谡上书诸葛亮：“丞相待我亲如子，我待丞相敬如父。这次我违背节度，招致兵败，军令难容，丞相将我斩首，以诫后人，我罪有应得，死而无怨，只是恳望丞相以后能照顾好我一家妻儿老小。这样我死后也就放心了。”诸葛亮看罢，百感交集，老泪纵横，要斩掉曾为自己十分器重赏识的将领，心若刀绞；但若违背军法，免他一死，又将失去众人之心，无法实现统一天下的宏愿。于是，他强忍悲痛，让马谡放心去，自己将收其儿为义子。而后，全军将士无不为之震惊。

马谡被推走了。诸葛亮拭干眼泪，又宣布一道命令：对力主良谋，临危不惧，英勇善战，化险为夷的副将王平加以褒奖，破格擢升为讨寇将军。善于自省的诸葛亮斩马谡，升王平之后，多次以用人不当为由，请求自贬三等，一品丞相为三品右将军，仍尽心竭力辅佐后主刘禅，欲图中原，成就大业。

诸葛亮在街亭战败后“挥泪斩马谡”，然后厚待马谡家人，将马谡的儿子收为义子。如此处理，既遵行了违背军令、兵败斩首的道理，也照顾了诸葛亮与马谡的私人感情。在情与理的权衡当中，诸葛亮一方面为了平定天下而维护制度、杀一儆百；另一方面也为了笼络人心而维护感情，有始有终。

（四）权衡情理

“情”与“理”相互联系、相互制约、相互影响。两者一软一硬，一柔一刚，如鸟之两翼、车之两轮，一体两面。原则如果抛开感情来执行，就显得生硬冷漠，毫无人情味；感情一旦失去原则的约束，就可能成为“脱缰之马”，甚至成为“洪水猛兽”。我们要仔细权衡、刚柔并济，才能把握尺度，通达圆润。

王颖是公司的会计，一直尽职尽责，最近却遇到了烦恼，由于她把员工薪资表算错了，受到了严肃处理。第二天，王颖请病假没来公司，而一向私交甚好的财务总监下班后到王颖家中去探望。王颖对财务总监说：“我委屈得一晚上没睡好觉。”这时财务总监说：“你不知道吧，为是否处理你、怎么处理你，我都好几个晚上没睡好觉了。”

故事中的财务总监，为处理一名违纪员工，竟然好几个晚上睡不好觉，可见权衡情理不是一件容易的事。人心都是肉长的，处分会给个人带来经济、情感等方面的伤害，而不处分则会破坏制度，产生很坏的影响。财务总监经过权衡，坚守了制度。她不是不讲人情，而是要维护全体员工的人情，为了取得王颖的理解与支持，财务总监亲自到其家中探望，于公于私都合情合理，为我们在权衡情理、处理好人际关系方面提供了有益借鉴。

苏章是东汉时期著名的清官。他为官清正、公私分明，从来不因自己的个人利益而冤枉好人、放过坏人，深受百姓的爱戴。

有一年，苏章被委任为冀州刺史。上任伊始，苏章便认真地处理政事，办了几件颇为棘手的案子。可是有一天，却发生了一件令苏章头疼的事情。

苏章发现有几个账本记得含混不清，不由得起了疑心，就派人去调查。调查的人很快呈上了报告，说是清河太守贪污受贿，数额巨大。苏章大怒，决心马上将这个胆大妄为的清河太守逮捕法办。可是当他的目光停留在报告上清河太守的名字上时，不由得呆住了。原来这个清河太守就是他以前的同窗，也是他那时最要好的朋友。那时两人总是一桌吃、一床睡，形影不离，无话不谈，简直情同手足。真是没有想到这个朋友的品行竟会堕落到这种地步，苏章感到非常痛心。同时，想到自己正在处理这件案子，怎么能对老朋友下得了手呢？苏章又感到十分为难。

而那位清河太守知道自己东窗事发，惊恐万分。但是当他听说冀州刺史是自己的老朋友苏章时，又开始心存几分侥幸，希望苏章能念及旧情，网开一面；同时他对于苏章清廉的名声也有所耳闻，所以拿不准苏章究竟会怎样对待自己，因而感到惴惴不安，惶惶不可终日。这时，苏章派来了手下人请他赴宴。

苏章一见老友，忙迎上去拉着他的手，领他到酒席上坐下。两个人相对饮酒说话，痛痛快快地叙着旧情。饮酒过程中，苏章绝口不提案子的事，还不停地给老友夹菜，气氛很是融洽。这时候，清河太守心里的一块石头终于落了地。他不禁得意地说道："苏兄呀，我这个人真是命好，别人顶多有一个老天爷的照应，而我却得到了两个老天爷（另一个老天爷指苏章）的庇护，实在是幸运啊。"

听了这话，苏章推开碗筷，站直身子整了整衣冠，一脸正气地说："今晚我请你喝酒，是尽私人的情谊；明天升堂审案，我仍然会公事公办。公是公，私是私，绝对不能混淆。"他的朋友一听，不禁傻了眼。

第二天，苏章开堂审案，果然不徇私情，按照国法将罪大恶极的清河太守逮捕入狱。

我们时常面临两难选择，坚持原则怕伤害感情，照顾感情怕有悖原则。在必要时，我们不能瞻前顾后、犹豫不决，需要态度鲜明、立场坚定，原则归原则、感情归感情，不能混淆、不搞变通。故事中的苏章，面对昔日好友贪污受贿，在同窗之情与国家律法之间的冲突中，坚决捍卫了法律的公正。宴请好友是尽同窗之情，是重情的表现；处理案子公事公办是维护法律之理，是重理的表现，苏章最终不徇情枉法，并名垂青史，为权衡情理提供了又一可取思路。

五、以和为贵

"和"的思想萌芽于原始先民在实践活动中对自然界的观察和认识，经过逐步发展，至春秋战国时期完成了从经验到理念的转化。孔子在"礼之用，和为贵""君子和而不同，小人同而不和"等论述中，用"和"来表示调和、和谐与协调的意思。孟子提到，"天时不如地利，地利不如人和"，用"和"来描述团结与和谐。《中庸》认为，"和也者，天下之达道也"，用"和"来指代和谐与平和。此后，"和"发展成为儒家思想的基本内核，即人与自身的和谐是构成和谐社会的基础；人与人的和谐是促使社会和谐的法则；人与自然的和谐是维持社会和谐的条件。

“以和为贵”的人际关系，是儒家的一贯立场。儒家强调和合，主张协同，追求矛盾双方的协调统一，形成和谐而又充满生机的局面。对家庭来说，家和万事兴；对经商来说，和气生财；对治国来说，和能兴邦。在“修齐治平”的过程中，在和谐的准绳下把自己与家族管好，才能治理、协调国家之间的关系，最终达成天下太平的盛世图景。

《周易》有云，“和气致祥，乖气致戾”，意思是和气能带来吉祥，乖张会导致祸殃。对人和颜悦色，一团和气，自然人人乐于亲近；若是对人一脸严霜，横眉冷对，甚至一言不合就拔拳相殴，则人人敬而远之，避之唯恐不及。注重和谐可使人变得宽厚，内心平稳则大气，在社交中占据先机，从而能避免不必要的纷争。在与人互动的过程中，和谐既是目的也是手段。为了达到和谐的局面，要恰当地展现自我，不夸大、不缩小、不隐藏、不虚伪，诚恳、忠厚待人，实实在在，没有虚情假意；要恰当地对待他人，不强求、不为难、不替代、不包办，体谅、理解他人，少一些埋怨、指责与怪罪，多一些宽容、忍耐与欣赏。

（一）求同存异

“求同存异”是处理复杂关系、解决复杂矛盾时行之有效的和谐准则。其旨寻求共同利益的基础上，搁置争议和矛盾，建立起不同主体之间的合作关系，从而形成“和谐而又不千篇一律，不同而又不相互冲突；和谐以共生共长，不同以相辅相成”的理想局面。

主人养了两头骡子和两头驴。骡子常常在驴面前夸耀自己力气大，驴不服气。为了验证他们到底谁更有力气，主人给他们出了个主意，让两头骡子和两头驴拉车比力气，并将所有的食物奖励给获胜的一方。

两头骡子和两头驴各自拉了一辆大车站在同一条线上。两头骡子都认为自己是老大，对方应该完全服从自己。结果心不往一处想，力不往一处使，一个要向左走，一个要向右走，他们争来争去，拉来拉去，结果拉了半天车子非但一点也没前进，倒是把车子给拉散了架。

两头驴尽管也都认为自己是最棒的，但是对于胜利和食物的渴望让它们放下了争议，达成了共识。它们一心一意一起用力往前拉，车子很快被拉出老远，骡子和散架的车被远远地甩在了后边……

故事里的两头骡子与两头驴子产生了鲜明的对比，骡子不懂团结，只想着自己的立场，不懂得谦让与妥协，最终非但没有达成目标，反而造成严重的后果；而两头驴看到了共同的利益，并愿意为此搁置不一致的观点，和谐相处，通力配合，最终成功地实现了目标。因此，求同存异有助于彼此关系和谐融洽，为了共同的目的而相互配合、相互帮助。

《桐城县志略》中记载，清朝康熙年间，文华殿大学士兼礼部尚书张英在朝廷任职时，张在安徽桐城的家人和邻居因建房占地闹起纠纷，互不相让。张家人便给当大官的张英写信讲了此事，请他出面干涉。张英看信后，并没有倚仗自己官威欺压邻居，而是回信说："千里来书只为墙，让他三尺又何妨？万里长城今犹在，不见当年秦始皇。"张家人看完，便主动让出三尺空地。邻居也深受感动，也将墙退回三尺，两家和好如初，这就是"六尺巷"的由来，至今传为美谈。

张英的家人和邻居的本意都是盖房子，只是为了占地矛盾而互不相让，甚至惊动了在朝廷身居高位的张英。张英很快看清了问题的本质，没有仗势欺人使邻居受辱，反而主动说服家人先行退让，不仅成功避免了一场邻里纷争，反而"化干戈为玉帛"，为两家关系的长期和谐奠定了基础，"六尺巷"至今传为美谈。

（二）同舟共济

"同舟共济"指与他人团结协作，共渡难关。"覆巢之下，焉有完卵"为了应对共同的挑战，实现共同的目的，我们在必要时应该摒弃前嫌、全力以赴，即使对自己的利益有所损害也在所不惜。在相互支持和共同努力的过程中，重新认识互动对象并建立关系，达到和谐的局面。

1912 年 2 月，美国政府宣布，将于 1915 年 2 月在西海岸的旧金山市举办"巴拿马太平洋万国博览会"，届时欢迎各国踊跃参加。虽说当时国内政局动荡，北洋政府还是将此事作为中国走向国际舞台的一件大事。当时化妆品类参赛产品以扬州谢馥春、苏州苏和盛呼声最高。

当时谢馥春由谢家第五代传人年仅 25 岁的谢箴斋执掌，而苏和盛的张和盛年事已高，里外事物由本家亲戚张大永全权打理。一个年少气盛热血激昂，一个久历江湖老谋深算。同行是冤家，本来这两家就有些积怨，又因为参赛名额只有一个，因此斗得不可开交，虽明知各种争斗的行为已成商界的笑话却又骑虎难下，商战越演越烈。

巴拿马赛会出口协会的官员也是左右为难，谁都不好得罪，最后只好请资历深、声望高的张和盛的同宗、工商部长张謇出面调解。

不几日，张謇下帖，于寒山寺旁张氏的百忍堂请谢箴斋过府一叙。下帖的张謇是张和盛的族兄，会晤的地点又是张和盛的主宅，偏偏这张謇又有偌大的名头，谢箴斋纵有百般的委屈、千般的不满也只能捏着鼻子去了。

待谢箴斋进了张氏的百忍堂后，按旧制堂前客座分左右两侧，左为上右为下，在他人堂前不得不低头，谢箴斋老老实实地走向右手的次席，刚走出一步就听后面张和盛高声道："贤侄且住，论年岁我是痴长贤侄多矣，本不应让座于你，但今日状元公约我等于此，不是谈风花雪月，而是说的商事，以商事而言谢馥春为行业之龙头有百年之久，而我和盛堂不过数十年，自然以谢氏为尊，所以这上首座我让的可不是贤侄你，让的是你谢馥春"。

张謇听了哈哈大笑说"理当如此"，谢箴斋悻悻地坐了上首，心里不由得嘀咕：不知道堂上两位演的是哪一出。

这边分宾主落座，早有下人奉上香茗，但是谢张二人都没有品茗的心思，静等张謇训斥。没想到张謇绝口不提两家商战的事，反而谈起了八卦，大赞两家货品出色。说法国公使如何一掷千金苦求一串和盛堂的五品御珠项链，某某京剧名角因为没有买到谢馥春的鸭蛋粉拒绝出台……，张謇说的是妙语如珠、口若悬河，听得二人是满心疑惑。

正在谈笑间从寒山寺传来一阵清越的钟声，张謇顺势讲述了寒山寺和合二仙的典故。"……因这二人一人持荷一人执盒故而叫作和合二仙，所谓和合，万事以和为贵，和则处事圆融事事顺畅；立业以合为佳，合则两利，其利可分水断金，雍正帝封其为和合二圣可不单单只是敬其兄弟情深、和睦友爱，个中深意两位可知否？"

两人听得是满脸羞愧，张和盛惭声道："我与谢氏之龌龊事虽由掌柜一力主持，但这其中实在不乏和盛的纵容，后来和盛也感到这般行事多有不妥，奈何已成骑虎之势，虽有心退让总抹不开面子，今听得状元公之言，和盛终有定计矣。"说罢转过身来冲着谢箴斋深深一鞠："贤侄，此前多有得罪了！"

谢箴斋本以为这番过府必然要吃尽羞辱，没想到张和盛有这般举动，以老朽之身能豁达至此，心头是百转千结一时竟不知如何是好，只是嗫嚅道："尊翁，这……这如何使得。"一时二人谦辞推让不已。

眼见得原本势成水火的两家你谦我让尽显和睦友爱，张謇不由得老怀大慰：“两位且住，不妨听老夫一言。两位此前相争，皆是为扬我国之精粹于域外，然和盛堂虽有珍珠香粉誉满江南，却终不是主业缺其专。扬州谢氏经营胭脂水粉久矣，因其专故而精，我看这美利坚国大赛的名额就让谢氏领了，两位意下如何?”，张和盛躬身道：“本该如此”，谢箴斋满脸通红连声道：“这如何使得”。

张謇道：“如何使不得？莫非老夫说了也不算，你等还得如前般斗下去?”何谢箴斋连说不敢，张謇道：“其实我观谢氏之香粉得轻、红、白、香四美形诸于外，却失之润泽，虽贤侄另辟蹊径以法兰西香精入粉，但总归不够滋润。而和盛堂之珍珠香粉细腻滋润，养之于内。我看和盛贤弟不妨送佛送到西，把你和盛堂珍珠香粉的方子给箴斋贤侄参详参详，以贤侄之高才定能让谢氏香粉百尺竿头更进一步，也好在这美利坚国大赛之上扬我民族工商业之风采，两位以为然否?”张和盛正容道：“若能在别国大赛上扬我国之风采，我和盛堂又何惜乎区区一张方子。”

这谢箴斋拿了和盛堂的方子通过苦心研究终将珍珠香粉融入自家的鸭蛋粉制作制成珍珠鸭蛋粉，在“巴拿马太平洋万国博览会”上一鸣惊人拿到了银质奖章，扬威于域外。

张和盛虽没有参与万博会，但他一让座次、二让名额、三让配方，留下了仁德之名，张和盛借着三让的仁德之名大展拳脚，与谢氏携手合作，各有所得，终于造就了民国苏州商业史上的一段传奇。

面对着为国争光的挑战，张氏与谢氏放下了纷争，同舟共济。尤其是张和盛，他的“三让”并不简单，一让座次是为礼，二让是名额是为专，三让配方是为利。张和盛的三让使双方达成共识，明确目标，回避了相互倾轧与恶性竞争，不仅谢氏国货拿到银质奖章、扬威海外，而且与谢氏建立了合作关系，造就了民国苏州商业史上的一段传奇。

（三）和气生财

当和谐思想逐渐渗透到商业领域，就形成了“和气生财”的金科玉律。“和”之所以能作为生意中的指导思想，原因就在于人气就是财气，人和就能聚财，只有心平气和才不会惹是生非，才容易得到他人的帮助。“饶人一条路，伤人一堵墙”，维护他人的利益与面子，就是无形资产与长期投资，能给自己带来丰厚的经济回报。

雍正年间，一家客栈在进出京城关口的黄金地段开张了。店内装潢气派，加上进出京城的人流量大，新店开张后天天客满盈门，生意兴隆得让人羡慕。可惜，客栈老板的脾气不太好，喜欢在客人面前摆大老板的架子，客人有所要求，他从不屑理会，甚至恶言相向。一天，有位客人不小心打翻了一只平常的瓷碗，老板怒不可遏，不但不接受客人的道歉，还要这位客人为此赔偿十两银子，客人无奈之下只好掏出银两平息事端。此后，客栈三天两头被官府前来找麻烦，无法正常营业，生意每况愈下，客栈老板也欠下了一身债务，最后只得悻悻离开京城。原来，那位打破瓷碗的客人，是朝中的一位重臣，正是客栈老板恶劣的待客态度，使得这位官耍手段破坏了老板的生意。

同一时代，在苏杭有一家小面馆，铺面不大，地段不佳，只由一位老妇人一人打理。一日，一位抱着孩子的中年妇女走进店里要了一碗面条，还没开始吃，淘气的孩子一伸手，就把面条推到了地上，碗也碎了。孩子的母亲马上道歉，并主动表示要赔偿，但老妇人非但婉拒赔偿，还关切地询问孩子是否有烫到，随后重新捧出一碗面递与母子二人。孩子的母亲万分感动，连声道谢。日后，这位母亲逢人便诉说这一段经历，越来越多的人知道了这家小面馆和那位与人为善的老妇人，纷纷慕名而来，面馆的生意也越做越红火了。

同样是顾客打翻碗，京城客栈老板得理不饶人，甚至讹诈客人，导致自己的生意被蓄意暗算，最后因小失大，只能悻悻离开京城；而苏杭小面馆的老妇人非但不要赔偿还重新赠予一碗面，让客人心生感动，大力宣扬，使更多的人知道了面馆老板的善良与和气，面馆的生意也越来越红火。因此，与其毫厘必争，不如放眼未来、和气生财，为彼此发展留下足够广阔的空间。

儒家自省的管理启发

Chapter 4

第四章 省察克治之功——省心

“省察克治之功，则无时而可间，如去盗贼，须有个扫除廓清之意。无事时将好色好货好名等私逐一追究，搜寻出来，定要拔去病根，永不复起，方始为快。常如猫之捕鼠，一眼看着，一耳听着，才有一念萌动，即与克去，斩钉截铁，不可姑容与他方便，不可窝藏，不可放他出路，方是真实用功，方能扫除廓清。到得无私可克，自有端拱时在。虽曰何思何虑，非初学时事。初学必须思省察克治，即是思诚，只思一个天理。到得天理纯全，便是何思何虑矣……盖其人欲净尽，天理流行，是以内省不疚，仰不愧，俯不怍，而心广体胖，有不知其手舞足蹈者也”——《传习录》

心学集大成者王阳明常鼓励人们“省察克治”，克治心中的邪念与妄念，保持内心的清明与纯净。王阳明对自省的理解，为我们提供了省心的内容借鉴。此外，依据第一章扎根理论研究的结果，省心指对自身存在意义价值、道德与信仰等方面的自我反省，包括内心状态感知、内心观念溯源、内心积极追求三个主范畴。

第一节　内心状态感知

所谓“内心状态感知”，是指对内心真实状态的感受与体察。内心的真实状态既包括平静、喜悦、爱、真善美等积极状态，亦包括焦虑、疲惫、压抑、难过、痛苦等消极状态。具体而言，内心状态感知可细化为体察内心状态、注重正面感受、克治恶欲私欲以及追求真善美四个方面。

一、体察内心状态

内心状态取决于个体对特定情境或事物所进行的诠释，是各种心理活动的复合表现。依据经典的 ABC 逻辑，A 代表着特定情境、任务或事件，B 代表个体的诠释视角或信念，C 就是内心状态。在现实的工作、学习与生活中，尽管人们总是希望拥有或保持良好的内心状态，但现实却事与愿违，因为大多数人时常无意识地处于焦虑、疲惫、压抑、难过、痛苦等消极状态。在对 B、C 的习惯性忽视过程中，人们每天疲于奔命，一直处理、阻止、缓和、沟通、协调 A 或与 A 有关的人、事、物。其实，与其试图改变外在情境，不如发现、体察、改变内心状态来得轻松。当内心状态被呈现与干预后，情境似乎也发生了变化，实现了所谓的“境由心转”。

阻碍探究内心状态的主要因素来源于我们的“思维”，即大脑中时刻在不停地评论、推测、批判、比较、抱怨、选择好恶，想象可怕情境，杞人忧天，等等。其实思维本身并不存在局限，只是我们经常无法意识到自己的思维，反倒成为思维的奴隶，成为自己“强迫性”思维的受害者。当思维不受控制时，会变得疯狂和具有破坏性，而绝大多数人面临的问题在于不懂得如何停止思维。

要想清晰地意识到自己的内心所在，而不是被病态思维所牵引束缚，就应该学会随时观察自己的 ABC 逻辑，即不加评论地关注自己目前的内心真实状态，关注自己为何对各种人、事、物有所反应，依据关注使你有反应的人、事、物。同时，关注注意力是否常常跑到过去或未来之中。通过有觉察力的安住于当下，使自己成为宁静的观察者。

（一）走出病态思维

认同自己的思维使我们难以停下思考。很多人有过这样的经历，即越不愿意想到什么，什么就越萦绕在自己的脑海中。这种不停的病态思维使我们无法到达与存在不可分离的内心的安静状态，并创造了一个虚假的自我。病态思维就好像一部处于自动播放模式下的发射器，不断投影出恐惧、受苦、怀疑、压抑等场景。而我们在缺乏自省与自主意识时，会任由病态思维操控我们，摆布我们。而我们对病态思维言听计从，甚至以为这就是我们本身。其实，病态思维通过盲目认同与情绪局限所创造出来自我并不是真正的自我，只是一个虚假的自我，或者可称为“小我”。

比如说，现在是半夜三点半，你在温暖的被窝中，可是你气得睡不着。引起你怒气的那个人早已安然入梦，那件事情其实也已经过去了。但是你的思维却不放过你，一再地用它旧有的看事情的模式来解释那个人是多么对不起你，那件事会让你多危险、多丢脸、多麻烦、多……完全想不完的！

这个时候你已完全被病态思维所控制，这种无意识的病态思维无法被停止，因此你无法获得内心的宁静而安然入睡。病态思维创造出了一个被伤害的“小我”，它会抓住一切机会进行自我强化，让你感到处于痛苦、恼怒与羞耻之中。

真正的自我根植于平静的存在之中，它属于一种更高层次的意识，会与“小我”进行竞争，决定着个体心态随时随地的转化。对于同样一件事或一个情境，如果“小我”已经占据上风，病态思维就无法停止，脑海中总浮现糟糕的画面，心态很快变坏；但如果“小我”被有效压制，病态思维无法运转，心态自然就变好。努力争取拥有一份良好的心态，是战胜困难、激活生命、走出逆境、成就事业所必不可少的条件。

一个少妇投河自尽，被正在河中划船的老艄公救上了船。

艄公问：“你年纪轻轻的，为何寻此短见？”

少妇哭诉道：“我结婚两年，丈夫就遗弃了我，接着孩子又不幸病死，你说，我活着还有什么乐趣？”

艄公又问：“两年前你是怎样过的？”

少妇说：“那时候，我自由自在，无忧无虑。”

“那时候你有丈夫和孩子吗？”

“没有。”

“那么，你不过是被命运之船送回到了两年前，现在你又自由自在，无忧无虑了。”

少妇听了艄公的话，心里不再继续悲痛，便告别艄公，从容地跳上了对岸。

故事中的少妇，一开始无法摆脱病态思维的局限，她不断地回忆着自己的种种不幸与痛苦，使自己被“小我”牢牢掌控，逐渐耗尽了自己的生命能量，最后对生活失去了希望，选择自寻短见。老艄公将她救起之后，通过一系列启发性的问题，使少妇停止了病态思维，发现了“小我”的骗局，重新唤醒了真正的自我，进而重新点燃了生命的亮光。

为了走出病态思维、从“小我”的束缚中解放出来，我们需要习惯成为自己思维和行为的沉默观察者，尤其是观察病态思维的重复模式和“小我”所扮演的角色。事实上，在我们通过接受事实而停止批判、评论、推测、比较、抱怨时，就已经按下了病态思维的停止键。停止病态思维并不是没有认识到特定的问题存在，而是承认“小我”的行为而不对其做出反应或判断。

当我们选择观察思维时，不仅意识到了病态思维的存在，而且意识到自己正在注意这种思维，这样，就会产生一种新的意识层面，一种思维之下的另一种意识存在，那就是真正的自我，亦可称为“本我”。通过与“小我”的互动，“本我”会比思维认同状态下更为警惕、更为清醒，提升了生命能量震动的频率，使内心状态逐渐向积极方面转化。

（二）静坐倾听

外界的喧嚣嘈杂会使内心愈发纷繁杂乱，使自己无法意识到思维的真实面目，无法体察内心的真实状态。这时可以采取静坐的方法，使思维逐渐安静下来，倾听当下的声音。

一位父亲丢了块表，他抱怨着翻腾着四处寻找，可半天也找不到。等他出去了，儿子悄悄进屋，不一会找到了表。父亲问：怎么找到的？儿子说：我就安静地坐着，一会就能听到滴答滴答的声音，表就找到了。

儿子很快找到表的原因在于心静，心静的原因在于身静。《大学》指出：“知止而后有定，定而后能静，静而后能安，安而后能虑，虑而后能得”，充分强调“静”的作用，指出镇静不躁才能够心安理得，心安理得才能够思虑周详，思虑周详才能够有所收获。尽管静坐倾听可以有效地体察自己的心态、抚平波动的情绪、发现各种真实的存在，但是难以一蹴而就、需要长期练习。

儒家静坐意在修身养性，参悟人伦天理，重在内省。高子（高攀龙，明朝思想家）说，“所谓静坐以‘平常’为要诀，‘平常’即清静自然。”儒家静坐不追求成就、结果，只是“志在息心宁神，滤绝平日之浮气，消涤夙昔之躁心。”《朱子语类》亦指出，“静坐非如坐禅入定，断绝思虑，只收敛此心，使毋走于烦思虑而已。”

在物欲横流的当下，压抑、紧张、疲惫、空虚、焦虑、恐惧、冲突持续充斥于我们的内心，使我们无法获得幸福与安宁的感受，这既失去了生活的意义和价值，也容易导致身心失衡和各种疾病。在病态思维的趋势下，我们还企图用“消除”的方式解决问题，但是这其实加剧了问题的进一步发展。例如，越是急于解决焦虑，反而加剧焦虑；越是想早点入睡，却越是加剧烦躁感，反而更睡不着。

静坐倾听正是停止病态思维，获得宁静、平和、安详、自然、无为、不争、坦然、与当下事实共处心态的良方。刚开始静坐倾听时，思维难以被驯服，可以尝试转移注意力，如观察一个蜡烛的火焰，进而缩小视野，排除杂念；然后要在一段时间内将精神集中于一个对象，如念经一样不断地重复；当精神集中后，可以进入下一步，即什么都不想，心无杂念。尽管做到这一点很难，但王阳明给我们提供了一个很好的解决途径：每当有什么想法钻进头脑，就要有意识地将它抛出。随着时间的推移，我们就能学会如何在静坐倾听中排除杂念，找到真正的自己。

（三）关注当下

过去的不能重来，未来的难以预料，只有当下是最真实的存在。如果我们的思维始终被放不下的过去，和对未来的担忧恐惧所控制，以至于没有时间做当下该做的事，错过的当下又成为未来的过去，如此循环，内心状态始终处于后悔过去、担心未来的旅行。关注当下，不去追忆过去的荣耀，也不悔恨过去的过错，更不去盲目地憧憬未来，活在幻想中。而是脚踏实地，好好把握珍惜今天，珍惜现在。

我们只能活在当下，活在此时此刻，所有的一切都是在当下发生的，而过去和未来只是一个虚幻的时间概念。通过向当下臣服，可以找到真正的力量，找到获得平和与宁静的入口。在那里，我们能找到真正的欢乐，拥抱真正的自我。关注当下需要保持对当下的充分觉知，尤其是对内心状态的觉知，不管是愤怒、嫉妒、好胜……无论是什么，承认那一刻的事实，掌握真实的觉知。当发现自己的思绪飘向过去或未来时，不要评判，把它带回到当下，感受此时此刻身心体验。

有一个美国商人坐在墨西哥海边一个小渔村的码头上，看着一个墨西哥渔夫划着一艘小船靠岸，小船上有好几尾大黄鳍鲔鱼。这个美国商人对墨西哥渔夫能抓这么高档的鱼恭维了一番，还问要多少时间才能抓这么多？墨西哥渔夫说，才一会儿工夫就抓到了。美国人再问，你为什么不待久一点，好多抓一些鱼？墨西哥渔夫觉得不以为然：这些鱼已经足够我一家人生活所需啦！美国人又问：那么你一天剩下那么多时间都在干什么？墨西哥渔夫解释：我呀？我每天睡到自然醒，出海抓几条鱼，回来后跟孩子们玩一玩；再跟老婆睡个午觉，黄昏时晃到村子里喝点小酒，跟哥儿们玩玩吉他。我的日子可过得充满又忙碌呢！

美国人不以为然，帮他出主意，他说：我是美国哈佛大学企管硕士，我倒是可以帮你忙！你应该每天多花一些时间去抓鱼，到时候你就有钱去买条大一点的船。自然你就可以抓更多鱼，在买更多渔船。然后你就可以拥有一个渔船队。到时候你就不必把鱼卖给鱼贩子，而是直接卖给加工厂。然后你可以自己开一家罐头工厂。如此你就可以控制整个生产、加工处理和行销。然后你可以离开这个小渔村，搬到墨西哥城，再搬到洛杉矶，最后到纽约，在那经营你不断扩充的企业。墨西哥渔夫问：这又花多少时间呢？美国人回答：十五到二十年。

墨西哥渔夫问：然后呢？美国人大笑着说：然后你就可以在家当皇帝啦！时机一到，你就可以宣布股票上市，把你的公司股份卖给投资大众；到时候你就发啦！你可以几亿几亿地赚！

然后呢？美国人说：到那个时候你就可以退休啦！你可以搬到海边的小渔村去住。每天睡到自然醒，出海随便抓几条鱼，跟孩子们玩一玩，再跟老婆睡个午觉，黄昏时，晃到村子里喝点小酒，跟哥儿们玩玩吉他。

墨西哥渔夫疑惑地说：我现在不就是这样了吗？

放下推测、判断与假象，把注意力集中在当下，墨西哥渔夫惬意、休闲而满足，不担忧未来、不后悔过去，全然地欣赏和享受此时此刻。美国人则把思维定格在未来，在一系列功利性目标的牵引下，在头脑中播放出一幕又一幕的未来幻象。如果真的据此行动，每一个无法轻易实现的事情都将破坏积极的心态。因此，我们要像墨西哥渔夫那样关注当下，珍惜现在拥有的一切，快乐生活，始终保持一颗平常心，在愉悦的每一天中活出自己的真性情。

二、注重正面感受

正面感受是个体对待自身、他人或情境的积极、正向、稳定的心理状态。正面感受给人以力量，是主动的生活态度，反映了个体的见识、胸襟与魄力。在日常的学习、工作与生活中，不少人能体验到自己心中所存在的正面感受，如愉悦、平和、从容、舒畅等，这些正面感受是维持内心世界勃勃生机的必要能量，是体现生命意义的重要因素。

正面感受不仅是许多“豁达”“开悟”与“活在当下”之人的特权，也有可能有条件地赐予那些仍未走出病态思维泥潭的人。当后者精神受到极大震撼，或身体经历极度挑战时，思维会暂时中断，在思维空白处有可能会感受到内心的宁静，并时常伴随着爱与喜。一些人喜欢参加极限活动，如登峰、飙车、蹦极等，就是因为这些注意力高度集中的活动使他们从病态思维中解放出来，体验到了平静、从容、满足等正面感受。

（一）乐观积极

日本著名的管理大师安岗正笃说过：“心态变则意识变，意识变行为变，行为变则性格变，性格变则命运变，也就是说心态决定了我们的命运”。生活，就应当努力使之美好起来。而一切的和谐与平衡，健康与健美，成功与幸福，都是由乐观积极的向上心态产生与促成的。拥有乐观积极心态的人，能使自己避免消极情绪的干扰，体验健全、正常、和谐人生所带来的喜悦；反之则心头会被悲观的思想所萦绕，搅扰自己对生活的乐观，对工作的愉快，对事业的兴奋……

罗森在一家夜总会里吹萨克斯，收入不高，然而，却总是乐呵呵的，对什么事都表现出乐观的态度。他常说：“太阳落了，还会升起来，太阳升起来，也会落下去，这就是生活。”

罗森很爱车，但是凭他的收入想买车是不可能的。与朋友们在一起时，他总是说："要是有一部车该多好啊！"眼中充满了无限向往。有人逗他说："你去买彩票吧，中了奖就有车了！"

于是他买了两元钱的彩票。可能是上天优待于他，罗森凭着两元钱一张的体育彩票，果真中了个大奖。

罗森终于如愿以偿，他用奖金买了一辆车，整天开着车兜风，夜总会也去得少了，人们经常看见他吹着口哨在林荫道上行驶，车也总是擦得一尘不染的。

然而有一天，罗森把车泊在楼下，半小时后下楼时，发现车被盗了。

朋友们得知消息，想到他那么爱车如命，几万元钱买的车眨眼工夫就没了，都担心他受不了这个打击，便相约来安慰他："罗森，车丢了，你千万不要太悲伤啊！"

罗森大笑起来，说道："嘿，我为什么要悲伤啊？"

朋友们疑惑地互相望着。

"如果你们谁不小心丢了两元钱，会悲伤吗？"罗森接着说。

"当然不会！"有人说。

"是啊，我丢的就是两元钱啊！"罗森笑道。

当生活像一首歌那样轻快流畅时，笑颜常开乃易事；而在一切事都不妙时仍能微笑的人，是真正的乐观。罗森的新车被偷时，他并没有像一般人一样，沉浸在重要资产被偷窃的愤怒、悲伤与郁闷之中，而是很乐观积极地将这件事看成丢失了买彩票的2元钱，并很释怀地再次投入当下的生活之中。面对盗贼的干扰，美国前总统罗斯福的表现同样值得我们学习。

美国前总统罗斯福的家中被盗，丢失了许多东西。一位朋友闻讯，忙写信安慰他，劝他不必太在意。罗斯福给朋友写了一封回信："亲爱的朋友，谢谢你来安慰我，我现在很平安，感谢生活。因为，第一，贼偷去的是我的东西，而没伤害我的生命；第二，贼只偷去我的部分东西，而不是全部；第三，最值得庆幸的是，做贼的是他，而不是我。

不论遭遇任何困难，都应该像罗斯福那样，以乐观积极的心态去面对，才能焕发热爱生活的激情。积极乐观是成功者的重要法宝，因为在他们眼中，每一种逆境都可能被看作含有等量或更大收成的种子。

对于聪明的犹太人说，这个世界上卖豆子的人应该是最快乐的，因为他们永远不担心卖不出去。假如他们的豆子卖不完，可以拿回家磨成豆浆，再拿出来卖；如果豆浆卖不完，可以做成豆腐；豆腐卖不成，变硬了，就可以当豆腐干来卖；豆腐干再卖不出去的话，就腌起来，变成腐乳。还有一种选择，卖豆人把卖不出去的豆子拿回家，加上水让豆子发芽，几天后就可以改卖豆芽；豆芽如卖不动，就让它长大些，变成豆苗。如果豆苗还是卖不动，再让它长大些移植到花盆里，当盆景来卖；如果盆景再卖不出去，再把它移植到泥土中去，让它生长。几个月后，它结出了许多新豆子，一颗豆子现在变成很多豆子，想想那是多划算的事！

人生不如意事十之八九，每个人都面临着各种各样的问题。人生的多变、工作的不顺、生活的不满、他人的误解等，都容易使人抱怨、苦闷、烦躁、怨天尤人，心态跌入低谷，意志随之消沉。但是，这样并不会带来任何转机。唯一办法只能是不断进行自我反省与调整，发现并放大内心积极乐观的感受。正如普希金所言："假如生活欺骗了你，不要忧郁，也不要愤慨，相信吧，快乐之日就会到来"。

（二）平和洒脱

平和洒脱，才能遇事不乱、处变不惊。当拥有平和洒脱的心态时，能坦然面对一切，做到看得开、放得下、想得明白，能容、能让、平心静气。否则在困境或打击面前很可能沉默不语、垂头丧气，或暴跳如雷、发泄一通，又或是啧有烦言，怨天尤人。只有思想通透了，行事才会通达，内心才会通泰，有欲而不执着于欲，有求而不拘泥于求。因此，内心的平和洒脱是从狭小走向辽阔，从狂乱走向沉稳，从复杂走向简单、从浮躁走向宁谧的秘诀，是遇事保持冷静、临危保持从容、受难保持超脱的法门，是活得潇洒、活得淡定、活得自在的途径。

有一位禅师非常喜爱兰花，在平日弘法讲经之余，花费了许多的时间栽种兰花。

有一天，他要外出云游一段时间，临行前交代弟子，要好好照顾寺里的兰花。在这段时间，弟子们总是细心照顾兰花。但有一天在浇水时却不小心将兰花架碰倒了，所有的兰花盆都跌碎了，兰花散了满地。弟子们都因此非常恐慌，打算等师父回来后，向师父赔罪领罚。

禅师回来了，闻知此事，便召集弟子们，不但没有责怪，反而说道："我种兰花，一来是希望用来供佛，二来也是为了美化寺庙环境，不是为了生气而种兰花的。”

禅师之所以看得开，是因为他虽然喜欢兰花，但心态却平和洒脱，了却无兰花这个障碍。因此，兰花的得失并不影响他的情绪与对生活的态度。失去了就失去吧，无须留恋；过去了就过去吧，无须遗憾，注重平和洒脱的心态，才能坦然面对一切，让生命充满阳光。

在高速行驶的火车上，一位老人不小心把刚买的新鞋从窗口掉了一只，周围的人倍感惋惜，不料老人立即把第二只鞋也从窗口扔了下去。这举动更让人大吃一惊。

老人解释说：这一只鞋无论多么昂贵，对我而言已经没有用了，如果有谁能捡到一双鞋子，说不定他还能穿呢！

“与其抱残守缺，不如果断放弃”。老人在掉落一只新鞋之后的表现充分体现出其平和洒脱的心态。让我们感受到了老人的睿智与豁达，更体会到了“放弃”的底蕴：有时失去不是忧伤，而是一种美丽，当我们学会用平和洒脱的心态去对待放弃时，我们将拥有更为精彩的生命。

（三）恬淡宁静

恬淡宁静是内心最为深沉的正面感受，没有内心的恬淡宁静是不可能真正拥有满足和幸福。但是真正的恬淡宁静很难达到，即使在万籁俱寂的深夜、在人迹罕至的孤岛，如果无法臣服于当下，内心依然躁动不安。18 世纪法国大革命的思想先驱卢梭曾经写道：

既然怎么活都是一生，一切已成定局，我还有什么可害怕的呢？

长久以来，我苦苦挣扎，结果却是越陷越深。

面对世俗，我缺乏技巧与手段，疏于城府与谨慎，并且直爽、易怒；我的敌人——我自己，毫不心慈手软，不放过任何折磨我的机会。

我很无助，我的一切努力都是徒劳的。

我只剩下一个办法——服从命运的安排。

在这种服从中，我找到了心灵的宁静，我所经历的一切苦难都得到了补偿。

每个人都会时时担心遭受痛苦，而痛苦又是那么不可预测的，这是一种不可言喻的折磨。

所以，把痛苦当成一种美酒吧！接受它，期待它！

有时候，期待中的痛苦来临，有可能不如想象中那样深刻，会轻松很多。

现在，现实的痛苦已经对我起不了多大的作用了，我静静地忍受着我所觉察到的、我所经历的痛苦。

如今，我已经能冷静面对恐惧和因希望而产生的焦虑，单以习惯就足以应付这不可能变得更糟的处境。

肉体的痛苦已久久地沉淀了，心碎的痕迹又何必找寻呢？心灵的宁静，已补偿了我经历的一切苦难。

面对生命中的种种不幸，卢梭曾想尽各种办法控制痛苦，结果却是徒劳的。但当他开始放下无谓的努力，尝试学会接受时，逐渐获得了恬淡宁静的心灵，抚慰了苦难带给他的伤痕。

不为五斗米折腰的陶渊明，从官场退隐后在自己的家乡开荒种田，过起了自给自足的田园生活。在田园生活中，他找到了自己的归宿，写下了许多反映恬淡宁静的田园诗歌。他写农家人生活的悠然自得："暧暧远人村，依依墟里烟"，他写自己劳动的感受："采菊东篱下，悠然见南山"，他也写农人劳作的甘苦："种豆南山下，草盛豆苗稀""不言春作苦，常恐负所怀"……

恬淡宁静，至真至美，至情至性，味道十足而又无比简单，高贵无比却又倍加温暖。诸葛亮认为，"非淡泊无以明志，非宁静无以致远"；程颢写道，"万物静观皆自得，四时佳兴与人同"。恬淡宁静不仅是顺乎自然，也是合乎人道的。通过恬淡宁静，可以感受到天地造化间的生意盎然，发现天理的仁德，所以可以"自得"与"佳兴"。

设想你开着一辆豪车，在一个暴风雨的晚上，经过一个车站，有三个人正在焦急地等公共汽车。

一个是快要临死的老人，他需要马上去医院。

一个是医生，他曾救过你的命，你做梦都想报答他。

还有一个女人/男人，她/他是你做梦都想嫁/娶的人，也许错过就没有了。

但你的车只能再坐下一个人，你会如何选择？

你可能有自己的回答：

老人快要死了，你首先应该先救他。

你也想让那个医生上车，因为他救过你，这是个好机会报答他。

还有就是你的梦中情人。错过了这个机会。你可能永远不能遇到一个让你这么心动的人了。

只有非常少的人能够说出这样的话："给医生车钥匙，让他带着老人去医院，而我则留下来陪我的梦中情人一起等公车！”

如果没有恬淡宁静的内心，我们很难想过要放弃我们已经拥有的、对我们而言极具意义与价值的东西。只有等我们的内心真正安静下来，才能发现自己最在乎的究竟是什么，通过放下固执、狭隘和抗拒，能够得到更多。因此，恬淡宁静是内心最虔诚的修炼、最美丽的祭坛。

三、克治恶欲私欲

欲望指由人的本性而产生的想达到某种目的的要求。欲望是多样的，生存、交往、发展等方面的要求构成复杂的欲望结构，并随着情境的变化而变化。对于正常的人生而言，包含物质需要和精神追求等内容的欲望应该有一个相对合理的界限。一旦突破，就进入了恶欲私欲的疆界。

北宋儒学家程颐认为，人生的恶欲私欲太多，人们总是希望占有更多的财富，拥有更高的地位，享有更大的名望，等等。这些恶欲私欲把个体与外界区分甚至对立起来，给心态带来了巨大的冲击。例如，过分的物欲难免带来与环境争斗，心态受制于能不能实现；过分的情欲难免带来与他人争斗，心态受制于能不能满足。对于真正的智者而言，克治欲望、坦然放手是一种洒脱，是参透人生的一种平和。背负着太多的恶欲私欲，必然奔波忙碌，忧心忡忡。只有抛却心中的恶欲私欲，才能于利不趋，于色不近，于失不馁，于得不骄，进入宁静致远的境界。

人生在世，不可能无欲，追求无欲本身就是一种欲望，关键在于人不能被欲望所牵制。王阳明所提“省察克治之功”，其实所反省、克制心中的恶欲私欲。就像蔓生的水草会逐渐侵蚀掉整个水面那样，恶欲私欲会妨碍心灵之水的流动，日子久了，就会发黑发臭，蝇虫漫天，令人避之唯恐不及。所以克治恶欲私欲，就是清除掉心灵之水上的杂草，保证水流清澈灵动。

（一）克治贪婪

“贪”的本义是爱财，“婪”的本义是爱食。“贪婪”现在多指贪得无厌，即对与自身状况不相称的某一方面的过分欲求。与正常的欲望相比，贪婪没有满足的时候，反而是愈满足，胃口就越大。贪婪总是使人索取，整天惦记着如何谋求更多的色、声、香、味、位、名、利……如果不能及时克制，终将鸡飞蛋打、一无所获。

从前有个老头儿和他的老太婆住在蓝色的大海边，他们住在一所破旧的泥棚里，整整有三十又三年。

老头儿撒网打鱼。老太婆纺纱结线。有一次老头儿向大海撒下网，拖上来的是一网水藻。他再撒了一次网，拖上来的是一网海草。他又撒下第三次网，这次网到了一条鱼，不是一条平常的鱼，是条金鱼。金鱼苦苦地哀求！她用人的声音讲着话："老爷爷，您把我放回大海吧，我要给您贵重的报酬：为了赎回我自己，您要什么都可以。"老头儿大吃一惊，心里还有些害怕：他打鱼打了三十又三年，从没有听说鱼会讲话。他放了那条金鱼，还对她讲了几句亲切的话："上帝保佑你，金鱼！我不要你的报酬，到蔚蓝的大海里去吧，在那儿自由自在地漫游。"

老头儿回到老太婆哪儿去，告诉她这桩天大的奇事。"今天我捕到一条鱼，不是平常的鱼，是条金鱼；这条金鱼会跟我们人一样讲话。她求我把她放回蔚蓝的大海，愿用最值钱的东西来赎回她自己：为了赎得自由，我要什么她都依。我不敢要她的报酬，就这样把她放回蔚蓝的大海里。"老太婆指着老头儿就骂："你这傻瓜，真是个老糊涂！不敢拿金鱼的报酬！哪怕是要只木盆也好，我们的那只已经破得不成样啦。"

于是老头儿走向蓝色的大海，看到大海微微起着波澜。老头儿就对金鱼叫唤，金鱼向他游过来问道："你要什么呀，老爷爷？"老头儿向她行个礼回答："行行好吧，金鱼，我的老太婆把我大骂一顿，不让我这老头儿安宁。她要一只新的木盆，我们的那只已经破得不能再用。"金鱼回答说："别难受，去吧，上帝保佑你。你们马上会有一只新木盆。"老头儿回到老太婆那儿，老太婆果然有了一只新木盆。

老太婆却骂得更厉害："你这傻瓜，真是个老糊涂！真是个老笨蛋，你只要了只木盆。木盆能值几个钱？滚回去，老笨蛋，再到金鱼那儿去，对她行个礼，向她要座木房子。"于是老头儿又走向蓝色的大海（蔚蓝的大海翻动起来）。老头儿就对金鱼叫唤，金鱼向他游过来问道："你要什么呀，老爷爷？"老头儿向她行个礼回答："行行好吧，金鱼！老太婆把我骂得更厉害，她不让我老头儿安宁，唠叨不休的老婆娘要座木房。"金鱼回答说："别难受，去吧，上帝保佑你。就这样吧：你们就会有一座木房。"老头儿走向自己的泥棚，泥棚已变得无影无踪；他前面是座有敞亮房间的木房，有砖砌的白色烟囱，还有橡木板的大门，老太婆坐在窗口下，指着丈夫破口大骂："你这傻瓜，十十足足的老糊涂！老混蛋，你只要了座木房！快滚，去向金鱼行个礼说：我不愿再做低贱的老太婆，我要做世袭的贵妇人。"

老头儿走向蓝色的大海（蔚蓝的大海骚动起来）。老头儿又对金鱼叫唤，金鱼向他游过来问道："你要什么呀，老爷爷？"老头儿向她行个礼回答："行行好吧，金鱼！老太婆的脾气发得更大，她不让我老头儿安宁。她已经不愿意做庄稼婆，她要做个世袭的贵妇人。"金鱼回答说："别难受，去吧，上帝保佑你。"老头儿回到老太婆那儿。他看到什么呀？一座高大的楼房。他的老太婆站在台阶上，穿着名贵的黑貂皮坎肩，头上戴着锦绣的头饰，脖子上围满珍珠，两手戴着嵌宝石的金戒指，脚上穿了双红皮靴子。勤劳的奴仆们在她面前站着，她鞭打他们，揪他们的额发。老头儿对他的老太婆说："您好，高贵的夫人！想来，这回您的心总该满足了吧。"

老太婆对他大声呵斥，派他到马棚里去干活。过了一星期，又过一星期，老太婆胡闹得更厉害，她又打发老头到金鱼那儿去。"给我滚，去对金鱼行个礼，说我不愿再做贵妇人，我要做自由自在的女皇。"老头儿吓了一跳，恳求说："怎么啦，婆娘，你吃了疯药？你连走路、说话也不像样！你会惹得全国人笑话。"老太婆愈加冒火，她刮了丈夫一记耳光。"乡巴佬，你敢跟我顶嘴，跟我这世袭贵妇人争吵？——快滚到海边去，老实对你说，你不去，也得押你去。"

老头儿走向海边（蔚蓝的大海变得阴沉昏暗）。他又对金鱼叫唤，金鱼向他游过来问道。"你要什么呀，老爷爷？"老头儿向她行个礼回答。"行行好吧，金鱼，我的老太婆又在大吵大嚷：她不愿再做贵妇人，她要做自由自在的女皇。"金鱼回答说："别难受，去吧，上帝保佑你。好吧，老太婆就会做上女皇！"老头儿回到老太婆那里。怎么，他面前竟是皇家的宫殿，他的老太婆当了女皇，正坐在桌边用膳，大臣贵族侍候她。给她斟上外国运来的美酒。她吃着花式的糕点，周围站着威风凛凛的卫士，肩上都扛着锋利的斧头。老头儿一看——吓了一跳！连忙对老太婆行礼叩头，说道："您好，威严的女皇！好啦，这回您的心总该满足了吧。"

老太婆瞧都不瞧他一眼，吩咐把他赶跑。大臣贵族一齐奔过来，抓住老头的脖子往外推。到了门口，卫士们赶来，差点用利斧把老头砍倒。人们都嘲笑他："老糊涂，真是活该！这是给你点儿教训：往后你得安守本分！"

又过一星期，老太婆胡闹得更加不成话。她派了朝臣去找她的丈夫，他们找到了老头把他押来。老太婆对老头儿说："滚回去，去对金鱼行个礼。我不愿再做自由自在的女皇，我要做海上的女霸王，让我生活在海洋上，叫金鱼来伺候我，叫我随便使唤。"

老头儿不敢顶嘴，也不敢开口违拗。于是他跑到蔚蓝色的海边，看到海上起了昏暗的风暴：怒涛汹涌澎湃，不住的奔腾，喧嚷，怒吼。老头儿对金鱼叫唤，金鱼向他游过来问道："你要什么呀，老爷爷？"老头儿向她行个礼回答："行行好吧，鱼娘娘！我把这该死的老太婆怎么办？她已经不愿再做女皇了，她要做海上的女霸王；这样，她好生活在汪洋大海，叫你亲自去伺候她，听她随便使唤。"

金鱼一句话也不说，只是尾巴在水里一划，游到深深的大海里去了。老头儿在海边久久地等待回答，可是没有等到，他只得回去见老太婆，一看：他前面依旧是那间破泥棚，她的老太婆坐在门槛上，她前面还是那只破木盆。

在普希金的《渔夫和金鱼的故事》中，老太婆无休止的追求变成了贪婪，从最初的清苦，到逐步拥有辉煌与繁华，最终又回到原点。如果她能及时收手，贵妇或女王的生活足以保障她的一世荣华，可惜她不知道适可而止，最终因过度贪婪而一无所获。

（二）克治痴迷

痴迷指非常迷恋某人或某种事物而不能自拔。痴迷使人全力追求某一个特定的人、情景或事物。如果无法获得满足，痴迷会让意念与行为发生扭曲，因求之不得而苦；假如得到了所痴迷的东西，又害怕不能永远拥有它们，因恐惧离别而苦。总之，不得也苦，得也苦。克制痴迷，能使内心免受不必要的煎熬。

一个富翁整天忙着赚钱，钱多得不得了，但他仍然感觉不到快乐。他的邻居是一位穷小子，不过令富翁感到奇怪的是，这个穷得叮当响的邻居却过得很快乐，每天都能听到他那开心的笑声和歌声。

自己那么有钱都不快乐，而这一穷二白的邻居却十分快乐。富翁十分郁闷，便问他的管家是怎么回事。

管家老于世故，回答道："这位邻居这么快乐，这是由于现在有一份坦然的心境，能够安贫乐道。不过你可以用这样一个法子来让他失去快乐。"

富翁好奇地问："用什么法子，能让一个穷得不能再穷的人失去快乐？"

管家说："很简单，你只要把100块金币送给他就行了。"

富翁当然不相信，他想一个人穷成这样子还能这么快乐，如果凭空得到100块金币，还不把他乐死了？他的钱多的是，这点钱对他来说是九牛一毛，便决定用100块金币来做个试验。

第二天，富翁便和管家一道，把100块金币送给隔壁的穷小子，怕他不相信，还特意声明是无偿赠送的，并当场立下了字据。

100块金币对穷邻居来说，可是一个天文数字般的大数目呀。穷邻居简直不敢相信有这样的好事从天而降，等富翁他们走后，他不禁高兴地大声唱起歌来。

隔壁富翁听到他的歌声，苦笑着看看管家，意思是说，瞧，人家还是这么快乐，看来这100块金币是白送给他了。

管家很有信心，淡淡地一笑说："主人，过两个时辰我们再看看吧。"

穷邻居的高兴劲一过，他便开始犯愁了，他一个一个地数着那金灿灿的金币，心想："这么多的金币，放到哪里才好呢？放在家里吧，万一被小偷偷去怎么办？存到钱庄去吧，利息又太低不合算。拿去做生意吧，万一亏本了就全完了……"想了一晚上，他终于决定在床铺下挖一个坑，把金币埋在里面。

这天晚上，富翁只听到邻居家传来叮叮当当的挖地声，第一次没有听到邻居那快乐的歌声了。

第二天，发了财的邻居哪里也不敢去，他守在家里，深怕自己的金币被别人偷走去，又总在为一个问题烦恼：要是自己用完了这100个金币该怎么办？金币可是用一个就少一个啊。他整天想着这些恼人的问题，变成了一个忧心忡忡的人。

由于对100个金币的痴迷，穷邻居的生活失去平衡，他也由一个安贫乐道的人变成了一个忧心忡忡的人。如果他能把心态放平，不把注意力集中于本来就不属于自己的东西，只当成一个意外的收获，相信富翁赠送的金币会使他的生活更加幸福快乐。

"虽处富贵，常有烟霞物表之思。视弃千金，犹如土芥，藜羹珍鼎，锦衣缊袍，大厦穷庐，视之如一。"王阳明教导我们，即使身处荣华富贵，也能从中超然而出，不为这些名利所羁绊。当克制了痴迷之后，千金和土粒，野菜和佳肴、锦衣和旧袍，高楼草庐，就好像是同样东西一般。

一个年轻的戏子跟着师傅学艺，并到处演出，也参与演了很多角色，有时演学生、商人、农夫、乞丐，有时演文人、官差、帝王、将相，由于演得入戏，经常沉浸在角色中不能自拔，在演戏过程时常随着角色的人生起伏而悲欢，为道具的使用而争抢，为和自己有关角色的人生而牵挂担忧。为此他生活的痛苦不堪。

师傅告诉他第一个忠告：要看得破，放得下，不要跟人抢道具。从此他便能理智对待自己所演的角色，并时时提醒自己在演戏，这只是舞台，不是真实的。心理压力没有了，但却从此融不进角色，不能很好地和其他戏子配戏，剧团准备不再用他了，生活陷入了困顿。

师傅又告诉他第二个忠告：放得下，要拿得起，才会有一碗饭吃。从此他又能很好地演戏了，在台上他把各种角色演得很自如，下台后马上能走出角色，能随时进出各种角色，无论是出演学生商人、农夫乞丐、文人官差、帝王将相，都能行云流水，无滞无碍，终于成为一代名角。

临终前他自己总结了第三个忠告：要知道一切本来就不是你的，所以也就没什么要放下的，就会运用自如。

其实我们每个人都是戏子，一生中我们出演了种种角色，时时陷在戏里，为戏中人的悲欢离合、荣华富贵、田宅钱财争抢奋斗和痛苦不堪。却忘了其实这一切都是舞台上的虚名和演戏的道具，下台时什么也带不走。那些与我们配戏的家亲眷属、恩怨仇敌也是戏子，来来去去都是导演安排的。天地大舞台，人人是戏子，演戏与看戏，莫起痴迷。

一个重视心灵修养和成长的人，对待外物应采取豁达的态度，拥有了这些东西，这是顺应机缘，也就顺乎自然地使用它们；这些东西失去了，就是事物与自己缘分已尽，不再痴迷，应安于时势而顺应变化。这就是古人所说的“不以物喜，不以己悲”。只有这样，才能觅得内心的快乐与自由。

（三）克治愤怒

愤怒即生气，即因不合心意或欲望没有得到满足而发怒。如果愤怒占领了思维，就会不停地想别人对你做的事，或者你将要对别人做的事，进而唤醒恶欲私欲。愤怒具有很强的破坏性，它能毁坏一个人的学业、事业、人脉、家庭和身体等。因此，愤怒是人生幸福的最大障碍之一，是成功的“拦路虎”。“忍一时风平浪静，退一步海阔天空”，这样才能保持基本的判断，体验真实的生命。

有一个人在山间小路开车，正当他悠哉悠哉地欣赏美丽风景时，突然迎面开来一辆货车，司机摇下窗户大喊一声："猪！"

现在的人怎么这样无礼，无缘无故地骂人？这个人越想越愤怒，也摇下车窗扭头大骂："你才是猪！"刚骂完，他便迎头撞上一群过马路的猪。

其实，那位货车司机是提醒他前面有一群猪，但他却从"自我"的角度出发，以为别人是骂他，控制不住自己的愤怒之心，向对方怒骂回去。最终给自己带来了很大的麻烦，伤人不成反伤己。

古时候有一个人，他一想生气就跑回家去，然后绕自己的房子和土地跑三圈。后来他的房子越来越大，土地越来越多。而每当他生气时，他仍然还是要绕着房子和土地跑圈子。直到老了，依然是这样。

有一次，他的孙子问："爷爷，你为什么一想生气时就绕房子和土地跑呀？"

这人回答说："年轻时，我一和人吵架、争论，想生气时，我就绕自己的房子和土地跑三圈。我边跑边想，自己的房子那么小，土地那么少，哪有时间和精力去跟别人生气呢？一想到这，我的气就消了，也就有更多的时间工作和学习了。"

孙子又问："爷爷，成了富人后，您为什么还要绕着房子和土地跑呢？"

这人说道："成为富人之后，边跑我就边想，房子那么大，土地那么多，又何必和人计较呢？一想到这，我就更不想生气了"。

当爷爷想生气时，并没有急于发泄愤怒，而是冷静下来，先围绕房子和土地跑步，然后通过自省化解了生气的想法。爷爷把花在生气上的时间节省下来，投入工作和学习，先是变成了富人，然后更不会生气了。

乘坐飞机的人们能够体验到：飞机上升到一定高度，超越了雷雨交加的云层时，将会出现一种奇特的现象，往下看去，尽管云层下面电闪雷鸣，下着倾盆大雨，而云层之上却无一丝阴云，充满着朗朗阳光。这时的飞机，丝毫不受恶劣的外界环境影响，平稳地飞行着。

我们的心灵也是一样，在某种水平下，会有种种恶欲私欲的乌云遮蔽心性的光明，让我们生活在黑暗的阴霾里。然而，当我们跨越云层之后同样会发现，云层之上，晴空万里。带着这种更高的境界和体验，再回到现实中来时，我们能用更智慧的眼光来看事物，能承受更大的压力和磨难，从而使自己的想法和行动似乎具有“神来之笔”……

四、追求真善美

真善美可以指内心的真诚、善良与美丽。古人云：“不患位之不尊，而患德之不崇”。真善美是儒家文化的基本意涵，真善美的行为最能打动人，真善美的价值最能感化人。追求真善美不仅需要孜孜不倦、心无旁骛、静谧自怡、博而愈专，而且需要勤学善思、持之以恒、久久为功，涵养自处。在学习、工作与生活的过程中，既有成功的喜悦，困难和压力也会不期而至，经过真善美的雕琢，无论顺境、逆境，都可转化为人生的财富。在真善美的引导下，个体能够培养高洁的操行和纯朴的情感，使自己成为高尚的人。

（一）求真

真指真实与真诚，是事物的真相、世界的真理，人间的真情，更是人心最原本的状态，不加伪装的真让人感受到简单、可信，有安全感。著名的漫画家丰子恺有一幅名为“无人之处”的画，画上的那个人在有人的时候总是戴着一个面具，笑容礼貌客气，但是在没有人的时候摘下面具的他，面目狰狞，令人作呕。这就是伪君子、小人，当面一套背后一套，表里不一，而真实的人与此类人的区别是，真实者在任何时候都一个样，不会因为外界的干扰而改变自己的言行。

在一所大医院的手术室里，一次手术正在紧张地进行着。

在这次的手术中，有一位年轻的护士是第一次担任责任护士，而且是为一位赫赫有名的外科专家做助手。

复杂艰苦的手术从清晨进行到黄昏，眼看患者的伤口即将缝合，女护士突然严肃地盯着外科专家，说：“大夫，我们用了十二块纱布，您只取出了十一块。”

“我已经都取出来了，”专家断言道，“手术已经进行一整天了，立刻缝合伤口。”

“不，不行！”女护士高声抗议，“我记得清清楚楚，手术中我们用了十二块纱布。”

外科专家不理睬她，命令道：“听我的，准备——缝合！”

女护士毫不示弱，她几乎大声叫起来："您是医生，您不能这样做！"

直到这时，外科专家冷漠的脸上才泛起一丝欣慰的笑容。他举起左手心里握着的第十二块纱布，向所有的人宣布："她是我合格的助手。"

故事中的护士面对权威专家的命令，丝毫没有退缩与妥协，因为她坚信自己看到的事实，坚信自己的行为是符合事实依据、符合职业道德的。正是她勇于求真、忠于事实的行为，通过了外科专家的考验，成为一位合格的助手。追求真实不仅是职业品质的体现，也是道德品质的体现，能够在各种压力面前维护内心最本真的自己，揭穿"皇帝的新装"。

除了真实，"真"还有真诚之意。如果你不能给予别人百分之百真诚的话，你总是会怀疑自己会受到伤害。拿出十足的真诚，对待所有的人和事，至少得到自己内心的安宁。

一个小男孩和一个小女孩在玩耍，小男孩收集了很多石头，小女孩有很多的糖果，小男孩想用所有的石头与小女孩的糖果做个交换，小女孩同意了。

小男孩偷偷地把最大和最好看的石头藏了起来，把剩下的给了小女孩，而小女孩则如她允诺的那样，把所有的糖果都给了男孩。

那天晚上，小女孩睡得很香，而小男孩却彻夜难眠，他始终在想，小女孩是不是也跟他一样，藏起了很多糖果？

很显然，故事中的小男孩并不真诚，因此不断地猜疑，对真诚的亵渎给他引来了心魔，无法像小女孩那样幸福安睡。很多事情没有对与错，只有因和果，当我们付诸百分之百的真诚去对待身边的人，不用去考虑他会以何种方式回报，所有美好都会被吸引而来。

天生不会听、不会看的海伦·凯勒小时候是个脾气很坏的孩子，在她最需要帮助时，莉莎文老师轻轻地走进了她的生命。她带海伦到河边，让她触摸水的温柔；她抱着海伦，让她触摸树上花朵的轻盈；最重要的是，她不厌其烦地在她手背上写字母，告诉她：这叫"水"，那叫"花"……

真诚如一股清泉慢慢渗透海伦的心，海伦变得如小天使般快乐、听话、好学，长大后成为世界著名的文学家。

真诚能为他人打开心窗，让那些久处黑暗的人们感受灿烂的阳光。正是莉莎文老师的真诚，唤醒了海伦的心，塑造了一位未来的文坛巨匠。

追求内心的真，还能让成长与进步来得更加茂盛。刘备三顾茅庐，以真诚感动了诸葛亮，建立了三分天下的伟业；杨时程门立雪，以真心求教打动了程颐，成为北宋的大学问家……蓝天之所以唯美是因为白云纯洁无痕，大海之所以辽阔是因为碧水八方一汇，生活之所以进步是因为求真之人一领先锋。

（二）求善

善指善良与仁爱，讲究为人处世善待他人、善待自己、善待生命、善待自然，由善而产生柔软之心、悲悯之心、不忍之心。“人之初，性本善”，善良是上天赋予的礼物，是根植于内心世界的。善良不是别人制定的规范与约束，是内心自然而然产生的一种外界人、事、物温柔而怜爱的感受。当体验到内心涌出善良之意时，不要忽略，要立即将它付诸行动，让善良之花在内心中绽放。

A是很在意别人看法的那种人。

A上大学的时候，有一次和一个朋友到江边的公园玩，因为事先看过天气预报，知道会下雨，所以都带了伞。

下午快四点的时候，他们路过一条都是小摊小贩的街，然后突然下起雨来，买卖的人群赶紧以最快的速度散开，A和朋友也很快躲到了路边的屋檐以下，然后A注意到在马路中间有一个没有腿的乞丐，正在努力地用手支撑着走路，向对面的屋檐下走去。

雨顺着乞丐破烂的衣服流下来，他的头发湿透了，他低下头，努力让自己少淋湿一些，然后用力地摆动双手。

A当时第一反应就是打开伞，可是当等到A想冲出去的时候，却发现两边屋檐下的人没有动静，他们平静地看着乞丐在雨中划动，于是A犹豫了，别人都没有看见吗？

A询问他的同学，想从同学那里得到一丝行善的鼓励，“要不要过去给他打一下伞？”A小心翼翼地问同学。

“不用了吧，大家都没有人去，他一会就到了吧。”同学说。

然后A又退回屋檐下，收了伞，默默地低下了头。

A没有去看乞丐，他的确不久就到了屋檐下，雨也很快停了。

只是那天晚上躺在床上的时候，A总是睡不着，一闭眼，A的脑海里就浮现出那人在雨中低着头，努力用手支撑走路的样子。

那场雨在A的心里下了很久。

A用了很长的时间去反省，为什么不去给他打伞，自己明明有这个想法的，为什么自己不去做？

因为大家都不去，因为怕别人觉得自己做作，因为害怕自己鹤立独行，因为自己在意别人的看法，因为自己不够想去做，还是因为……

A 想了很多，内心自责了很久，最终告诉自己，以后不管发生什么，都不要违背内心最初的善良本意。

“但行善事，莫问前程”，当你感受到内心的善意出现时，如果因为在意他人眼光，空有念头却无作为的话，那么你的内心会愧疚、会不安，觉着在背叛真实的自我。而当将心中的善意和爱化为行动时，内心就会产生不可替代的轻松感和满足感。因此，如果你的内心告诉你某种行为是善意的、是正确的，那就做吧，不用在意他人的看法与议论。

善与爱往往结伴同行。我们不仅需要感受爱，更需要散播爱心，可以尝试从家人开始，多一分爱给孩子、丈夫/妻子、亲人，然后是邻居……让每个我们所接触到的人都有如沐春风的感觉。给别人一个关怀的眼神，一个灿烂的微笑，一个温暖的拥抱，为上帝的仁慈做见证。正如夏尔丹（法国）所说，“人类在探索太空，征服自然后，将会发现自己还有一股更大的能力，那就是爱的力量，当这天来临时，人类文明将迈向一个新的纪元”。

在第二次世界大战最困难的岁月里，法国最大的面包经营商杰瑞把大量面包无偿捐献给饥饿中的平民和军队，被戴高乐将军称为“面包慈善家”。第二次世界大战结束以后，杰瑞获得了法国国家贡献奖章。他说，获得这个奖的不应该是他，而是他家所在小镇上的面包师密特朗先生。杰瑞以充满崇敬的语调向在场的人们讲述了自己童年的一段经历：

在 12 岁那年，他的故乡发生了大饥荒，很多人因为家里断粮饿死了。这个时候，镇上唯一的面包师密特朗先生把镇上最穷人家的 25 个孩子叫到了自己的面包店里，便让工人端来一只盛了 25 块面包的筐子，然后告诉孩子们：从今天开始，你们每天这个时候都可以到这里来拿一块面包，直到饥荒结束。

还没有等密特朗先生讲完，很多孩子就迫不及待地去筐子里抢面包了。面包有大有小，很多孩子自然去抢大一些的面包，甚至因此发生了争执。杰瑞也是 25 个穷困孩子中的一个，他没有像其他孩子那样去争抢，而是等密特朗先生话说完，才走到筐子面前去拿面包。自然，剩下的是最小的一块面包了。

密特朗先生问他：“你为什么不去抢呢？”杰瑞回答说：“能得到您施舍的面包就很幸运了。怎么还能无理地去抢呢？再说，总有人要得到最小的一块。”更让密特朗先生吃惊的是：其他孩子抢到面包后，当场就吃掉了；而杰瑞却在向他道谢后，把面包小心翼翼地拿在手里，回家了。密特朗先生猜想，杰瑞一定是把面包拿回家同家人一起分享。他开始注意杰瑞，发现一连五天，他都是拿了最小的面包，然后直接回家。

第六天，他悄悄跟踪了杰瑞，发现杰瑞每天把面包拿回家，是为了分一半给生病的奶奶吃。

第七天，当杰瑞掰开面包给奶奶吃的时候，奇迹出现了：面包中有一块金币！在当时，一块金币足以开一个面包店了。杰瑞对奶奶说，一定是密特朗先生不小心把金币掉在面包里了，应该送回去。奶奶也鼓励他马上送回去。

当杰瑞来到密特朗先生家里时候，发现密特朗先生正在等着他。他对杰瑞说：孩子，我知道你来的目的。回去告诉你的奶奶，这块金币是对你的奖赏，你回去开一家面包店吧。

杰瑞的事业，就这样起步了，密特朗先生不仅给了杰瑞最初的资金，而且专门派面包师向他传授技术。杰瑞 26 岁的时候，已经成为欧洲最大的面包经营商。

杰瑞的故事讲完后，人们把热烈的掌声送给他，当然，这掌声也是送给密特朗先生的。

世界上最强大的不是坚船利炮，而是一颗仁慈的爱心。故事中的面包师密特朗先生正是用慈爱之心，帮助穷小子杰瑞。在成为欧洲最大的面包经营商后，杰瑞把大量面包无偿捐献给饥饿中的平民和军队，被称为“面包慈善家”。杰瑞以身作则，不仅感受爱，而且传播爱，获得人们的赞颂与掌声。

在生活中，保持对善良与爱的追求，既是有益于他人，也有益于自己。地位、财富固然重要，而真正使人获得永久尊重和帮助的还是那颗善心。把无私的爱献给周围的人——父母、同学、朋友以及那些陌生人。可能你会发现，当陷入困难需要帮助时，向你伸出援手的是那些你曾经帮助过的人。

（三）求美

美指美丽与美好，能给人带来愉悦与满足的事物。追求一切的美好，是生命的升华涅槃。因此我们需要也应该擅长于对美的欣赏，热衷于对美的营造，进而享用美所加添的内心喜乐。

一个客人在机场上坐上一辆出租车，这辆车地板上铺满了羊毛地毯，地毯边上缀着鲜艳的花边，玻璃隔板上镶着名画的复制品，车窗上一尘不染。客人惊讶地对司机说：“从没搭过这样漂亮的出租车。”

“谢谢你的夸奖。”司机笑着回答。

“你是怎样想到装饰你的出租车的？”客人问道。

“车不是我的”，他说，“是公司的。多年前我本来在公司做清洁工人，每辆出租车晚上回来时都像垃圾堆。地板上净是烟蒂和垃圾，座位或车把手上甚至有花生酱、口香糖之类的东西。我当时想，如果有一辆保持干净、美丽的车给乘客坐，乘客也许会多为别人着想一点。”

“领到出租牌照后，我就按自己的想法把车收拾成了这样。每位乘客下车后，我都要查看一下，一定替下一位乘客把车收拾得十分整洁。我的出租车回到公司仍然一尘不染。”

“从开车到现在，客人从来没有让我失望过。没有一根烟蒂要我拣拾，也没有花生酱或冰淇淋蛋筒，更没有一点垃圾。先生，我觉得，人人都欣赏美的东西。如果我们的城市多种些花草树木，把建筑物弄得漂亮点，我敢打赌，一定有更多的人愿意把垃圾送进垃圾箱。”

正如故事中的出租车司机一样，用心地装饰自己的车子，维持着车内良好的环境，乘客也随之做出改变，一起维持这美好的环境了。你用心珍惜，他人自然会有所感受。当我们不再将眼睛盯着别人，回到自己的心灵世界，将尘埃打扫干净，你会发现自己愉快了，别人也会跟着愉快了。

美好的事物给人以愉悦感，见到美丽的自然景色，你会发出赞叹之声；听到动听的音乐，你会不自觉地驻足聆听；见到干净美好的环境，你会下意识地维持它、保护它。这就是追求美好的真实体现。所以尽量保持追求美、享受美的状态，在这种状态里内心必然是美好的，“凝思静虑，拟形于心”，外界的事物自然就美好起来。精神如此专注在美好而光明的境界上，自然就能美好而光明的东西吸引过来。

（四）融为一体的真善美

很多人认为真善美是分开，这种理解相对片面。为什么是真善美，而不是善美真或美真善呢？原因是真善美是一个过程。也就是当人们觉醒后，首先感受到的是真，如自我的存在、真实的世界等。只有感受到真以后，才能让自己善待周围的一切。当自己感受到善以后，万事万物就会更多的回馈，产生美的感觉，带来幸福和愉悦。简而言之，真善美三者缺一不可，返璞归真才能善待一切，之后才能感受到世界的美好。

真善美是每个人都愿意寻求和接受的，它们能使人产生共鸣，使心灵及生命得到升华。有真善美的存在，人类的生活才有生机有意义，真善美的含义其实就是生命的意义。

第二节　内心观念溯源

所谓“内心观念溯源”，是指对内心深处针对生命意义、生活价值等问题所持立场的反省与思考。内心观念既包括对于善恶、是非、成败得失、价值大小等问题的评价标准，又包括对人生目的、世界构成、万物联系等问题的判断与回答。具体而言，内心观念溯源可以细化为反思价值观、反思人生观和反思世界观三个方面。

一、反思价值观

价值观指人们在认知、理解、判断或抉择等思维基础上，所形成的有关具体对象价值的总体看法和态度观点。价值观一方面表现为价值取向、价值追求，凝结为一定的价值目标；另一方面表现为价值尺度和价值标准，成为人们具体人、事、物有无价值及价值大小的评价标准。价值观具有相对的稳定性、持久性、历史性、选择性、主观性等特征，在通过内心尺度进行衡量和评价过程中反映出人的主观认知世界。

儒家强调“积极入世”，在“修身、齐家、治国、平天下”的要求与“三纲五常”的约束下，倡导“富贵不能淫、威武不能屈、贫贱不能移”，通过“致中和”而“生生不息”，最终实现“立功、立德、立言”的成就。从某种程度上讲，经过“去存取精、去伪存真”后的儒家价值观依然博大精深，可以成为我们人生前行的基石，获得成功的保证，能够使我们在面对大是大非问题做出正确的抉择。在对价值观进行反思的过程中，“抓主要矛盾、抓矛盾主要方面”的原则，可以从价值追求反思、价值标准反思等问题展开。

（一）反思价值取向

我们每天都会面对各种选择，而最终的决定体现出不同的价值取向。例如，认为随心所欲、偷懒懈怠比自制自律更舒服、更重要的个体，必然追求自身利益、锁定私欲满足最大的选项并将其付诸行为。然而，价值取向也是因人而异的，不能想当然的以己度人：在“江山”与“美人”面前，我们很可能认为前者更重要，然而历史上不只一位君王选择了后者，如周幽王、唐后主、顺治帝……因此，在反思价值观时，我们应该思考，重要的是什么？为什么？

有三个富豪被同时关进监狱，时间都是三年。事前，监狱长答应满足每个人一个要求。第一个富豪爱抽雪茄，要了三箱雪茄；第二个富豪爱浪漫，要了一个美丽女子相伴；第三个富豪则要求给自己安装一部电话。

三年很快过去了，第一个富豪从烟雾缭绕中走了出来；第二个富豪出来时，怀里抱着一个孩子，旁边女人的手里牵着一个孩子，肚子里还怀着一个孩子；第三个富豪出来后，紧紧握住监狱长的手说：“谢谢您，三年来我天天与外界联系，生意丝毫没有受到影响。虽然我人被关在监狱里，却一样可以了解外面的世界，赚了不少钱。”

价值取向决定了一个人是否做某事，以及在某事上愿意花费的时间和精力。有什么样的价值取向，就会有什么样的选择；有什么样的选择，就会采取什么样的行动；有什么样的行动，就会得到什么样的结果。故事中的三个富豪，第一个更重视雪茄带来的快感，但出狱后很可能肺部健康会出问题；第二个富豪更重视爱情的滋润，但出狱就要承担抚养孩子照顾家庭的责任；第三个富豪更重视事业，出狱后能赚很多钱，但是在监狱里却像一个苦行僧。

有一个守财奴有一笔钱舍不得用，就将钱埋在地下了，他的心仿佛也埋了进去，他不需要其他消遣打发时光，唯一的快乐就是想那笔财富。他认为钱财只有越想才越有价值，因而也就越舍不得花。他总怕钱财被人偷走，吃不好，睡不安，没事总在那转悠，日子一久被一盗墓贼发现，这人料想此地肯定有宝物，于是不做声不做气地把它盗走了。

第二天早晨，守财奴发现钱财不翼而飞，顿时捶胸顿足，嚎啕大哭，痛不欲生。一个过路人问他为何哭得如此伤心，他抽泣着回答：“有人偷了我的财宝。”

“你的财宝，埋在哪里被偷走的？”

“就在这块石头旁边。”

“嗨，现在是什么日子，难道还是兵荒马乱的年月？你干嘛把财宝埋得这么远？当初你把它放在自己的保险柜里岂不是太平无事？况且随时取用也方便呀。”

“随时取用？上帝啊！难道我用得着贪图这一丁点方便？你没听说过，用钱容易赚取难吗？我是从不动它一指头的。”

过路人笑了：“既然你从不动这笔钱，那你就在这里埋一块石头，把这块石头当作你原来的钱财，因为这对你来说是一样的。”

钱财一般在使用时才能体现出它的价值，而故事中守财奴的价值取向却只是占有，天天惦记自己的财物，并为之心神不宁。虽有财富却过着乞丐的日子，还没有乞丐的洒脱与自由自在，最终被偷盗一空。“君子爱财，取之有道，用之有度”，否则就会像守财奴一样，弄得个“鸡飞蛋打”“竹篮捞水一场空”。

据说在唐玄宗开元七年，有一个姓吕的道士长年修道并有所得，掌握了各种神仙幻变法术。有一天，在邯郸城的旅馆中，吕道士看到一个姓卢的书生愁容满面，攀谈之后才得知，原来这位卢书生厌倦了贫困的生活，十分艳羡和渴望荣华富贵。

吕道士好一番劝解终未能使得卢生对名望钱财释怀，这时，吕道士便拿出一个枕头递给卢生，并且对他说：“你只需枕着我的这个枕头睡觉，它可以让你享尽荣华富贵，逍遥快活，就像你想要的那样。”虽难以置信，但卢生还是接过了枕头。他看到这是一个青色的瓷枕，枕头两端各有一孔，当他把头枕在上面时，很快就有了睡意。

朦朦胧胧中，卢生似乎发现枕头上的洞孔在不断地变大，慢慢地越来越大，里面也越来越明朗起来。于是，卢生就索性把整个身子都钻了进去，然后定睛一看：这不是自己的家里么？之后几个月的光景，他就迎娶了一个大户人家的女儿做妻子，陪嫁的物品非常丰厚，卢生兴奋不已，这才是自己想要的生活。从此以后，卢生的生活似乎一帆风顺，家财也在不断在变得富足。

随即，他参加了第二年的进士考试并一举得中，担任专管代皇帝撰似制诏诰令的知制诰。之后短短的三年，他就升任为同州知州，后又改任陕州知州。卢生喜欢修建治理水土的工程，任陕州知州时集合民众开凿河道八十里，使阻塞的河流畅通，当地百姓都赞美他的功德，对其爱戴有加。于是，没过多久，这位有口皆碑的官员就被朝廷征召入了京城，担任京兆尹，也就是管理京城的地方行政官，升官之路可谓一路顺畅。

没过多久，边境发生战争，于是皇帝便派卢生去镇守边防。卢生到任后，成功击败了敌军，为国开拓疆土900里，职位又迁户部尚书兼御史大夫，功大位高，满朝文武官员深为折服。但是，正所谓“树大招风”，卢生的功成名就使得一些同僚们心生妒忌，于是便起了小人之心，设计陷害卢生。很快，各种各样的谣言都铺天盖地地传开了，大多是在指责他沽名钓誉，结党营私，交结边将，图谋不轨。皇帝在听闻这些谣言后，立刻下诏将他逮捕入狱，还有一些与他私下交好的大臣也一同被诬陷入狱，但很快被处死了，卢生之所以可以免去死罪，全靠他有皇帝宠幸的太监作保，所以才幸免于难，但死罪可免活罪难逃，他被流放到了偏远的地方，受尽苦难。

直到几年后，卢生被诬陷的事情真相大白，于是皇帝又下令召回卢生，重新起用他为中书令，封为燕国公，加赐予他的恩典格外隆重。加上，卢生膝下有五子，个个都成为国家的栋梁之才，卢氏家族成为当时赫赫有名的名门望族，整个京城无人不知无人不晓，人人敬畏，卢生的地位已是无人能敌。

渐渐地，年事已高的卢生感到了身体在逐渐衰老，做事也有些力不从心，于是便屡次上书请求解甲归田，皇上均不予批准。就在他将要死的时候，他拖着病体给皇帝上了最后一道奏折，其中回顾了自己一生的经历并对皇帝的恩宠表示感激。奏折刚递上去不久，还没得到皇帝的回应，卢生就死了。

这时，卢生打了个哈欠，伸了伸懒腰，他似乎发现了些什么，揉了揉自己的眼睛，摇晃几下头，这才发现自己的身子正仰卧在旅店的榻上，而那名吕道士正端坐在他的身旁。触目所见都和睡前一模一样，卢生不可置信地迅速端坐了起来，诧异地问道士：“难道刚刚的一切都只是在做梦吗？”

吕道士并没有明确回答这个问题，而是继续不动声色地说：“人生的适意愉快也不过是这样罢了。”卢生怅然失意了好一会儿，这才明白吕道士所说的话，随即向吕道士连连道谢：我明白了，此时此刻，我终于对那些荣辱的由来，穷达的运数，得失的道理，生死的情形……都彻底地领悟了。这个梦就是先生用来遏制我的私心欲念的啊！谢谢先生的点拨，先生的恩德，我定铭记于心。

“滚滚长江东逝水，浪花淘尽英雄。是非成败转头空。青山依旧在，几度夕阳红……”追求功名利禄是绝大多数人的价值追求，但是这则“黄粱一梦”

的故事告诉我们，荣华富贵就如梦一般，短促而虚幻；许多所谓的美好事物，亦不过顷刻而已，转眼成空。因此，我们有必要重新审视、深入反思自身的价值追求与价值目标。

有一个有钱人快要去世了，但是他的几个儿子还太年轻，他不知道自己的孩子能否承担住自己创下的事业，他的一生都在不断地发展自己的事业，他知道，虽然他的财富能够让他的孩子们富裕地过完一辈子，但是他希望自己的孩子能够亲自享受到奋斗带来的快乐，而不单单是靠金钱来获取一切。

于是他让他的三个儿子去抓蜻蜓。

很快，他的大儿子回来了。他带回来两只蜻蜓。有钱人问："你这么快就捉了两只蜻蜓?"大儿子说："我把你送给我的遥控赛车租给了一位小朋友，他给我3分钱，这两只是我用两分钱向另一位有蜻蜓的小朋友买来的。爸爸，你看这是多出来的1分钱。"有钱人微笑着点点头。

不久，老二也回来了，他带来了10只蜻蜓。有钱人问他："你怎么捉了这么多的蜻蜓?"二儿子说："我把你送给我的遥控赛车放在广场上，如果谁要玩赛车交1只蜻蜓就可以了。要不是怕你急，我至少可以收20只蜻蜓。"有钱人拍了拍二儿子的头。

最后到来的是最小的孩子。他满头大汗，两手空空，衣服上沾满了尘土。有钱人问："孩子，你怎么搞的?"三儿子说："我捉了半天，也没捉到一只，那些蜻蜓好可爱，飞得那么高，我蹦起来都捉不到它们。不过，有好几次我差点抓住了！"儿子眉飞色舞地讲述着，似乎还沉浸在抓蜻蜓的快乐中。有钱人笑了，笑得满眼是泪，他摸着三儿子挂满汗珠的脸蛋，把他搂在了怀里。

第二天，有钱人死了。他的孩子们在床头发现了一张小纸条，上面写着：孩子，我并不需要蜻蜓，我需要的是你们发现捉蜻蜓的乐趣。

故事里的有钱人在奋斗一生后终于明白了价值的真谛：追逐目标很重要，但更重要的是在这个过程中能够发现乐趣、收获快乐。我们生活节奏越来越快，每日步履匆匆。为了自己的价值追求，在繁忙中忽视身边的事物，忽视了生命的体验。我们真应该像第三个孩子那样，发现、体会平凡事物的乐趣与美好，使我们能够把握、享有最为本质的生命价值。

（二）反思价值标准

价值标准是我们判断特定事物是否具有价值以及价值大小的尺度或依据。

价值标准的内涵是丰富的，既包含经济意义的价值标准，又包含政治与文化意义的价值标准，可能还涉及生存、安全、健康、自尊、自我发展与自我实现等方面。在很多情况下，我们谈到价值标准时指的是客观标准，即统一的、公认的价值尺度，例如，“值多少钱”“能用多少天”等。但是，对于每个人而言，都有自身的主管标准，建立在个体的意识、欲望、感情、认知等多种因素之上，还涉及相互比较和转化的情形，在反思自身的价值标准时，一定要多问几个“问什么”“又怎样”。

一个农民在他的地里掘出了一个绝代佳人的大理石雕像。于是他就拿着它到一位喜欢各种艺术珍品的收藏家那里出售。收藏家用十万英镑的高价买下了这尊雕像，然后他们就分手了。

在回家的路上，农民拿着钱边走边想着，自言自语地说道：“十万英镑能使人生活得多么美好！石雕是死的，埋藏在地下谁也梦想不到已有千年，怎么会有人出这么多钱买它呢?”

收藏家却在欣赏他的雕像。他思索着，也自言自语地说：“多么美丽多么栩栩如生！多么伟大的杰作——而它刚从千年的酣睡中苏醒！为何竟有人宁愿不要这一切，而要既无生命又无诗意的钱呢?”

人们的物质基础和精神世界存在着迥然的差异，因此在评价特定事物的依据及尺度不尽相同。故事中的农民在挖到大理石雕像后，评价标准在于它究竟值多少钱，最在意的事是尽快把它卖掉；而收藏家更关注的是大理石雕像的艺术价值，始终惊叹于雕像的美丽及其蕴涵的生命意义。很多人认为只有物质基础才能追求精神享受，而孔子对其学生颜回“贤哉，回也！一箪食，一瓢饮，在陋巷，人不堪其忧；回也不改其乐”的评价，也许能够提供另外一种答案。

韩信是中国古代一位著名的军事统帅，他出身贫贱，从小就失去了双亲。建立军功之前的韩信，既不会经商，又不愿种地，家里也没有什么财产，过着穷困而备受歧视的生活，常常是吃了上顿没下顿。

为了生活，韩信只好到当地的淮水钓鱼，有位洗衣服的老太太见他没饭吃，便把自己带的饭菜分给他吃，这样一连几十天，韩信很受感动，便对老太太说：“总有一天我一定会好好报答你的。”老太太听了很生气，说：“你是男子汉大丈夫，不能自己养活自己，我看你可怜才给你饭吃，谁还希望你报答我。”韩信听了很惭愧，立志要做出一番事业来。

在韩信的家乡淮阴城，有些年轻人看不起韩信，有一天，一个少年看到韩信身材高大却常佩带宝剑，以为他是胆小，便在闹市里拦住韩信，说："你要是有胆量，就拔剑刺我；如果是懦夫，就从我的裤裆下钻过去。"围观的人都知道这是故意找茬羞辱韩信，不知道韩信会怎么办。只见韩信想了好一会儿，一言不发，就从那人的裤裆下钻过去了。当时在场的人都哄然大笑，认为韩信是胆小怕死、没有勇气的人。

其实韩信是一个很有谋略的人。他看到当时社会正处于改朝换代之际，于是专心研究兵法，练习武艺，相信会有自己的出头之日。当全国各地反对秦朝统治的农民起义爆发时，韩信投奔了刘邦的军队。最初，韩信只是做了一个管押运粮草的小官，很不得志。后来他认识了刘邦的谋士萧何，两人经常讨论时事和军事，萧何认识到韩信是一位很有才能的人，于是极力向刘邦推荐，但刘邦仍不肯重用韩信。

一天，心灰意冷的韩信悄悄离开刘邦的军队，投奔别的起义军。萧何得到他离开的消息后，也没向刘邦汇报，赶忙骑马去追韩信。刘邦得到消息，以为是二人逃跑了。过了两天，萧何和韩信回来了，刘邦又惊又喜，责问萧何是怎么回事。萧何说："我是为您追人去了。"刘邦大惑不解："过去逃跑的将领有几十个，你都不去追，为什么单单去追韩信呢。"萧何说："以前逃跑的将领都是平庸之辈，容易得到，至于韩信是难得的奇才。如果您想争夺天下，除了韩信您就再也找不到同您计议大事的人了。"刘邦说："那就让他在你手下作个将领吧"。萧何说："让他做一般的将领，他未必肯留下来。"刘邦说："那就让他作一个军事统帅吧。"

从此，韩信由一名运粮官变成了一位将军。在后来帮助刘邦打天下的过程中，他每战必胜，立下了赫赫功勋。

"胯下之辱"的故事告诉我们，如果用世俗的价值标准去衡量特定事物，那么只能得到世俗的结论。如果韩信意气用事，为了自己的面子而拔剑相向，那么双方至少会有一人死于非命。韩信能忍常人所不能忍，是因为他的价值标准与常人有别，他没有为一时的荣辱去好勇斗狠、睚眦必报，所看重的是能施展才华的未来。忍一时之辱，成千秋大业，是志存高远的表现。

小赵文科毕业，进入了一家私营企业。虽然是老板的秘书，但干的全是扫地倒水擦桌子的活。忙的时候，他甚至还要到车间帮忙，汗流浃背地装货卸货，没有人瞧得起他，连他也瞧不起自己。

有一天，老板去了美国，要过些时候才能回来。于是，他写了封离职信，交给了另一个秘书，让他转交给老板。然后，卷铺盖走人。

之后他辗转了好多个地方，终于在一家新公司待了下来，却接到了原来老板的电话，老板让他回去，他不愿回去；几天后，当老板的秘书来找他并要接他回去的时候，他也婉言谢绝了；后来，老板干脆开着公司的大奔来接他，说："你回来，我给你意想不到的待遇。"他回去了，而且一直干到现在，已是公司的副总，老板的左膀右臂。

当年，他的回归引起了公司不小的轰动。因为，还没有一个普通员工离职后，会被这么高规格地请回来。更想不到的是，他回来，不再是小秘书，老板居然破格把他安排到了公司中层领导的位置上。全公司的人瞠目结舌。没有人明白其中的原因，包括他自己。

他也没有问过老板。也许，这将永远是一个谜。

直到去年夏天，他和老板一同去三亚出差，在面朝大海的宾馆里，他和老板一起喝茶。老板一时兴起，突然问他，你知道那年我征召你回来的缘由吗？

他摇摇头。

"其实很简单，是因为7元钱。你还记得你离职后，给我留的那封信吗？那封信里，除了你的离职原因外，附了7元钱。"

他一下子想了起来。他走的时候，在信里算了一笔账，详细地罗列了自己近期从财务室支取的钱数以及平日采购花去的钱数，两项相抵，还差公司7元钱。于是，他就把这7元钱一并附在了信里。

老板说："7元实在是很微薄的一笔钱。然而，一个离职的人，没有看轻这笔原本属于公司的钱，实在不容易。你在你的离职原因里，谈到了自己在公司里没有任何价值可言。然而，你留下的7元钱，让我看到你的价值。"

故事中的小赵虽然是私企老板秘书，但是发现自己的实际工作就是打杂，因此认为自己的理想抱负无法实现，对公司毫无价值。然而，小赵能够在辞职信上写清离职原因，并把原本属于公司的7元钱退还公司。老板非常看重小李的诚实与忠厚，从7元钱中以小见大，认为小李对于公司而言具有巨大价值，因此"三顾茅庐"，在小李回归后委以重任，将小李培养成自己的左膀右臂。

一个老头和一个孩子，用一头驴驮着东西到集市上去卖。东西卖完了，两人开始往回走。

路上，老头把孩子放在驴背上，自己牵着驴。这时候，路上有人便责备起孩子：这孩子真不懂事，年纪轻轻的怎么能让老人在地上走呢？孩子听了路人的责备，觉得自己不对，就立即从驴背上下来，让老头骑到驴背上去。老头骑上了驴，小孩就在地上牵着驴走路。

这时，又有人责备老头；这老头真不通情理，一个大人，怎么忍心让一个小孩在地上走路？老人听了觉得有理，于是便把小孩也抱到驴背上来，两个人一前一后地骑驴走。

不曾想，路人又有人说话了：两个人都坐在驴背上，驴子压坏了怎么办？真是太残酷！

听了这些话，老头和孩子觉得再没有别的办法了，于是只好都从驴背上跳下来。路上的人见了，开始笑话他们：真是呆子，放着现成的驴不骑，却在地上受累！

最后，老头感到左右为难，怎么办都不对，便对孩子说：咱们只剩下一个办法了，让我们俩抬着驴子走吧。

老人和小孩觉得他们说的也对，所以他们决定将驴抬着走。当他们过桥的时候，受到了惊吓，挣脱了捆绑撒腿就跑，不想突然失足，掉进了河里淹死了。

在这则故事里，每个人都有自己的价值标准，当老人和孩子一味地根据他人的观点调整自己的行为时，不仅自己出力不讨好，而且害死了驴。在现实的学习、工作与生活中，我们很容易像老人与孩子那样，以别人的价值标准来衡量自己，究其原因无非是向获得他人的认可与支持。但是，我们不可能做到让所有人都满意，不可能让每一个人都对我们绽放笑容。“人非圣贤，孰能无过”，反思并坚持自身正确的价值标准，才能让我们学会释然，发现生命的真正价值所在。

二、反思人生观

人生观是人们在实践中形成的对于人生目的、意义的根本看法，它决定着人人生道路的方向，也决定着人们行为选择的取向和对待生活的态度。简单地说，人生观是个体对生命的总体期待，是对“你想成为什么样的人？”的真实回答。例如，你是想成为有钱人，过别人羡慕的富裕生活；还是想成为一个学者，拥有知识和智慧；或是成为一个旅行者，去体验世界的精彩……选择成为什么样的人，就拥有与之对应的人生观。

儒家的人生观着眼于生命、做人与修身，通过对人世与社会关注与积极参与，来实现生命意义。儒家以安身立命为生存基础，以内圣外王为终极追求。儒家所关心的不是身后归宿问题，而现世界的养育、教育、发展等问题，所以最重要的人生观不外进德修业，成己成人。换而言之，儒家更重视做好自己并使别人变好，而不是做好人想升天或到达彼岸。“其为人也，发愤忘食，乐以忘忧，不知老之将至”，儒家虽然也承认生命存在痛苦与终结，但指出勤奋向上、不被私欲锢蔽的生命可以超越生理与心理上的苦迫，认为应该在有限的人生中，争取最大的作为，并从中感到快乐，使生命获得意义。因此，在反省自身的人生观时，可以首先思考自己的真实志趣，选择能够为之奋斗一生的事业，才更有拼搏的毅力，更能体验过程的欢欣；其次在前行过程中要能承受挫折与打击，直面人生的苦难；再次是要把握住当下，不让生命虚度；最后是拥有自由与洒脱的气度，淡定面对人生的成败得失。

（一）寻找真正的志趣

面对人生这趟最重要的旅行，有些人常常是摸着石头过河，走到哪里算哪里，当年老时回首往昔，才发现自己所过的生活并不是自己所喜欢的，只能在“如果上天再给我一次机会……”的假设中回味。将自己真正的志趣作为一生的事业，“尽人事，听天命”，这样人生才更加充实、快乐、有意义。在寻找真正的兴趣和激情时，不应把父母的期望、社会的影响和朋友的偏好夹杂进来，而应该听从自己内心的真实召唤。

兰迪·科米萨是硅谷一位著名的风险投资者和卢卡斯电艺的前任CEO，在20世纪90年代中期，兰迪的事业出现了一个转折点。这时，他刚刚结束了卢卡斯电艺CEO的任期，接着成为卢卡斯电艺的对手公司水晶动力的CEO。但是他觉得难以置信地失落，对他正做的这份工作十分不满意。他努力地想要改变自己的生活轨迹，于是他开始定期练习冥想，并且开始勇敢地质疑自己的生活，看这份生活是否真是自己梦寐以求的。经过一段时间的内省后，他意识到，自己根本是过着与自己的梦想相悖的生活——他过的不过是其父想要其过的生活罢了。

兰迪的父亲是一名习惯了残酷竞争的销售员。他视物质财富高于一切，而且喜欢不断地投资。小时候，兰迪就从父亲那里学到，唯一衡量成功与否的标准就是能赚多少钱，能取得多高的地位。就如兰迪所说：“从孩童时期起，对金钱的不安全感已经深深地植入我心里。”

经过内省之后，兰迪意识到，他必须把从父亲那里继承来的金钱梦想从自己心里清除出去，他需要重新设立目标、寻找自己真正的愿望是什么。他说：“我现在是在快车道上行驶，但这条车道并不适合我。我真正的满足感与父亲及社会对‘成功’的标准发生了激烈的冲突。现在，我应该从所谓‘成功’的天梯上下来，去走自己的路，尽管我要走的是一条漫长的曲径。”

得出了上述结论后，兰迪摆脱了父亲灌输给他的愿景，开始重设自己的生命。渐渐地，兰迪的自我意识出现了，他开始追求更加符合自己内心意愿的生活。最终他选择了做风险投资人，给那些他认可的公司老板提供帮助。他用钱帮衬他们的生意，同样重要的是，他也帮助这些老板做了他们自己真正想做的事情。在帮助他人的过程中，兰迪获得了成就感与满足感。

“思虑有得，中心悦豫，沛然有裕”。兰迪就是真正地想明白了自己究竟要过什么样的人生，所以能够获得轻松与愉悦感，并能为自己的选择不断奋斗。找到兴趣，确定目标，即意味着为了实现目标必然要付出努力，有可能面对艰难困苦的境地；但如果一个人不能确定自己的目标，无法发现自己的兴趣所在，那么“当一天和尚撞一天钟”的生命将更加痛苦。因此，我们应该勇敢地去尝试、去开拓，就算还没有找到属于自己的方向，却至少已经是“在路上”了。

（二）直面人生的苦难

人生是短暂的，短暂的人生充满苦难。有人认为，既然人生短暂，何不得过且过，享受人生？还有人认为，人生太短暂，死亡是等待每个人的必然结局，既然结局已注定，又何必积极努力？在“积极宿命论”的儒家看来，人的一生正是因为拼搏奋斗才不辜负生命意义。因此，在追求目标的人生路上，既有鲜花与掌声，更有荆棘与野兽。直面苦难、战胜苦难，是人生无法回避的主题，积极回应才能体现人生的价值。

1995 年 5 月的一天，因主演系列电影《超人》而名声远扬的好莱坞著名影星克里斯托弗·里夫在一次骑马中不幸从马背跌落在地，造成脊椎损伤而导致肩膀以下瘫痪的不幸事实。这个电影里的“超人”英雄，现实中只能依托轮椅生活了。

人们深深地同情遭受重创的里夫，可是，半年之后，里夫却向全世界宣告了他的生活态度："等着，我将以最快的速度回到银幕上去！"在接下来的日子里，里夫以令人难以置信的毅力坚持着自己的宣言：以自己的切身经历和感悟著书立说，与广大读者一起分享对生命的记录和反省。他的著作《依然是我》名列全美最佳畅销书排行榜前列。他不仅自己担任导演，还重返银幕。1998年，里夫因主演电影《后窗》而获得了美国影视演员协会的最佳男主角。他还创立了以自己名字命名的瘫痪基金会，将自己个人的悲剧转化成为公共大众服务的力量，给更多的人以关怀和鼓励……

"英雄就是遇到无法抵抗的逆境时，仍然能够找到勇气，继续奋斗，坚持到底的人。"这是里夫在瘫痪之后被别人问及他"英雄是什么？"时的回答。所以里夫每次出现在公众面前时，轮椅上的他干净、整洁、自信，脸上依旧是昔日爽朗而明亮的笑容，声音还是那般浑厚而清晰。

2004年10月，在轮椅上乐观、坚强生活了10个年头的里夫离世，享年52岁。人们怀念和敬佩的不仅是一位出色的演员，更重要的是他那身处逆境仍然笑傲命运的坚强和乐观。永不言弃、自强不息——这就是克里斯托弗·里夫一直坚持的精神。正是这种坚持，向世人诠释着他生命灿烂如花的美丽。

里夫在不仅电影中塑造了"超人"的形象，在现实中更成为真正的超人——瘫痪后没有被病魔打到，反而在轮椅上重塑了生命，获得了新生。里夫这种直面人生苦难、积极进取、奋力拼搏的精神十分值得我们学习，面对人生中不可避免的挫折与苦难，只有将其征服，才有可能获得新生。事物本身没有痛苦和艰难，痛苦和艰难只是我们在看待事物时，在怯懦与软弱的驱使下，所滋生出来的。生命之长河，曲曲折折，难免会有坎坎坷坷，难免会有顽石之阻塞，难免会有干涸之旱季……无论遇到何种困难，我们都可以选择直面苦难，选择忘却，选择重生。蜡烛再小，也能照亮人生，浮木再轻，也能漂洋过海。苦难能带走现有的外在东西，却不能摧毁一颗坚强的直面苦难的心。

苦难终究过去，珍惜当下所拥有的才是短暂的人生里需要做的。苦难可以毁掉一个人，也可以造就一个人。苦难限制人的视野，压抑人的个性与梦想，但强大的人在苦难面前表现出坚忍和顽强，表现出生命的倔强，就能战胜苦难，唯有敢于直面人生的苦难，才能立于不败之地。

（三）把握当下

生命的起点和终点，时时刻刻都是合为一体的。现在的时刻，正是过去的终点和未来的起点。一个人不可能丧失过去或未来，因为过去或未来不在自己的掌握之中。“青山依旧在，几度夕阳红”，所有来自永恒的事物，形象虽幻化不定，再回首却只是循环往复。过去已经过去，未来尚未到来，所以把握当下、欣赏目前才是最为重要的事情。

有这么一个故事，两个人一起去登山看日出，天不亮两个人就出发，一个人努力地往山上攀登，另一人却悠然自得，一边欣赏夜景的山村，一边哼着小曲，感受大自然的气息。最后，登山的那人终于攀上了山顶，可是太阳却早就升起来了，因此错过了日出。而慢走的一人却在山腰观赏了日出的全程。下山时，那个一边走一边看风景的人微笑着对登山者说：“在山腰看日出也一样的美！”

故事中的前者朝着目标不断前进，忽视身边的美景，而后者懂得把握住当下的时刻，在前进中不断欣赏。我们固然不能完全否定前者，但这样的生活过于单一呆板，容易遗漏身边的美好；后者则充满了生命的智慧，既着眼目标稳步前行，又抓住当下从容不迫，进而把握了生命的本质。

（四）自由与洒脱

人生的终极理想是什么？《小窗幽记》中有一段话就做了极好的阐述：“宠辱不惊，闲看庭前花开花落；去留无意，漫随天外云卷云舒”。这段话代表了对人生最高理想的理解，即超脱、潇洒的态度，淡泊名利的境界，也是一种精神无限自由和幸福的人生体验。

《菜根谭》中有这样一段话：

身不宜忙，而忙于闲暇之时，亦可儆惕惰气；

心不可放，而放于收摄之后，亦可鼓畅天机。

这段话讲如何处理一个身的忙与闲，以及心的收与放的关系问题。与其为名利而牺牲身体、劳耗精神，不如静下心来做些自己真正喜欢的事；与其为了自己在他人心目中的形象和地位而殚精竭虑、心力交瘁，不如放弃身外之物，甘贫乐道，陶醉于物我两忘的精神幸福中。因此，人生要想求得最大的幸福，应该追求内心的悠闲、自在。所谓“忙于闲暇”，指即使忙，也要带着一份悠闲的心情。所谓“心不可放”，“放”是迷失的意思，指不可把心沉没迷失于追名逐利之中。

有一个在北京漂泊的青年在自己的微博里谢过这么一段话：“白天要上

班，晚上要上夜大自考班，周末还要去学摄影，整天的时间都安排得很紧，但又好像是浑浑噩噩，我很想看日出和彩霞，与晚上的星星交谈，希望自己能够驻足于草坪花丛听听花儿、草儿生长的声音，我幻想着有一天我能放下这一切的俗务，到海南到西双版纳到夏威夷去度假，那时我该有多快乐……”

青年在拼搏的过程里感到疲惫，又感到茫然，想要使自己变得轻松起来。其实放松自我并不需要等到一个特意安排的日子，只要你今天有心情，你可以早起几分钟，欣赏一下日出时候的美丽，也可以晚上下班后不坐公交车，而是走上一站地，抬头看看星星……快乐、放松与享受生活不需要太多的条件与借口，不需要无休止地等待明天去特意享受生活，每天都有每天的精彩，错过了今天，你也就错过了今天的快乐。

生活中有阳光雨露的滋润，必然也有狂风暴雨的洗礼；尝过清冽的甘甜，也必然遭遇难饮的苦涩。所有的这一切，其实都是上天的礼物。感受到温暖而让内心变得温柔，再向世界传播爱的福音；经历过寒冷，筋骨才更为强壮，才能面对前进路上的一切坎坷。闲适淡然地活着，达到这样的境界，才算是开始读懂了生活。

三、反思世界观

世界观是人对世界的根本看法和观点，是在社会实践的基础上逐渐产生和形成的。具体而言，人们关于世界的本质、人和世界的关系、世间万物的联系与区别等问题，存在着基于自身认识与判断的观点，其主要着眼点在于物质与精神、思维与存在的关系。一般而言，人人都有自己的世界观，并以此来观察、分析与处理问题的起点。世界观对理想和信念起支配作用和导向作用，处于个体认知的最高层次，是行为的最高调节器，直接作用着个体的价值观和人生观。

儒家世界观的核心在于“天人合一”。孟子认为，“知性则知天”，将人性的本源归本于天；董仲舒提出，“天人之际合而为一”，奠定了儒家的正统思想地位；宋明理学都承认“天人合一”，虽各家立论各不相同，但也达成了某些共识，如人是天地所生成的，人是自然界整体的一部分，人与天地万物的统一的，人与自然界不是敌对的关系，而是整体与其中最优秀的部分关系，自然的普遍规律与人伦道德的基本原则也是统一的，等等。在对价值观进行反思的过程中，依据“人是万物之灵”的观点，可以按照人与超自然、人与自然、人与人关系的逻辑展开。

（一）人与超自然的关系

儒家把天、鬼、神等超自然力量划入不可知的范畴，对其抱持“存而不论”的态度。孔子认为“未能事人，焉能事鬼”“未知生，焉知死”，主张“敬鬼神而远之”。孟子提出，“尽其心者，知其性。知其性，则知矣。存其心，养其性；所以事天也。夭寿不贰，修身以俟之；所以立命也。”，认为人的本性是由天所决定的，人只有在尽心竭力实践自己时，才知道自己的“天性”是什么，才能知道上天赋予自己的“使命”是什么。

古时候在边塞地区，有一个老头儿，人称塞翁。一次，他养的一匹好马突然失踪了，邻居和亲友们听说后，都跑来安慰他。他却并不焦急，笑了笑说：“马虽然丢了，怎么知道这就不是一件好事呢？”

几个月过去了。有一天，老头儿丢失的那匹马居然回来了，还意外地带回来一匹好马。

这事轰了全村，人们纷纷向老人祝贺。可是老头儿并不高兴。他对大家说：“这有什么可以祝贺的呀，谁能料到这不是一场灾祸呢！”

几天之后，老人的独生子骑着那匹好马玩，这匹马不熟悉它的新主人，乱跑乱窜，将小伙子摔了下来，把腿摔瘸了。人们听说了，又来安慰老人。可是老人仍然不焦急，他说：“说不定还是件好事呢！”

后来，边境上发生了战争，很多青年人被征调入伍，上了前线，伤亡了十之八九，只有老头儿的儿子因为身体残废，留在家里，才侥幸活了下来。

“塞翁失马、焉知非福”的成语一般用于比喻坏事可以转化为好事，或者指虽然暂时受了损失，也可能因此得到好处。当使用“人与超自然关系”的视角再次解读时，我们不禁反思，塞翁的事情，究竟是偶然的事件？还是冥冥之中自有安排？当遇到了塞翁“塞翁失马”的困难和窘境时，为了能够让“焉知非福”的转机发生在我们自己身上，除了拥有塞翁的心态与智慧以外，是不是应该对超自然的力量充满敬畏？通过领受与践行“天地之道”，做到“修齐治平”。

法国一个偏僻的小镇，据传有一个特别灵验的水泉，常会出现神迹，可以医治各种疾病。有一天，一个拄着拐杖，少了一条腿的退伍军人，一跛一跛地经过镇上的马路，向水泉走去。旁边的镇民带着同情的口吻说："可怜的家伙，难道他要向上帝祈求再有一条腿吗?"这一句话被退伍的军人听到了，他转过身对他们说："我不是要向上帝祈求有一条新的腿，而是要祈求上帝帮助我，叫我没有一条腿后，也知道如何过日子。"

如果信奉超自然的力量，并不能寄希望于违背自然的规律，而应该从信仰中寻找力量，获取前行的动力。故事中的退伍军人内心明白，自己无法再重新获得一条腿，但是他可以从自己的信仰中获取如何面对生活与苦难的方法与勇气。如果对超自然力量进行迷信与盲求，那么就只能"自寻烦恼"。

"天有不测风云，人有旦夕祸福"。为什么有的人出于殷实之家，有的人却流落街头？为什么有的人一帆风顺，有的人却命运多舛？为什么在同一次灾难中，有的人可以幸免于难，有的人却惨遭不幸？太多有关人生的风云际会，似乎很难找到合理的解释。人们通常会寻找可以给予答案或指明出路的精神力量，以缓解思想上的痛苦，为人生提供明确的方向。这种精神力量就是信仰。不同的人在信仰选择上也会有所不同：有的人选择宗教、有的人选择科学、有的人选择理性……不管如何看待超自然的力量，重要的在于积极的信念与积极的行动，在面临挫折与困境时，百折不挠，不轻言放弃。

（二）人与自然的关系

在儒家的世界观里，人与自然是共生一体的整体和谐关系，即人与无限的宇宙、与有限的世界、与天地万物都应该达到契合无间的理想境界。孟子提出，"亲亲而仁者，仁民而爱物"；张载认为，"民吾同胞，物吾与也"；程颢主张，"仁者浑然与物同体"，认为天地万物与己一体，原无分别。因此，儒家没有把自然当作外在的、与我无涉的客体，而是把自己与天地万物看成一种共生关系。我们需要爱自己的亲人，爱周围的人、花草、树木、爱自然万物，在"仁者乐山，智者乐水"、人与自然和谐相融的境界体现出一种人文精神。

从前，一个小村子里住着一些村民，世世代代过着田园生活。村子旁边树林里面有很多鸟，每天早晨都会叽叽喳喳叫一阵，然后出去觅食。一天，村里一个年轻人在树林打了几只鸟回来，烤熟吃掉了。他逢人就说："雀儿肉真是鲜美啊!"于是越来越多的村民都去打鸟，到后来，村民觉得打鸟太麻烦，就把树一棵棵砍倒去掏鸟窝。终于，树木砍光了，鸟儿也没有了。

不知什么时候，天边飘来一大片乌云，遮天蔽日，越来越近，村民仔细一看，天哪！是不计其数的蝗虫！蝗虫飞到的地方，所以植物的叶子都被啃光了，包括村里的田地里的庄稼。村民们拼命地驱赶、扑打蝗虫，可是蝗虫太多，根本打不完、赶不走。终于，吃光了所有的植物之后，蝗虫飞到其他地方了，而村民们看着田里庄稼的光杆杆欲哭无泪……

原来，村边的树林就是鸟儿们的家，而鸟儿们就是各种害虫的天敌，每天鸟儿们出去觅食，吃掉了大量的害虫，使得害虫不会数量过多，自然地保护着村民们庄稼的安全，构成一种和谐的生态平衡。当林木被砍光、鸟儿消失时，害虫成批繁殖，终于泛滥成灾。村民由于自己的无知和贪婪，没有珍惜自然界的各种生命，终于摧毁了自己平静而安宁生活。他们该如何面对随之而来的饥荒呢？

如果人类以万物主宰自居，从自然中贪婪地掠夺、恣意地屠杀、随意地毁坏时，人与自然的和谐共生关系就会被打破，并受到自然的回应与报复。故事中的村民，因为爱吃鸟雀，砍光了树木，破坏了生态平衡，结果导致蝗灾爆发，使自己田里的庄稼被席卷一空，面临着严重的饥荒威胁。村民对自然无节制的索取最终摧毁了自己平静而安宁生活。我们应该认真反省，如今的自己是否仍然在做和村民一样的事情？

一位挑水夫挑着两只木桶，分别吊在扁担的两头，其中一只桶有裂缝，另一只则完好无缺。在每趟长途挑运之后，完好无缺的桶总是能将满满一桶水从溪边送到主人家中。但是有裂缝的桶到达主人家时，桶里却只剩下半桶水。

两年来，挑水夫就这样每天挑一桶半的水到主人家。当然，好桶对自己能够送满整桶水很感骄傲。破桶呢？对于自己的缺陷则非常羞愧，它为自己只能负起一半的责任感到非常难过。

饱尝了两年失败的苦楚，破桶子终于忍不住，在小溪旁对挑水夫说："我很惭愧，必须向你道歉。"

"为什么呢？"挑水夫问道："你为什么觉得惭愧？"

"过去两年，因为水从我这边一路的漏，我只能送半桶水到你主人家，我的缺陷，使你做了全部的工作，却只收到一半的成果。"破桶子说。

挑水夫他满有爱心地说："我们回到主人家的路上，我要你留意路旁盛开的花朵。"

果真，他们走在山坡上，破桶子眼前一亮，看到缤纷的花朵，开满路的一旁，沐浴在温暖的阳光之下，这景象使它开心了很多！但是，走到小路的尽头，它又难受了，因为一半的水又在路上漏掉了！破桶子再次向挑水夫道歉。

挑水夫温和地说：“你有没有注意到小路两旁，只有你的那一边有花，好桶子的那一边却没有开花呢？我明白你有缺陷，因此我善加利用，在你那边的路旁撒了花种，每回我从溪边来，你就替我一路浇了花！两年来，这些美丽的花朵装饰了主人的餐桌。如果你不是这个样子，主人的桌上也没有这么好看的花朵了！”

人类可以让自然变得更加美好，自然能够受到关爱，不仅由于它们对人类有益，而且它们同人一样，都是天地所生，体现了天地万物的生生之德。故事中的挑水夫，注意到破桶漏水的缺陷，在回家一侧的路上散下来花种。尽管每次挑水都会漏掉半桶水，却使得破桶一侧的小路开满了鲜花，成为主人餐桌上一道美丽的风景。挑水夫、破桶、小路、鲜花……构成了一个核心的共同体，人类作为“万物之灵”而“贵于万物”，其意义并不仅是对万物的支配和利用，更多的是对万物的生养和维护。

（三）人与人的关系

儒家认为，君臣、父子、夫妇、兄弟、朋友是社会是五种最重要的基本人际关系，儒家称之为五伦，即“父子有亲，君臣有义。夫妇有别，长幼有序，朋友有信”。儒家主张人与人之间相亲相爱、互相关心、互相帮助，如果每个人都能多一份爱心，那么这个社会就会洋溢大爱，形成和谐、健康的人际关系。儒家还提倡人们积极、主动地树立正确的道德观念，并以此作为立身行事的根本，人们在相处时应该尊老爱幼、敬业乐业、严己宽人、谦恭礼让，形成健康、文明的社会风气与人际关系。

从前有一个老者，他有五个女婿。一天他请五个女婿吃饭，让他们每人带一瓶酒来，掺在一起喝。那天，五个女婿的酒都倒在一个大酒坛子里，然后一人一杯舀了出来。但这酒刚一沾嘴唇，所有人的眼睛都不由瞪得大大的，他们喝到的竟然是百分之百的纯水，没有半点酒味！原来这五个女婿都在耍小聪明，都是同一个念头，都是同一种做法，却都以为得了便宜……

如果能够把人的一生装在一个瓶子里，那么有的人是酒，有的人是水，有的人是好酒，有的人是浑水。乍一看可能什么也分不出来，可是嘴一沾就清清楚楚了。我们应该做好酒，以故事中的五个女婿为戒，既不能给自己的酒里掺水，更不能给别人的酒里掺水。

从前有一座山，山上有座小庙，庙里有个和尚。他每天挑水、念经、敲木鱼，给菩萨案桌上的水瓶添水，夜里不让老鼠来偷东西，生活过得安稳自在。不久，来了个和尚。他一到庙里，就把半缸水喝光了。和尚叫他去挑水，和尚心想一个人去挑水太吃亏了，便要和尚和他一起去抬水，两个人只能抬一只桶，而且水桶必须放在担子的中央，两人才心安理得。这样总算还有水喝。后来，又来了个和尚。他也想喝水，但缸里没水。前两个和尚叫他自己去挑，第三个和尚挑来一担水，立刻独自喝光了。从此谁也不挑水，三个和尚就没水喝。大家各念各的经，各敲各的木鱼，菩萨面前的净水瓶也没人添水，花草枯萎了。夜里老鼠出来偷东西，谁也不管。结果老鼠猖獗，打翻烛台，燃起大火。三个和尚这才一起奋力救火，大火扑灭了，他们也觉醒了。从此三个和尚齐心协力，水自然就更多了。

在相互依赖、相互制约的环境中，如果像故事中三个和尚起初那样以自我为中心点，那么就只能“各念各的经，各敲各的木鱼”。随着时间的推移或意外状况的发生，大家的利益和生存都受到严重的威胁。只有树立“我为人人，人人为我”的观点，互相帮助，互相配合，才能如觉醒后的三个和尚般齐心协力，在为他人贡献的过程中实现自身的价值。

盖泽尔是美国一位家喻户晓的儿童文学作家，他的作品深受广大读者的欢迎，一直被人们称为天才作家。有一次，他和另外几位著名作家一起出席现场签售会，许多崇拜者将他围住，一个十一二岁的中学生从人群中挤到他身边，让他在自己的笔记本上签名。他郑重地签下了自己的名字。但那个学生看过签名之后却说：“对不起！签错了，我找的不是你，是另一位作家。”当时的场面很尴尬，一位助手轻轻地对盖泽尔说：“先生，请不要在意。”盖泽尔回答说：“我当然在意，但我在意的不是孩子，而是我自己。现在我明白了，别太把自己当回事。我们所看重的那个人，对于别人，可以是珠宝，也可以是没有价值的瓦砾。我们不能期望别人眼里的自己会光芒四射，那样会令自己失望……”

大千世界，芸芸众生。我们每个人都像一粒小小的尘埃，在风雨中飘渺，在阳光下微笑，在春秋冬夏的轮回里，品尝着酸甜苦辣的滋味。在反思人与人之间关系时，应该像故事里的盖泽尔一样，别太把自己当回事。因为当我们自以为是地认为每个人都需要围绕着自己转时，自己很可能连个地球仪都算不上。

第三节　内心积极追求

所谓“内心积极追求”，是指对于自身对所渴望的、真实而正面的心情、感受及状态的求索与逼近。这种内在追求不仅涉及心内已有的存量，而且反映由外而内的增量。当理想的状况出现时，哪怕持续不长，都能够使我们体验到最本质、最深刻的轻松、愉悦与安宁。具体而言，内心积极追求可以细化为问心无愧、他人影响和社会贡献三个方面。

一、问心无愧

问心无愧，就是当个体反省内心的时候不会感到愧疚。孔子提出，“内省不疚，夫何忧何惧”，认为当问心无愧时，就不会担忧与恐惧；《中庸》写道，“君子内省不疚，无恶于志。君子之所不可及者，其唯人之所不见乎”，认为君子之所以是常人不能匹及的，就是因为君子能够在别人看不到的地方、在内心的最深处，依然能够无所愧疚；王阳明认为，“盖其人欲净尽，天理流行，是以内省不疚，仰不愧，俯不怍，而心广体胖，有不知其手舞足蹈者也”，指出当内省不疚、问心无愧时，会从内心深处得到最充实的快乐。

“君子当终日对越在天也”，人生在世，头顶青天，脚踏大地，在每一个欲望翻腾的时刻、在每一次命运的考验面前，自己能否对得起自己的良知。我们每个人都有自己的良知，如果因做了不好的事情而违背良知，表面看似平静无常，但夜半睡梦时常心惊肉跳，甚至一有风吹草动就魂不附体。“君子欲无得罪于昭昭，先无得罪于冥冥”，昭昭是人所共见的，冥冥是人看不见的，在良知的指引下，只有在人所不见的领域杜绝罪恶，才能真正做到问心无愧。当我们追求问心无愧时，可以从坚守良心、但行善事、倾听内心、慎独操练等方面展开。

（一）坚守良心

英国著名作家斯迈尔斯曾说过：“一个没有原则和没有意志的人就像一艘

没有舵和罗盘的船一般，他会随着风的变化而随时改变自己的方向”。做事坚持自己的良心，不随波逐流，尽管有时会因为不尽如人意而存在不完美，但当问心无愧时，便没有什么遗憾了。

巴伦支是16世纪荷兰的一个商人，16世纪末，为了避开激烈的海上贸易竞争，巴伦支率领17名船员出航，他的目的是从荷兰往北开辟一条新的到达亚洲的航行路线。不久，船行驶到了北极圈内的一个小岛上。

船行驶在北极区域是非常危险的，巴伦支很想快速行驶过去，但是担心的事情还是发生了。一天清晨，船员们突然发现海面出现了大量的浮冰，船随时有被冰封的危险。如果这个时候反航，后面的路程可以浮冰更多，他们只能把船停泊在岛屿旁边，等待天气转暖。

北极是地球上最寒冷的区域之一，气温只有零下40～50摄氏度，暖和的天气屈指可数，这里几乎每天都有暴风雪，冰冷刺骨、凶猛异常。

恶劣的天气和岛上数米厚的积雪使北极圈内鲜有人居住。而巴伦支和他的船员们却在这种恶劣的条件下整整度过了8个月的时期。

为了抵御寒冷，巴伦支拆掉了船上的甲板做燃料，用来保持体温；平时打一些北极熊等猎物来获取食物和衣服，当然这里的动物也是非常少的。这期间，有8名船员因身体虚弱相继死去了，巴伦支船长悲痛万分。尽管如此，他们却丝毫未动别人委托给他们捎走的货物——足以挽救他们生命的衣物、罐装食物和药品。

终于，巴伦支船长和其他9名船员等到了海上的冰雪溶化。他们加速行进，把货物完好无损地带回了荷兰，交送到了委托人手中。当委托人看到这些货品时，他们震惊了。此事轰动了整个欧洲，同时给整个荷兰带来了利润——赢得了海运贸易的世界市场。

故事中的巴伦支船长和船员们自始至周坚守住了自己的良心，在面临死亡威胁时，丝毫没有动用船上的衣物、罐装食物和药品，只因为这些东西是他人委托运送的货物。也许有人会认为如此举动属于冥顽不灵，但不违背自己的良心，宁愿为了良心而献出生命的理念、精神与行为更值得尊重。

（二）但行善事

中国有句老话“但行善事，莫问前程”，是指在各种环境下都应该尽力地做好事，不求回报，做到问心无愧足矣。如果该做好事没有做，甚至是做了恶事，那么良心时时会提醒着，时时鞭拷问，直至弃恶从善，才能问心无愧。

烈日炎炎下，一个男孩搀着一个老人，吃力地走在乡村公路上。这时，从后面开过来一辆白色小轿车，男孩立刻跑到马路中央，挥着手把车拦了下来。

一个胖司机从车窗里探出头来，男孩指了指身后的老人，说：“叔叔，麻烦捎俺们一段路吧，我爷爷刚把脚扭伤了。”

胖司机刚想开口，车后座上一个老板模样的中年人从瞌睡中惊醒过来，咕哝着问了一句：“是不是到地方了？怎么停车了？”

胖司机一听，连忙朝祖孙俩挥了挥手，说：“快让开，啥车都敢拦，耽搁了正事，找你们算账！”

看着胖司机凶巴巴的模样，男孩不敢再多说，只得闪到一边，失望地看着小轿车开走了。

不料，那个胖司机开出没多远，就发现前面出现了一个三岔路口，一条路分成了三条，是直走，还是向左走，或是向右走，胖司机拿不准主意了。

胖司机只得把车停下来。此时正是晌午时分，马路上热得直冒烟，等了半天，也不见有人路过。在这儿傻等显然不是办法，于是，车上的中年人让胖司机把车倒回去，问问那祖孙俩。

胖司机只得原地调头，把车开回去，谁知没开出多远，就见那祖孙俩搭了别人的拖拉机赶了上来。胖司机硬着头皮从车上下来，挤出一脸尴尬的笑，问道：“请问去朝阳沟怎么走？向左？向右？还是直走？”

男孩一听，直爽地说：“直走就开去省城了，应该向……”

这时，老人悄悄碰了碰男孩，男孩看了老人一眼，嘟着嘴不吭声了。老人这才面无表情地吐出三个字：“向左走。”这个小动作没有逃过胖司机的眼睛。他说了声“谢谢”，就上车走了。

这时，男孩不高兴地指责老人：“您为啥告诉人家错误的路线？不管怎么说，乱指路就是不对。”

老人摸了摸男孩的头，笑着说：“别急别急，到前面看一眼就明白了。”

很快，拖拉机行驶到前面的路口，男孩跳下车，一看车辙的走向，那车并没有往左开，而是往右开去，那正是朝阳沟的方向。

男孩不解地问老人：“您告诉他们往左开，他们却偏往右开，这是咋回事？”

老人叹了口气说：“他们不相信我呗。”

男孩笑着说："嘻嘻，这下您的如意算盘落空了吧？"

不料，老人指指前面的路说："我的如意算盘就在这儿——如果我告诉他们正确的路线，现在他们不是往反方向去了？"男孩顿时恍然大悟，爷爷虽然故意指了条错路，可他却是出于一片好心啊。

老人继续解释说："刚才那胖司机不给我们搭车，后来他虽然向我们问了路，心里却吃不准我们说的是不是真话，所以爷爷才故意耍了个小心眼啊！"

男孩挠了挠头，说："虽然您用心良苦，可他们却未必能理解您的好心，说不定还以为您是个骗子呢！"

老人笑了笑说："想那么多干吗？做人只要问心无愧就行了！"

故事中的老人是善良的，同时又是充满智慧的，虽然对方没有帮助自己，但他仍然用内心的善意为对方指路，做到了问心无愧。海纳百川，有容乃大，做到问心无愧需要豁达大度、胸怀宽阔，不计较自身一时的得失，宽容和善待外在的人和事。

（三）倾听内心

在纷繁复杂的局面下，即时我们心存善意，亦时常不知道何去何从。当面对不同的选择，每种选择的结果又并不明朗时，应该先让内心平静下来，然后倾听内心最真实的声音，并据此做出判断与选择，这样无论结果如何，都会问心无愧了。

黄昏时分，静静的渡口来了四个人，那里已空荡荡，大家心急如焚。忽然，他们不约而同地看见一个老人在远处打鱼，急忙大声呼唤。

老人告诉他们："我的船太小，只能载你们当中一个人过河。而且我家在离河对岸很远的地方，我也必须马上回家了。你们要我载谁过去呢？"

四人争执不下，老人只好请他们把各自的理由说出来，自己来决定载哪个人过去。

其中一个人拿出一摞白花花的银子："看见这个没有？让我过去，这些全归你了。"原来他是个富商。

另一个人说："老子有权有势，你去问问，这方圆几十里，有谁敢得罪我？"原来他是个县官。

第三个人是个武士，他扬起手中的剑，喝道："你看看这个！不载我过河，我的剑可不长眼睛……"

老人无法决定，犹豫不决之际，只听最后一个人长叹道：“我没有什么特长，唯家中妻女望眼欲穿，小女每天呼唤着我，叫我怎能不心忧……”

老人向他挥了挥手：“你上来吧！”

上船后，那人疑惑地问老人为什么带他过河，老人指了指自己的心。老人的意思是，在自己无法决定时，只好听从了心的使唤。老人何尝不想银子，也未必不怕县官和武士，但前三人向他展现的都是人性中丑陋或贪婪的一面，只有最后一人展现了人性中最可爱的东西，把他的心打动了。

人心里面不仅与有贪婪、丑陋与欲望，同样也有爱心、美丽与真诚。故事中的老人在当时也许会渴望金钱、畏惧权力、珍惜生命，但是其内心最终选择了情感。老人倾听并接受了内心最真实的声音，让那位心系全家的男人上船，做到了问心无愧。

（四）慎独操练

慎独要求无人时、细微处，如履薄冰、如临深渊，始终不放纵、不越轨、不逾矩。其需要在“隐”和“微”上下功夫，不让任何邪恶念头萌发，才能防微杜渐，使内心不断地清朗透彻。“梨虽无主，我心有主”“壁立千仞，无欲则刚”，对于慎独的操练，能够增强内在的定力，抵御来自方方面面的诱惑，踏实做事、坦荡做人，做到问心无愧。

东汉名臣杨震，一次途径昌邑，曾受杨震提拔的昌邑县令王密半夜敲开他的房门，向其奉上黄金十斤以谢其提拔之恩。王密对杨震说：“此际，夜深人静没人知道，你就收下吧。”杨震严肃地回答：“天知，地知，神知，我知，你知，谁说没人知道！”于是，杨震态度绝决地把黄金退给了王密。

杨震为官公正廉明，生活俭朴，素有美名。当王密趁着夜深人静向杨震送钱以报答提拔之恩时，杨震义正言辞地予以回绝。“举头三尺有神明”，杨震认为，任何心思和行为，都瞒不过天地人神。因此，我们应该重新认识自己的所思、所虑与所为，通过慎独而达到问心无愧。

明代曹鼎任泰和典史，相当于现在的检察干部，在一次捕盗贼的时候，抓了一名绝色女贼，由于离县衙路途遥远，夜宿在一座庙中。月光下，女贼千方百计地以色相来引诱他。曹鼎为提醒自己抵住诱惑，写了“曹鼎不可”四个字贴在墙上，以随时提醒自己不要失控。过了一会儿，他想，在这荒郊野外，送到嘴边的“肉”吃了谁能知晓。于是他把纸撕了下来，欲破门而入。这时，他又感到不妥，这是因私欲而废公法的行为，不能做，退回来又把纸贴上。再过一会儿，他歧念又生，他想，她是犯人，我做了坏事她也不敢说，于是又把纸撕了下来。可是刚要进门的时候，良知告诉他：这样不行，乘人之危是不道德的行为。又把纸贴了上去。就这样贴了撕，撕了贴，折腾了一晚上，最后，曹鼎终于保住了清白之身。

上述故事告诉我们，慎独是非常困难的。面对着美色的诱惑，曹鼎屡次差点把持不住，但在良知的引导下，曹鼎每次都克制了自己的欲望和行为。在慎独的过程中，邪恶与良知不断交锋，其斗争的激烈程度不亚于同盗贼兵刃相见。曹鼎把持着了自己，操练了慎独，保住了名节，无愧于天地良心。

二、他人影响

他人影响指在我们内心中能够意识到自己的所思所想、所言所行会对他人产生影响，并通过自己的努力使这种影响能够对他人有所裨益。孔子提出，“君子成人之美，不成人之恶。小人反是”，即君子应该帮助别人、成全其好事，而不能帮助别人做坏事。“成人之美”或“立人”“达人”不但是一种心境，更是一种追求。“独乐乐不若与人乐乐”，能够实现自己的梦想是一种幸福，能够帮助别人圆梦同样是一种更高境界的幸福。成人之美，危难尽力相助；成功时不居功自傲，是出于发自心底之爱。

“以他人的成功为美”“以他人的进步为乐”，不是为了获取利益，而是一种内心的追求。学会帮助别人，是春风梳柳的轻柔；是夜雨润花的滋养；是扶助推车的一臂之力；是清理垃圾的举手之劳……同样，当看到别人的苦楚与沉沦时，心底流淌出一股温泉时，你就理解了帮助他人，当再向他跨出一步，就真的可以帮助了他们，学会帮助别人就是这样简单，播种了爱心，心中会长出温柔明亮的花朵，感动别人的同时，对自我更是一种喜悦，成长，幸福与慰藉。当我们反省他人影响时，可以从成人达己、阻止丑恶、传递快乐等方面展开。

（一）成人达己

无论是雪中送炭还是锦上添花，看到别人的需要，然后力所能及地给予关爱与帮助，是成就他人与自我实现的高尚情操。现代成功学大师拿破仑·希尔曾写道："为你自己找到幸福的最有保障的方法就是奉献你的精力，努力使其他人获得快乐。幸福是琢磨不定、透明的事物。如果你决心去追求幸福，你将会发现它难以捉摸；如果你把幸福带给别人，那么幸福自然会来到。"

十多年前一个穷苦大学生A，为了支付学费，挨家挨户地推销货品。

到了晚上，A感到自己的肚子很饿，而口袋里只剩下一个小钱。他在大街上犹豫徘徊了半天，终于鼓起勇气，敲响了一户人家的门，准备讨点饭吃。

然而当一位年轻貌美的女孩子打开门时，他却失去了勇气。他没敢讨饭，却只要求一杯水喝。女孩看出来他饥饿的样子，于是给他端出一大杯鲜奶来。

他不慌不忙地将它喝下，然后问道："我应付您多少钱？"

而女孩的答复却是："你不欠我一分钱。母亲告诉我们，不要为善事要求回报。"

他怀着感恩的心，向女孩深深地鞠了一躬，真诚地说道："那么我只有由衷地谢谢您了！"

当A离开时，不但觉得自己的气力强壮了不少，而且对人生的信心也增强了。他本来已经陷入绝望，准备放弃一切的。

十多年后，有个女人病情危急。当地医生都已束手无策。家人终于将她送进大都市，以便请专家来检查她罕见的病情。他们请主任医师A博士亲自来诊断。

当他听说，病人是自己的家乡某某城的人时，他的眼中充满了奇特的光芒。他立刻走向医院的病房。当他来到病人的床前时，他一眼就认出了她。他决心尽最大的努力来挽救她的生命。从那天起，他特别观察她的病情，查阅了所有的文献，并发帖向全世界同行咨询。经过不懈的努力，终于让她起死回生，战胜了病魔。

最后，批价室将出院的账单送到A手中，请他签字。A看了账单一眼，然后在账单边缘上写了几个字，将账单转送到她的病房里。

她不敢打开账单，因为她确定，她可能一辈子也无法还清这笔医药费。当她打开账单看到账单边缘上的一行字："一杯鲜奶已足以付清全部的医药费！"签署人：A。

她的眼中顿时盈满了泪水，她心中感动地祈祷着："上帝啊！感谢您，感谢您的慈爱，藉由众人的心和手，在不断地传播着。"

当年轻貌美的女孩为穷苦的大学生A端出鲜奶时，她并没有希望得到任何回报，只是简单地希望能够帮助到别人。而十余年后，当她生命垂危时，正是当年的穷小子、现今的主任医师 A 费尽周折才令她起死回生，并且免除了她可能一辈子也无法还清的天价医疗费。当我们怀着帮助、成就他人的心态尽己所能时，并未要求任何回报，但我们的善行会给自己带来意想不到的收获，不管是物质的或是心灵的。并且，当所有人都能意识到这一点时，我们的世界无疑将变得更加美好。

（二）阻止丑恶

成长的对立面是堕落，美好的对立面是丑恶。当反思自己对他人的影响时，助人为乐、成就他人固然值得我们欣慰与欢喜，但如果能够尽一己之力改变他人不好的思想与行动，也应该是我们内心最真实的追求。

吉米出生在玻利维亚的一座小镇，父母都是当地的乡村教师。吉米在数学和物理方面很有天赋，成绩优异。大学毕业时，吉米进入玻利维亚一所高中当老师，从此走上了执教之路。

33 岁那年，吉米辞去工作，前往美国发展。三年后，通过自己的不懈努力，吉米终于拿到了美国的教师资格证书，并顺利通过面试，成为加菲尔德高中的一名电脑老师。

只是吉米并不知道，加菲尔德高中是当地排名倒数的学校之一，学校环境好似一个大垃圾场。学生 95% 来自拉丁美洲，80% 是贫困家庭的子弟。学生们上课走神，下课打架，成绩一塌糊涂，上数学课甚至要用手指头；校园“老大们”随时准备袭击老师；堕落的女学生公开宣传自己只想上性教育课；上下课铃声也被这些学生操控。学校教务处已被学生占领，简直没有一处教师容身之处。

这种恶劣的教学环境对于吉米而言也是无可奈何。但是，既来之则安之，吉米准备硬着头皮干一阵子……不出所料，上任第一天吉米就被学生来了下马威，初来乍到的他，被班级的小混混们集体轰出教室。

吉米很愤怒，也很不解：这些十几岁的孩子，怎么会品行恶劣到如此。但是转念一想，也许这并不是这些孩子的错，贫富差距和资源的不公平，造成了目前的状况，自己或许并不应该放弃这些小混混。

“我们家里这么穷，我们难道不想改变吗？但是这破学校让我们看不到任何希望”。这是一个穷学生对吉米曾经说过的话。

吉米决定置之死地而后生，他义无返顾地站上讲台。吉米知道这帮孩子喜欢社会上那一套，为了吸引这群野孩子，他假装成黑道大哥，打扮成意大利黑手党……用这种不得已的方式与学生打成一片。吉米上课的方式很生动，有时拿着苹果，有时戴着奇形怪状的帽子，只为讲解数学概念时吸引学生的注意力。

有一次，吉米带着一把菜刀来到课堂。学生们震惊至极，不再调皮捣蛋，一个个坐得笔直端正，全神贯注听课。讲到一个几何概念时，吉米拿起菜刀，对着菜刀讲解图形构造。学生们这才恍然大悟，原来老师拿菜刀上课是为了更形象地传授知识。

渐渐地，学生们被吉米的良苦用心打动，开始主动学习，成绩不断进步。后来，吉米想开设 AP 微积分班。在高中讲授大学水平的数学，全美国只有 2% 的拔尖高中生才会参加 AP 微积分考试。如果学生通过 AP 微积分考试，对于未来申请大学大有帮助。

然而，吉米的想法被同事们当作笑料，校方也不支持吉米的做法。1981 年，不信邪的吉米没有灰心，自筹资金在加菲尔德高中开设了“AP 微积分补习班”。吉米拒绝接受任何不能取得成功的借口，激励学生要勇于挑战，还动员学生家长，让他们监督、鼓励自己的孩子。期间他因重度劳累突发心脏病，差点滚下楼梯摔死。但是奇迹终于在吉米的努力下发生，在其强硬的执教方式教育下，他的学生在课程测试中获得合格的人数创下了纪录。

通过一年的努力，参加 AP 微积分班的 5 名学生，有 2 人通过考试；第二年有 9 名学生报名学习，7 人通过考试；第三年，15 名学生中有 14 人通过考试；最辉煌的一年，18 名学生全部通过考试。也就在这一年，18 名通过考试的学生中，有 14 人收到了美国 AP 微积分考试机构的来信，说他们在 AP 微积分考试中有作弊现象。一个排名倒数的学校，一下子有 18 名学生通过 AP 微积分考试，这让考试机构无法相信，只能怀疑他们作弊。被激怒了的吉米鼓励学生重考来证明实力，最后 14 名重考的学生再次全部过关。孩子们终于可以跻身常春藤联校了，他们如愿以偿地进入了美国乃至全世界最好的大学。

拿着菜刀上课的吉米，兢兢业业，持之以恒，陪伴着一届又一届的学生，历经风雨的洗礼，荆棘的磨砺，将四百多个“流氓”送入了哈佛、耶鲁、麻省理工等世界顶级大学。

如果不是吉米，我们可以想象加菲尔德高中将会为社会输送多少流氓、混混、抢劫犯、吸毒者……但是，吉米通过不懈的追求、坚持与付出，将一个个“坏分子”送入了名牌高校，不仅改变了他们的人生，而且为社会提供了栋梁之材。因此，当我们能够看到别人因自己的努力而不再栽跟头、犯错误时，完全有理由绽放出欣慰的笑容。

（三）传递快乐

快乐具有传播性，当你看着一朵玫瑰花感到快乐时，玫瑰花也感到快乐……世间万物相互依赖的，人与人之间更是如此。当你向他人传递快乐时，他人接收的这份快乐也许就会让其原本郁闷的心情变得愉悦起来，进而用快乐感染他人，这样一来，就会有更多的人感受到快乐。就像玫瑰花一样，你因为看到它的娇艳美丽而快乐，它也会因为你的快乐绽放出更大的花朵。

几天前，A和一位朋友在纽约搭计程车，下车时，朋友对司机说：“谢谢，搭你的车十分舒适。”这司机听了愣了一愣，然后说：“你是混黑道的吗?”

“不，司机先生，我不是在寻你开心，我很佩服你在交通混乱时还能沉住气。”

“是呀!”司机说完，便驾车离开了。

“你为什么会这么说?”A不解地问。

“我想让纽约多点人情味”，他答道，“唯有这样，这城市才有更好的变化。”

“靠你一个人的力量怎能办得到?”

“我只是起带头作用。我相信一句小小的赞美能让那位司机整日心情愉快，如果他今天载了20位乘客，他就会对这20位乘客态度和善，而这些乘客受了司机的感染，也会对周遭的人和颜悦色。这样算来，我的好意可间接传达给1000多人，不错吧?”

“但你怎能希望计程车司机会照你的想法做吗?”

“我并没有希望他”，朋友回答：“我知道这种做法是可遇不可求，所以我尽量多对人和气，多赞美他人，即使一天的成功率只有30%，但仍可连带影响到300人之多。”

“我承认这套理论很中听，但能有几分实际效果呢?”

“就算没效果我也毫无损失呀！开口称赞那司机花不了我几秒钟，他也不会少收几块小费。如果那人无动于衷，那也无妨，明天我还可以去称赞另一个计程车司机呀!”

“我看你的想法真是有点天真了。”

“从这就可看出你越来越冷漠了。我曾调查过邮局的员工，他们最感沮丧的除了薪水微薄外，另外就是欠缺别人对他们工作的肯定。”

“但他们的服务真的很差劲呀!”

“那是因为他们觉得没人在意他们的服务质量。我们为何不多给他们一些鼓励呢?”

他们边走边聊，途经一个建筑工地，有5个工人正在一旁吃午餐。朋友停下了脚步，“这栋大楼盖得真好，你们的工作一定很危险辛苦吧?”那群工人带着狐疑的眼光望着我朋友。

“工程何时完工?”朋友继续问道。

“6月。”一个工人低应了一声。

“这么出色的成绩，你们一定很引以为荣。”

离开工地后，A对他说:“你这种人也可以列入濒临绝种动物了。”

“这些人也许会因我这一句话而更起劲地工作，这对所有的人何尝不是一件好事呢?”

“但光靠你一个人有什么用呢?你不过是一个小民罢了。”

“我常告诉自己千万不能泄气，让这个社会更温暖原本就不是简单的事，我能影响一个就一个，能两个就两个……”

“刚才走过的女子姿色平庸，你还对她微笑?”A插嘴问道。

“是呀!我知道”，他答道，“如果她是个老师，我想今天上她课的人一定如沐春风。”

故事中的朋友凭一己之力尽力用快乐的情绪感染周围的人，向他人传递快乐，一定有人会因为他的赞美而获得好心情，进而去影响更多的人感受到快乐的情绪。所以尽自己所能传递快乐。你使周围的邻居快乐了，邻居个个对你笑脸相迎；你使朋友同事快乐了，朋友同事人人见你如春风拂面……通过传递快乐，我们将最终被快乐所环绕。

三、社会贡献

贡献社会是儒家所强调的重要内容。孔子曾将自己比作美玉，大声疾呼，

“沽之哉！沽之哉！我待贾者也！”渴求得到君主的赏识，期待进入并影响社会，实现自己政治抱负。孟子亦提出，“古之人，得志，泽加于民；不得志，修身见于世。穷则独善其身，达则兼善天下”，认为君子在得志时要将恩泽施于百姓，不得志时就修养个人品行为世人作表率；穷困时要坚守美好的品德，显达时要使天下人都得到好处。因此，儒家主张“学而优则仕”，高扬“积极入世”的旗号，倡导以天下为己任，以“治国平天下”为理想，加之“德治爱民”的政治导向、“孝悌和亲”的伦理精神、“文质彬彬”的礼乐文化，儒家一直寻求对社会作出积极的改变。

一棵树不能改变气候，但森林可以；一个人不能改变社会，但群体可以。爱因斯坦曾说过：“人只有献身于社会，才能找出那短暂而有风险的生命的意义。”因此，奉献乃是生命的真实意义。当我们审视历史发展的进程时，我们看到诸葛亮的“鞠躬尽瘁死而后已”，文天祥的“人生自古谁无死，留取丹心照汗青”，于谦的“粉身碎骨全不怕，要留清白在人间”……他们因对国家与社会的贡献而流芳百世。当我们反省对社会的贡献时，可以从爱岗敬业、播种希望、无私奉献、成就事业等方面展开。

（四）爱岗敬业

做好本职工作是我们贡献社会的主要形式。也许我们会有不同的想法，但是既然是自己的选择，既然暂时无法改变现状，就应该尽全力把工作做好。尽管工作条件、工作过程或工作内容等方面可能存在不如意、不舒服之处，还是应该积极投入、想方设法把工作做到最好的水平。爱岗敬业，应该成为我们生命中的重要内容。

西部偏远乡镇上有位邮差，他从刚满二十岁起便每天往返近五十公里的路程，日复一日把一封封承载着悲喜忧欢故事的信件，送到村民的家中。就这样二十余年一晃而过，物是人非，几番变迁，唯独从邮局到村庄的这条道路，从过去到现在，始终没有一枝半叶，触目所及，唯有飞扬的尘土罢了。

“这样荒凉的路还要走多久呢?”他一想到必须在这无花无树、充满尘土的路上，踩着脚踏车度过他的人生时，心中总是有些遗憾。

有一天当他送完信，心事重重准备回去时，刚好经过了一家花店。

“对了，就是这个!”他走进花店，买了一把能够抵御干旱的野花种籽，并且从第二天开始，带着这些种籽，撒在往来的路旁。就这样，经过一天，两天，一个月，两个月……，他始终持续散播着野花种籽。没多久，那条已经来回走了二十年的荒凉道路，竟开起了许多黄、绿、红等各色小花；夏天开夏天的花，秋天开秋天的花，四季盛开，永不停歇。

在充满花瓣的道路上吹着口哨、踩着脚踏车的邮差，不再是孤独的邮差，也不再是愁苦的邮差，在发现原来送信是那么令人愉快的事情之后，他希望一生都能骑行在这条熟悉的道路上。

人生如白驹过隙，时光飞逝，故事中的邮差一干就是二十年。尽管他也犹豫过、苦闷过，但是当他撒下花种后，一切都变得不同。邮差改变了工作环境，并因此改变了工作心境，唯一不变的是他日复一日地完成好自己该干的事情。我们应该反思，爱岗敬业也许并不仅是一句口号，它需要善于发现的眼光和精于改变的技巧，是我们贡献社会、体现自身价值的心灵归宿。

（五）播种希望

也许我们目前从事着不起眼的工作，也许我们的能力条件有限，无法为社会作出更大的贡献。但是，即使自己不能成为参天大树，也不妨碍我们播下希望的种子。因为纵使看起来很微不足道的籽粒，也许会在将来变得枝繁叶茂。播种不是为了自己的收获，而是要在播种过程中以及对未来的期待中给播种者带来贡献的喜悦。

10 多年前的一个晚上，安徽蚌埠市天桥社区开小饭馆的李玉兰与老伴回家时，电视里正播着“希望工程”，说捐助 300 元就可帮助一名儿童读完小学。一整夜，李玉兰都没睡好，脑海里闪现着电视中那些渴求知识的孩子们稚嫩的面容，不由自主地想到了 20 多年前的那次难堪。

那天，她领着女儿回上海娘家，路上到饭店吃饭。那时女儿年龄小，不懂事，看到别人吃黄鱼，也要吃。李玉兰就问营业员：“这黄鱼要卖多少价钱?”营业员白了她一眼：“价钱写在黑板上，你自己不会看!”李玉兰不识字，遭此抢白，顿时尴尬极了，想起生活上种种艰难，不由伤心落泪，和女儿抱头痛哭。也就从那时起，李玉兰知道了没有文化的痛苦。

第二天一大早，她向老伴说出了自己的心事，要尽最大努力资助贫困儿童上学。得到家人的同意后，她与老伴匆匆赶往邮局，给“希望工程”设在北京的办事机构汇款 600 元。在汇款单的“捐赠理由”一栏里，她让人写下这样一句话：“多识一个字，多懂一分理。”

一个月后，中国青基会给她来信了，信里寄来了《“希望工程”救助卡》，上面介绍了李玉兰资助的内蒙古托克托县和合营村两名儿童的详细情况。李玉兰摸着来信，激动不已，让儿子把信读了一遍又一遍。

从那以后，李玉兰看电视又多了一项内容：看有没有“希望工程”的消息。不久，山东高青县和安徽长丰县两名失学儿童的消息，又让李玉兰放心不下，于是，她又给中国青基会汇去800元，让这两名失学儿童又背上书包。从此，资助贫困生上学，成了李玉兰的一件重要的大事。也就从那时起，10多年里李玉兰资助了分布在全国23个省、市、自治区的100多名失学儿童。

十几年来，李玉兰捐助失学儿童近百名，遍布全国20多个省区市，为社会捐助的各项资金达17万元。有人会说，能拿出这样一笔钱的人肯定腰缠万贯，家财丰厚。然而，当那位受助的芜湖小伙来到她家时，当受助的一些孩子们来到她家时，他们惊呆了。他们怎么也想不到这位开饭店的李玉兰，现在仍和老伴、小女儿住在只有二三十平方米的两间小房子里，家里的主要摆设就是一个柜子、一张床、一台旧电视，其陈设简陋简直让人无法相信。她穿的是廉价衣服，老伴抽的是廉价烟，喝的是廉价酒。

人们问她为什么这样做？李玉兰总说：“俺以前家里苦，吃没吃，穿没穿，是邻居，是好人们帮了俺。俺现在好些了，就想给孩子送点爱，为老人尽点孝。”

“平凡的人，伟大的爱。”这是安徽省委、省人民政府表彰省第四届精神文明建设十佳人物时对李玉兰的评价。也就是这样一位小业主，来到北京与李嘉诚、霍英东、关牧村等知名人士一起荣获首届“中华慈善奖”的殊荣。

李玉兰是一个平凡的普通人，她多年来用省吃俭用的钱帮助了很多贫困的学生，播种了希望，她这种奉献精神是许多经济条件比她好、社会地位比她高的人难以企及的。我们有理由相信，当这些孩子们将来成为有用之才，在自己的工作领域为社会做出贡献时，不仅承载着李玉兰力量，而且能够将希望的种子继续传承下去。

（六）无私奉献

追求奉献还是索取利益，这是人生境界高低的分水岭。古今中外许多英雄伟人，他们无私奉献，舍小家为大家，已经被载入史册为后人所瞻仰。同样，还有许多人在默默付出，他们不求名利，任劳任怨，舍己为人。虽然平凡，依然伟大，更值得歌颂与赞美。

李春燕是贵州从江县大塘村的乡村医生。十几年前李春燕卫校毕业后嫁给了大塘村一个苗族青年，成为一名乡村卫生员，并且在自己家里开设了一间卫生室。

大塘村是一个苗族村寨，只有她一个乡村卫生员，有2500多名苗族村民，生活极其贫穷。人们向来缺医少药，过去，村里没有医生，得病了，除了苦熬，就是请人驱鬼辟邪，或是用‘土办法’自己治疗。现在，大家已经逐渐习惯了生病去李春燕那儿打针吃药，有了初步的医疗保障。

李春燕，严格地讲不能称作医生，因为她没有编制，不享受国家的工资和其他待遇。由于工作环境差、入不敷出，我国的大部分乡村卫生员已改行或外出打工去了。李春燕也遇到过相同的问题，乡亲们来看病，没有钱付药费，只能记账赊欠。2004年初，一直赔本经营卫生室的李春燕打算关掉卫生室，和丈夫一道去广东打工。当他们正准备出门的时候，闻讯而来的乡亲们正好赶到。村民们掏出皱巴巴的一元、两元钱递给李春燕："李医生你走了，我们可怎么办？这是我们还你的账，不够的我们明天把家里的米卖了，给补上。"此情此景，李春燕无法狠下心来离开，以后也再也没有离开。这是李春燕留在这艰苦的地方做乡村医生以来唯一想放弃的一次。

李春燕从来没有机会穿上白大褂，甚至被人在医生的前面还要加上赤脚这两个字。虽然她不像很多医生那样，不愁自己的衣食，由于垫付药品和医疗器具很多月份入不敷出，但是她是如此的被乡亲们所需要、信任和依赖……

李春燕以个人的微薄之力量，十多年如一日，用自己的医疗技术守护着苗寨山村居民的健康。虽然很多人无力支付医疗费用，导致她入不敷出，她仍尽心尽力诊治每位村民，不计名分，不计私利。李春燕这种默默付出、无私奉献的行为，为社会做出的贡献同样伟大。

（七）成就事业

如果条件允许，在自己所涉及的领域成就一番伟大的事业是我们贡献社会的理想结果。例如，在人类历史发展的浩瀚长河中，诞生了许多伟大的科学家，他们用孜孜不倦的探索精神，在科学的道路上不断前行，创造并传播新知识、新技术新方法……他们推动着社会的进步，为全人类的发展做出了不可磨灭的贡献。

中国科学院数学与系统科学研究院发布讣告称，首届国家最高科技奖获得者、著名数学家吴文俊院士因病医治无效，于2017年5月7日7时21分在北京不幸去世，享年98岁。

吴文俊院士，37岁凭借在拓扑学上的杰出成就，与华罗庚、钱学森一起获得首届国家自然科学奖一等奖；38岁当选中国科学院学部委员；20世纪70年代开始攀登数学机械化的高峰；世纪之交，捧得首届国家最高科技奖……

然而我们对他却知之甚少。

吴文俊对数学的主要领域——拓扑学做出了重大贡献。他引进的示性类和示嵌类被称为“吴示性类”和“吴示嵌类”，他导出的示性类之间的关系式被称为“吴公式”。他的工作是20世纪50年代前后拓扑学的重大突破之一，成为影响深远的经典性成果。

20世纪70年代后期，他开创了崭新的数学机械化领域，提出了用计算机证明几何定理的“吴方法”，被认为是自动推理领域的先驱性工作。他是我国最具国际影响的数学家之一，他的工作对数学与计算机科学研究影响深远。

面对各种荣誉，吴老却看得很轻。获得国家最高科技奖后，他说：“我不想当社会活动家，我是数学家、科学家，我只能尽可能避免参加各种社会活动。”

他曾谦逊地说：“不管一个人做什么工作，都是在整个社会、国家的支持下完成的。有很多人帮助我，我数都数不过来。我们是踩在许多老师、朋友、整个社会的肩膀上才上升了一段。我应当怎么样回报老师、朋友和整个社会呢？我想，只有让人踩在我的肩膀上再上去一截。我就希望我们的数学研究事业能够一棒一棒地传下去。”

吴老一生专注于科学研究，尽量避免无谓的社会活动对他时间与精力的占用。他致力于回报老师、朋友和整个社会，希望将研究事业传承下去……科学家把自己的研究成果奉献给人民、用于造福社会。当我们在反思的社会贡献时，应在力所能及的范围内成就事业，可以尝试着站得更高，看得更远，努力为社会做出卓越贡献。

儒家自省的管理启发

Chapter 5

第五章　知行合一——管理应用

作为心学的集大成者，王阳明十分强调“知行合一”。从空间来看，“知”与“行”是两道并行的铁轨，不可分割；从时间上来看，知是行之始，行是知之成。“知”与“行”是一件事的开始与终结，并互为因果、循环往复，决不能有始无终，更不能虎头蛇尾。

做事必有动机和目标，体现了内心的实际诉求，且难免与他人产生互动；为人体现了内心的真实状态，且依附于具体的事件；修心既会在处事为人的诸多环节有所反映，同时又受到事情与人情发展过程及结果的影响。因此，省事、省人与省心三者相互关联、相互渗透、缺一不可，在持续性交织、循环和迭代过程中，呈现出儒家自省的概念全貌。

懂得儒家自省是“知”，做到儒家自省是“行”，只有在自我管理与组织管理实践中积极自省，并将内容与过程等方面结论反馈、修正既有的理论体系，做到知行合一，才能发挥出儒家自省的功效。将自省与管理实践相结合，会让传统优秀思想与现代管理科学相互碰撞，迸发出新的火花，产生奇妙的化学反应，最终促使个体、团队与组织迸发出新的活力与生机，使其在快变复杂的竞争环境中迸发出足够的适应性与创造力。

本章主要涉及儒家自省的管理应用问题，包括纵向应用与横向应用两个方面。在纵向应用时强调自我管理，并区分为不同阶段，包括事业起步期重省事、事业成长期重省人、事业成熟期重省心；在横向应用时强调组织管理，并区分为不同模块，包括选人时重潜力、育人时重张力、留人时重能力、用人时重实力。通过上述内容的阐述，希望读者能有所启发，尽可能地发挥儒家自省的实践指导作用。

第一节　纵向分阶段

所谓纵向分阶段，是指在个人成长与发展的轨迹上，按照事业成熟度大致分为起步期、成长期、成熟期三个阶段。尽管每个阶段都应该养成良好的自省习惯，但是根据自身的实际情况和成长需要，不同阶段具有不同的侧重点，这样才能把握关键，有的放矢：当个体处于事业的起步期时，应侧重于做事方式方法、过程结果等方面的提升，在自省过程中可在省事方面投入更多的精力，对事外借鉴、事内准备、问题管理及其对应范畴进行系统反思；当个体处于事业成长期时，应侧重于为人方式方法、过程结果等方面的提升，在自省过程中可在互动对象判断、自我体察、和谐互动及其对应范畴进行深入思考；当个体处于事业成熟期时，应侧重于内心的探询与修炼，在自省过程中可在省心方面投入更多的精力，对内心状态感知、内心观念溯源、内心积极追求及其对应范畴进行反省与体悟。

一、事业起步期重省事

一个人之所以能够不断向前，取得事业上的进步与发展，与其自我反省的能力有很大关系，因为只有找到自己的缺点或做得不够完善的地方，不断改正，减少差错，才能不断进步。对于处于初入职场的新人而言，其在事业起步期最重要的事情是有效完成本职工作，做好领导交办的具体事项。只有这样，才能在单位立足，逐步获得同事的认可与领导的赏识，体现自身价值，获得发展机会。

对于处于事业起步期的个体，一般属于单位的基层员工，其通常要遵守一定的工作程序，完成日常工作任务。尽管自主性与决策权很小甚至没有，也需要在规定的时间内、按照规定的方法、利用规定的资源做好规定的事情。只有具备有关工作制度、流程、内容、方法等方面的知识、技能与能力，才能把手头上的事情做好。在这个阶段，省事有助于做好本职工作。通过反省当前所做的事情有哪些不足并思考如何改进，从而更好地完成工作任务。

具体而言，每日需要反省自身是否完成了当日的工作任务、有哪些内容没有完成、为什么没有完成、后期如何改变这种状态；反省哪些工作内容需要改善，找到需要完善的地方，尽全力做到最好；反省当日工作中最优秀的表现，分析原因是什么，并继续保持这种优势状态。只有不断自省，才能不断进步。针对第二章有关省事的理论知识，要注意融会贯通，并在勤于本分、循序渐进、心灵手巧、精益求精等方面加以应用。

（一）勤于本分

易经“乾”卦第一爻即“潜龙勿用”，告诉我们追求进步、寻求发展的君子在起步阶段一方面要成为“龙”、具备过人的本领，另一方面要习惯于隐忍、不要轻举妄动。因此，在事业起步阶段，最重要的事情是把自己的工作任务、工作内容以及相关的知识、技能与能力琢磨清楚、掌握明白，并且学会“夹起尾巴”做人。通过不断反省自己做事的问题与不足，不断地查漏补缺，使自己成为可用之材。只有端正工作态度、努力把工作做好，才能体现出自己的价值，才能谋求进一步的发展。

小赵在一家国际贸易公司上班，他很不满意自己的工作，愤愤地对朋友说：“我的老板一点儿也不把我放在眼里，每次开会、聚会都无视我的存在，但是做苦力跑腿的时候却找到了我。跟这样不爱惜人才的老板工作，太没劲了。真想拍桌子辞职不干了。”

“你对公司的业务完全弄清楚了吗？对于他们做国际贸易的窍门都搞懂了吗？”他的朋友反问。

“没有！”

“要想走，也可以，我建议你好好把公司的贸易技巧、商业文书和公司的运营搞通，甚至如何修理复印机的小故障都学会，然后再辞职不干。”朋友说，“你可以把他们的公司当作免费学习的地方，什么东西都学会了之后，再一走了之，这样不是既有收获又出气了吗？”

小赵听从了朋友的建议，从此便默记学习，下班之后也留在办公室研究商业文书。

一年之后，朋友问他：“你现在许多东西都学会了，可以准备拍桌子不干了吧？”

“可是，我发现近半年，老板对我刮目相看了，对我不断委以重任，又升职又加薪，我现在是公司的红人了！”

“这是我早就料到的。当初老板不重视你，是因为你做事的能力不足，你却不努力学习；而后你经过努力，能力不断提高，老板当然会对你刮目相看了。”朋友笑着说。

我们身边许多人就像最初的小赵一样，只看到领导不重视自己，觉得自己的能力没有得到充分的发挥，感到自己被大材小用，于是愤愤不平、心生不满，抱怨连篇，却不知自己实际上是眼高手低、不堪大用。这时需要反躬自省，看看自己的能力是否与工作要求相匹配，自己的知识技术水平是否比同事更好，自己的工作经验是否足够丰富……只有全力以赴、尽职尽责地做好当前工作，展现出自己的价值，才能像后来的小赵一般，吸引老板的注意，获得更多的施展才华机会，打通提职加薪的渠道。

（二）循序渐进

“君子素其位而行，思不出其位”，王阳明告诉我们，君子应当根据他所处的位置采取适当的行动，思考问题不要超越自己的处境。脱离实际情况、谋求力所不及的事情，就是好高骛远。很多年轻人刚从学校出来，一心想干“大事”，但是由于缺乏干“大事”的本领，又对下基层、进车间、学打杂的工作不屑一顾，结果在求职路上屡屡碰壁。如果能改变一下心态，甘愿从一颗螺丝钉做起，“素其位而行，思不出其位”，全心全意做好本职工作，就能逐步获得认可，脚踏实地地逐步攀升。

一个学新闻专业的年轻人，毕业后想留在上海发展。刚开始，他的目光锁定在那些大报社、大杂志社，不断地去投简历应聘职位，可是却极少得到回应。即使某些单位叫他去面试，也因竞争过于激烈而败下阵来。

他找了很多家报社、杂志社，都遭到了拒绝，心里郁闷极了，深感怀才不遇。

后来在一位朋友的帮助下，他放下架子，选择了“无编打工”，即先到一家报社跑跑龙套，做些打杂的活，如接电话，整理资料、稿件之类的，属于“试用期”的编外人员。

他十分珍惜这个机会，每天都利索地把自己的事情做得妥妥贴贴的，份内的工作做完后，对于同事们的不情之请，如买盒饭、打开水、搞卫生等，也都干的不亦乐乎。

过了一段时间，领导见他认真做事，当社里人手紧时，便派他去完成一些采访任务，年轻人很用心地去做，把采访任务完成得很好，慢慢地他有了一些固定的稿源。

后来领导见年轻人的能力还可以，便把一个房地产版块交给他做。

年轻人从未接触过房地产，开始时不知道怎么样才能做好这个栏目，对那些专业性很强、满是房地产术语的稿子更是一头雾水。

但他从不叫苦，而是虚心地向同事们请教，下班后更是一股劲儿地钻研起房地产知识来。很快地，他在房地产这方面由一窍不通到渐渐入门，接着成了内行，把这个版块办得有声有色，社里的领导很满意。

终于有一天，领导把他叫去："年轻人，现在你可以到人事部门签聘用合同了。"没过几年，年轻人又凭着他的努力，顺理成章地坐到了部门主任的位置上。

如果年轻人刚到报社，还是"编外人员"时，就存着非分之想，整天妄想着怎样才能成为正式员工，甚至当上部门领导，恐怕早就被扫地出门了。但是他很会自省也很聪明，知道自己最重要的事情是先把本职工作做好，一步步积累经验，提升工作能力。最终，这个年轻人能够凭借自身出色的表现打动了领导，成为正式员工，并很快晋升到部门主任的位置。很多人以为自己做了很多工作但是领导根本没看到，但其实领导的眼睛是雪亮的，每个员工做事时的态度、方法、能力、结果领导都会看在眼里，记在心上。一旦有了需要，努力做好本职工作、刻苦上进的那人很容易被领导想到。所以反躬自省，做到"素其位而行，思不出其位"，在此基础上实现循序渐进才是事业起步期的明智选择。

（三）心灵手巧

在完成本职工作的过程中，可能会遇到很多困难与挑战，甚至需要处理从来都没有面对过的问题。这时，除了对相关经验教训的借鉴、对自身能力态度的反思外，更重要的是关注问题本身，明确目标究竟是什么。为了达成目标，在不违背原则与底限的前提下，可能发现多种解决办法。而开动脑筋，选择最简便有效的办法，是实现目标、解决问题的关键。四平八稳的解决办法固然可以采用，但是心灵手巧、"四两拨千斤"处理方式更应该受到青睐。

小王在一家建筑材料公司当业务员。这家公司虽然产品不错，销路也不错，但产品销出去后，总是无法及时收到回款。当时公司最大的问题是如何讨账。

有一位客户买了公司 10 万元产品，但总是以各种理由迟迟不肯付款。公司先后派了三批人去讨账，但都没能要到货款。当时小王到公司上班不久，就和另一位员工一起被派去讨账。他们软磨硬泡，想尽了办法。最后，客户终于同意给钱，叫他们过两天来拿。

两天后他们赶去，对方给了他们一张 10 万元的现金支票。

他们高高兴兴地拿着支票到银行取钱，结果却被告知，账上只有 99930 元。很明显，对方又耍了个花招，给的是一张无法兑现的支票。马上就要春节了，如果不及时拿到钱，不知又要拖延多久。

遇到这种情况，一般人可能就一筹莫展了。但是小王突然灵机一动，赶紧拿出 100 元钱，让同去的人存到客户公司的账户里。这样一来，账户里就有了 10 万元。他立即将支票兑了现。

当小王带着这 10 万元回到公司时，老板对他大加赞赏。之后，他凭借自身做事的能力与灵气，在公司不断发展，很快当上了销售经理，并在五年内做到了公司的销售副总。

当遭遇支票无法兑现的情况时，很多人可能想到回公司向领导如实反映、责备客户的不守信用、继续追讨欠款……而小王灵机一动，通过向客户账户存款的方式巧妙地解决了这个棘手问题，体现了他善于思考与行动的能力。因此，在事业起步期的省事过程中，如果能够在问题解决的对策方法方面有“神来之笔”，会更容易得到赏识与肯定。

（四）精益求精

在事业起步期，注重省事不仅仅是只注意完成当前表面任务，而是应该对任务的本质、内在因素的区别与联系、变化与发展等问题做更进一步的思索与考量。做事情并非仅仅是把表面工作完成就可以。领导安排的任务，如果仅仅是肤浅的完成，那么肯定不能算“有功”，甚至连“无过”都谈不上。若是能够想领导之所想，急领导之所急，把任务完成到超出领导预期的情形，才更有可能获得认可，得到晋升的机会。因此，在反省做事的方式方法及内容结果时，不应仅限于完成某事的形式，而是致力于把握问题的实质，不断地提高自身水准，努力做到精益求精。

两个同龄的年轻人同时受雇于一家店铺，并且拿同样的薪水。

可是一段时间后，叫阿伟的那个小伙子青云直上，而那个叫小林的小伙子却仍在原地踏步。小林很不满意老板的不公正待遇。终于有一天他到老板那儿发牢骚了。老板一边耐心地听着他的抱怨，一边在心里盘算着怎样向他解释清楚他和阿伟之间的差别。

“小林”，老板开口说话了，“你现在到集市上去一下，看看今天早上有什么卖的。”

小林从集市上回来向老板汇报说，今早集市上只有一个农民拉了一车土豆在卖。

“有多少?”老板问。

小林赶快戴上帽子又跑到集上，然后回来告诉老板一共40袋土豆。

“价格是多少?”

小林又第三次跑到集上问来了价格。

“好吧，”老板对他说，“现在请您坐到这把椅子上一句话也不要说，看看别人怎么说。”

阿伟很快就从集市上回来了，向老板汇报说到现在为止只有一个农民在卖土豆，一共40口袋，价格是多少多少；土豆质量很不错，他带回来一个让老板看看。这个农民一个钟头以后还会弄来几箱西红柿，据他看价格非常公道。昨天他们铺子的西红柿卖得很快，库存已经不多了。

他想这么便宜的西红柿老板肯定会要进一些的，所以他不仅带回了一个西红柿做样品，而且把那个农民也带来了，他现在正在外面等回话呢。

此时老板转向了小林，说：“现在你肯定知道为什么阿伟的薪水比你高了吧?”

从上面的故事可以看出，完成表面任务是远远不够的，把握任务本质，系统解决问题更加重要。事实上我们不能为了解决问题而去解决问题，而应抓住问题的关键，对问题作出更全面、更准确、更动态的回应。许多人时常抱怨，认为自己在公司的工作很努力，每天勤勤恳恳，早来晚走，可是职位和薪水却没有长进。上面的故事告诉他们，要想在工作中胜出，需要更加严格的要求自己、挑战自己，不断对问题进行系统反思，并在此基础上做到精益求精。

二、事业成长期重省人

经历了事业起步期做事与省事的磨砺与锻炼，我们会从职场菜鸟逐渐转变业务能手或基层骨干，甚至得到了一定程度的提拔，成为单位的中基层管理者，这时，我们便进入了自己的事业成长期。在事业成长阶段，往往不再需要孤军奋战，可能会在成本、质量、设计等方面引领一个班组、团队或对整个部门的绩效负责，此时工作重心会从做事为主向人事兼顾、以人为先转变。因此，人际关系对事业成长期带来至关重要的影响。

古人云："独学而无友，则孤陋而寡闻。"对于处于事业成长期的个体而言，良好的人际关系能够带来丰富的资讯，有利于更快速地掌握组织的各方面的最新动向，从而提前做出应变准备；能够加深与个体与同事之间的接触，结成自己的利益共同体，在发展中共同进退。在情绪宣泄方面，良好的人际关系能够让个体保持心情舒畅，正如培根所言，"把忧愁向一个朋友倾吐，你将被分掉一半忧愁。当然，如果你把快乐告诉一个朋友，你将得到两个快乐。"

"以人为镜，可以明得失"，他人的反馈也为个体正确认识自我、评价自我、完善自我、发展自我提供重要途径。然而，职场中的人际关系十分微妙复杂，稍有不慎，就会陷于被动，每个在职场上摸爬滚打过的人都会对此深有感触。尤其是在事业成长阶段，更应该重视人际关系，养成儒家自省的习惯，时常对自身人际交往目的原则、过程及结果等内容进行检视、反思与修正。针对第三章有关省人的理论知识，要注意融会贯通，并在严于律己、宽以待人，合理沟通、照顾面子，择木而栖、重视圈子，刚柔并济、适可而止等方面加以应用。

（一）严于律己、宽以待人

省人即省察"己""人"的现实状况与互动关系，其中首先需要严于律己，如果很多方面自己都没有做好的话，又怎么能去要求别人？很多优秀人才在事业起步期通过了做事、省事的考验，进入事业成长期，原本可以因出众的工作结果得到进一步晋升，但是由于不善于关注并反思与人交往的方式方法，没能建立良好的人际关系，最终导致事业停滞不前。在很多情况下，这些人自视甚高，自律甚严，在他们眼中，周围人身上全是毛病，总是用自己的标准去衡量、要求他人。他们不乏精明，但少了一份容人的胸怀。这样的人会是做事的好手，但绝不是好的管理人员，难以晋升到很高的职位。

有位才华出众的经理，事业一直都不顺利。尽管原因很多，但其中很重要的一个方面就是他太精明、太能干了。与朋友交谈时不注意场合，不注意内容，时常听到他抱怨、指责别人，说这个不行，那个不厚道。被他数落的对象包括他的上级、合作伙伴、客户以及下属，他会一针见血地指出每个人的缺点和不足，然后抱怨同这些人共事有多么困难。

朋友劝他：与人相处都尽量地看人长处，严于律己、宽以待人，要想着别人的长处、好处，不要老盯着人家的缺点、问题不放。而他依然如故，在公司里再也没有得到晋升，事业也没有很大的发展。

上述故事中的经理才华出众，事业发展却踯躅不前，主要原因就在于他虽然能够严于律己，但是无法做到宽以待人。每个人都有自己的优缺点，与人相处时应多看别人的长处，用其所长而不是责其所短。

官渡之战后，曹操收缴到了许多来自许都投给袁绍的信件，他没有追究，一把烧掉，不留案底。对于写文章骂了他祖宗三代的陈琳，也不追究，继续给官做。曹操曾经推举了一个叫魏种的人做孝廉，又任用他做太守，陈宫发动兖州事变的时候，曹操认为只有魏种一定不会背弃他。结果没想到魏种也跑了。曹操十分生气，表示只要魏种还在中国混，就一定不会放过他。后来生擒了魏种，想想说："这个人还是有才啊！"还是松绑放了他，让他继续做官。兖州事变的时候，还有个叫毕谌的人，因为张邈劫持了他的母亲等家人，曹操就让他回去，而毕谌表忠心说绝不离开，把曹操感动地流眼泪。结果一出门他就跑了。后来也把他给生擒回来了，大家都觉得毕谌活不了了。曹操说："能孝敬父母的人才会忠于君主，这种人正是我所求的。"还是任用他做官。张绣、贾诩反叛曹操，杀了曹操的爱子曹昂、爱将典韦，给了曹操最惨痛的教训，但他们再来投奔曹操的时候，曹操能够不计前嫌地接纳，给予他们最丰厚的封赏和最高的官职。对于关羽这样的义士，出走之后不去追杀。

当曹操处于事业成长期时，尽管对自己高标准、严要求，但是对于周围的人相对宽容，能够做到用其所长。尤其在对待下属方面，"做大事不拘小节"，曹操上能够量才而用，并以宽容与信任架起了与人共谋发展的最佳桥梁。因此，曹操能够最大限度地调动下属的积极性，发挥其才能，即时在失败的边缘，也能齐心协力，共渡难关，最终在动荡割据群雄逐鹿的年代，成为三国鼎立局面中最大的一股势力。

（二）合理沟通、照顾面子

处于事业成长期，经常与上级、下级、平级、客户等方方面面的人进行互动，需要采用合理的沟通方式方法，且要顾及互动对象的面子。在很多情况下，人们之间的交流是通过语言完成的，所以要经过慎重考虑之后再开口，特别注意言语的尺度轻重，不能随心所欲、口无遮拦。俗话说，“良言一句寒冬暖，恶语一声暑天寒”，善意动听的言语容易使人接受，而恶意难听的言语则会伤害他人颜面、使人产生抵触情绪，拉开心理距离。有人认为，就事论事、直言直语是可以被接受的。然而，直言直语虽然可能切中要害，却容易令人下不了台、丢面子。在我国传统文化的熏陶下，人们对面子具有与生俱来的狂热追求和敏锐感知，很多人把面子视为自己的第二生命。因此，面子已成为人际关系最基本的调节器，给不给面子或面子是否给足，往往是人际和谐与否的判断标准，直接关系到人际关系的方向和程度。

一天，在公司的集会中，张经理看到财务部的一个女同事穿了一件紧身旗袍，与她的胖身材很不相称，不知什么原因一时犯浑，凑近说道：“说实话，这身旗袍很漂亮，但你没有穿出的效果，该减肥了……”

女同事生气地走开了，从此再也没有理过他。

其实这位张经理是公司的元老，他的善良与坦诚在公司闻名遐迩，可是和他同时进公司的老人们，大都成了公司的高管，只有他始终在中层干部打转。另外，别人虽然都称赞他“好”，但他的朋友并不多，他在公司里独来独往，好像不大受欢迎的样子……

张经理的能力并不差，也有相当好的观察、分析能力，但是总是得不到进一步的晋升。问题是，他太坦诚了，说话总是直言直语，不加修饰，不顾及别人的面子，于是直接影响了他的人际关系和进一步发展。

从上述的案例中可以看出，张经理对女同事坦诚直言，可能真是出于好心，但是没有注意沟通的场合以及方式方法，令对方感觉很丢面子，以后都不愿再次搭理。因此，即使有些话不得不说，也要注意合理沟通，照顾对方颜面，必要时委婉迂回、点到为止，避免给对方带来尴尬或难堪。

（三）择木而栖、重视圈子

“有人的地方就有江湖”，在事业成长阶段，还需要注意选择合适的领导和队列，经营好自己的圈子。易经“乾”卦第二爻提出，“见龙在田，利见大人”，告诉我们，必须依附有才有德的“大人”，进而出头露面，出人头地。在现代职场中，几乎所有的单位都存在两种组织形式。第一种是正式组织，由上至下，由高管到基层，确定着任务的分工与协作，权责的划分与整合。另一种是非正式组织，即人们在正式组织所安排的共同工作和在相互接触中，以感情、性格、爱好等为基础形成的圈子，圈内成员没有明确规定的结构，但会涌现出自己的“头头”，形成一些不成文的行为准则和规矩，维持并追逐圈子的共同利益与发展诉求。如果没进入圈子或是破坏了圈子的规矩与生态，就会遭到排挤、打击，好事摊不上，坏事找上门。

小米由分厂的人事科被提拔到集团的人力资源部不久，就发现在这个十来个人的部门里，至少存在着两小圈子。每个圈子内部的几个人干活配合默契，但对圈外人则多少有点不配合，有时甚至暗中使绊。部门经理也睁一只眼闭一只眼，而每个圈子核心人物的影响有时似乎比部门经理还大。

这些天，一个圈子里的老张中午有事没事跟小米套近乎，昨天问他父母是做什么的，今天问他有没有女朋友。当他知道小米还没有女朋友时，马上表示愿意为他当“红娘”。小米知道老张是想拉自己“入伙”，成为他们那个圈子的人，他有些犹豫：如果自己不进他们那个圈子，今后自己在工作中难免会遭到他们的刁难；如果进入他们那个小圈子，肯定会得罪另一个圈子，而自己又从心里不喜欢这种拉帮结伙的行为。他有点不知所措。

小米所面临的烦恼在事业成长阶段非常常见，在做事、省事过程中表现出自身的能力和价值以后，肯定会引起领导的重视和欣赏，除了在正式组织结构中得到初步肯定和晋升，还会发现不同圈子所抛来的橄榄枝。在加不加入圈子的问题上，答案应该是肯定的，否则极有可能陷入边缘化、背黑锅的窘境。至于加入哪个圈子、何时加入圈子，则需要认真思考、谨慎判断、把握时机，争取做到“良禽择木而栖，贤臣择主而侍”。

（四）刚柔并济、适可而止

在事业成长阶段，总是希望尽可能地搞好方方面面的人际关系，为日后的发展和进步提供有利条件。然而，现实情况可能并不尽如人意。在日常工作中，总有这样或是那样的人，因为各种各样的原因跳出来站在我们的对立面，阻碍着工作的正常开展，甚至挖坑使绊，进行个人攻击。面对这种情况，我们还是应该“先礼后兵”，晓之以理、动之以情，当已经做到“仁至义尽”而对方似乎仍然咄咄逼人时，我们也不得不作出必要的反击，只是要注意刚柔并济、适可而止。

小刘大学毕业后进入一家大型集团公司从事销售工作。小伙子来自农村，有一股拼劲，对销售工作很用心，在公司中人缘也不错，并且业绩一直稳居前列，于是在一年前被提升为其所在区域的销售副经理。

然而，自打小刘被提拔以后，该区域的销售经理李某好像总看小刘不顺眼。或者是担心小刘抢了自己的位置，或者是和小刘的工作思路方法不对路，屡次和小刘闹别扭。出于对李经理的尊重和工作的需要，小刘一直隐忍，希望用自己的诚意打动对方，能够化干戈为玉帛。然而，经过了一年的观察，小刘发现李经理好像压根没有和好的意思，反而更加变本加厉。

终于有一天，小刘面对李经理的再次刁难爆发了，他和李经理因为一件也许根本就不值一提的事情大吵了一架，然后一怒之下向销售副总递交了辞呈。销售副总对小刘的印象一直是不错的，他也很了解李经理的为人处世风格，在考虑了良久之后，最后说："把你手中的业务清理一下交给我，我会同意的。"

一天之后，小刘交给销售副总四份文件：第一份，关于自己本月内需要结算的各种业务上的经济往来；第二份，关于目前已经建立良好合作关系的单位名称，上面有每个负责人的地址和电话，甚至包括各个老板的喜好；第三份，目前正在争取的客户名单，资料中列举了这些单位相关负责人的籍贯和简历，如谁当过兵、谁下过乡、谁离过婚；第四份，是对于还没有开展业务地区的攻关计划。

面对小刘的交接清单，销售副总有些吃惊。经过了一周，他给予的最后批复是：小刘留下升任区域经理，而李某被调到其他区域继续担任销售经理。

当李经理不服向销售副总讨说法时，销售副总说："公司原先打算对你进行降职处理，在征求小刘意见时，他为你说了很多好话，并表示如果处理你的话他将不撤回自己的辞职报告。他如果离开公司到了竞争对手那里，对公司发展很不利。所以你能换个地方继续担任销售经理，应该好好谢谢他。"

李经理听到后，一脸茫然……

故事的小刘起初在获得副经理的职位后，受到了李经理的打压与刁难。小刘起初并不想激化矛盾，希望逐渐和李经理建立良好的人际关系。但是经过一年的隐忍和退避，小刘的努力并未奏效。如果作出不改变，小刘的工作努力在李经理的压制下很难得到广泛的认可，同时也会给人留下软弱可欺的印象，不利于职业发展与进步。于是小刘在做出足够忍让、充分积累和认真准备后，在原本不值一提的小事发作，并就此递交辞呈。小刘很可能已经给自己留好了后路，因为以他的工作经历与能力，不难谋得一份类似的职位，尤其在办理交接的过程中，小刘所提交的文件也充分证实了这一点。在得到挽留并晋升为区域经理之后，小刘对于李经理并没有落井下石，因为他明白，如果李经理被降职，并且仍留在集团公司，对他肯定恨之入骨，会抓住一切机会打击报复。如果适可而止，李经理也许会良心发现，至少自己的为人能够得到领导与同事的认可，以后所受到的非难与阻碍可能会小很多。

三、事业成熟期重省心

王国维在《人间词话》中形容成就事业的三重境界：首先是“昨夜西风凋碧树。独上高楼，望尽天涯路”；其次是“衣带渐宽终不悔，为伊消得人憔悴”；最后是“众里寻他千百度，蓦然回首，那人却在，灯火阑珊处”。个人在历过无数次“忍得住孤独、耐得住寂寞、挺得住痛苦、顶得住压力、挡得住诱惑、经得起折腾、受得起打击、丢得起面子、担得起责任、提得起精神”之后，终于进入事业成熟阶段。此时，各方面的工作开展已经得心应手，各方面的关系处理已经驾轻就熟，个人的物质需要基本得到满足，个人的奋斗目标很大程度上得以实现，在经历了做事、为人的磨砺与足够反思后，明确自身存在的意义价值以及信仰追求，应成为事业成熟期人士反省的主要内容。

省心即内心的自我清洁与提升，犹如灯光照亮黑暗，清水涤净积尘。通过对“我是谁？要干什么？从哪里来？到哪里去……”等经典问题的不断拷问过程中，发掘自己内心的真正需要，发现自己人生的真正价值。“大江东去，浪淘尽，千古风流人物……”与浩渺无边的宇宙自然相比，人生虽然是短暂的、渺小的，但却可以是精彩的、壮烈的；“人生到处知何似，应似飞鸿踏雪泥。泥上偶然留指爪，鸿飞哪复计东西”，消极悲观不是人生的真谛，超脱飞扬才是生命的凯歌。在事业成熟期，与其周旋在灯红酒绿的花花世界、浑浑噩噩地度过余生，不如不断探诘自己的内心，发现生命的另一种可能。

通过省心，能够抑制邪恶欲念、发扬良知之心，寻求外在社会伦理道德与内在的个体心理欲求的和谐统一。在对心态的感知、“三观”的检视与追求的反思过程中，开启更高层次的视角，由表至里、由浅入深、由点及面、对自我进行全方位的扫描与整理。针对第四章有关省心的理论知识，要注意融会贯通，并在享受成长、恬淡谦卑、弘扬爱心、责任担当等方面加以应用。

（一）享受成长

孔子说过，“知之者不如好之者，好之者不如乐之者”，意思是知道了解怎么学习与成长的人，不如喜爱学习与成长的人；喜爱学习与成长的人，又不如以学习与成长为乐的人。在事业成熟期时，你是否曾反思已经或正在经历的学习与成长究竟给自己的内心带来什么感受？是压力和不厌烦躁，还是愉悦与心满意足……只有当自己沉浸在工作中，发现学习与成长的乐趣，并以之为乐时，才能真正感受到工作的意义、享受成长的体验。

人们对于学习与成长往往具有不同境界的理解：第一种境界是知道，即自己是自己，任务是任务，学习与成长是手段而不是目的，分得清楚但很难把握自如；第二种境界是喜欢，自己对任务是产生兴趣，就像他乡遇故知，学习与成长已经自然而然，不再那么功利；第三种境界是享受，即乐在其中，对任务充满欣赏与感激之情，学习与成长已经由手段变成目的，达到物我两忘、合二为一的境界。在事业成熟期，应该反思自己是否已经达到了第三种境界，身心是否在学习与成长的过程中体验到快慰、自由与陶醉。如果以这种状态投入学习、工作与生活，那么人生将充满乐趣。

在一个建筑工地，一群人正在热火朝天地忙碌着。有人向他们发问：“你们在干什么呢?”第一个回答的是个满身布满泥渍的工人，他没好气地吼道：“你没看见吗，砌墙啊!”第二个回答的看上去好像是个技术员，他抬起头笑笑说：“我正在干一件自己喜欢的事情，那就是盖起一幢美丽的高楼!”而第三个人，笑容灿烂地说：“你不知道吗？我们正在建设这座城市的新地标!”多年以后，第一个人仍然在另一个工地上继续砌墙；第二个人则成了总设计师，已经很少出现在工地上；第三个人，成了前两个人的老板。

在上面的故事中，第一个人是把工作当作谋生的手段，他的行为是纯机械性的，只要完成任务，做完事情就可以了，学习与成长可有可无；第二个人是把工作和自己的兴趣结合起来，在挑战中不断学习与成长；第三个人则具有强烈的使命感与自豪感，把任务视为极具意义的作品，享受工作并在工作中实现自身的学习与成长。对于同样的工作，理解与心态不同，结果自然不一样。只有真正热爱工作、享受学习与成长，才是事业成熟阶段应该具有的心态。如果你认为自己还有所欠缺，那么应该试着寻求改变。正如林肯所说的：“只要心里想要快乐，绝大部分人都能如愿以偿。”当无法抗拒时，就要尝试学会享受。可以思考自己的忙碌究竟带来了什么，这些结果对自己、对他人、对社会的真正贡献与意义价值有哪些，然后再努力用积极正面的心态拥抱学习与成长。

（二）恬淡谦卑

处在事业成熟期的人，往往具有一定的社会地位，外界的赞扬与追捧随之而来，很容易飘飘然，虚荣心不断膨胀。但是越是身处高处，就越要记得自己是怎么回事，凭什么、为什么来到了当下的位置。站得越高，头要越低。无须炫耀自己的成功，因为别人都看在眼里。通过与内心的对话，做到真正的恬淡谦卑，并且学会感恩与分享。

牛顿晚年评价自己说："我不知道在别人看来，我是什么样的人；但在我自己看来，我不过就像是一个在海滨玩耍的小孩，为不时发现比寻常更为光滑的一块卵石或比寻常更为美丽的一片贝壳而沾沾自喜，而对于展现在我面前的浩瀚的真理的海洋，却全然没有发现……"爱因斯坦在开创了相对论后，曾经说过："我只是在真理的海洋旁边徘徊，一无所获；我认为世界上有两样东西是无限的：一个是宇宙，另一个是人的愚昧……"这些感触并非伪逊，实为大师们有感而发。因为两位科学巨匠穷毕生之力，终于看到了宇宙的浩瀚无边，也从中也看到了自己的渺小与不足。

一天，苏格拉底和弟子们聚在一起聊天。一位其父相当富有的学生，趾高气扬地面向所有的同学炫耀：他家在雅典附近拥有一望无边的肥沃土地。

当他口若悬河大肆吹嘘时，一直在其身旁不动声色的苏格拉底拿出了一张世界地图，然后说："麻烦你指给我看看，亚细亚在哪里？"

"这一大片全是。"学生指着地图洋洋得意地回答。

"很好！那么，希腊在哪里？"苏格拉底又问。

学生好不容易在地图上将希腊找出来，但与亚细亚相比，的确是太小了。

"雅典在哪儿？"苏格拉底又问。

"雅典，这就更小了，好像是在这儿。"学生指着地图上的一个小点说。

最后，苏格拉底看着他说："现在，请你再指给我看看，你家那块一望无边的肥沃土地在哪里？"

学生急得满头大汗，当然还是找不到。他家那块一望无边的肥沃土地在地图上连个影子也没有。他很尴尬又很觉悟地回答道："对不起，我找不到！"

故事里的学生一开始骄傲自满，在被苏格拉底点醒之后，才意识到自己不够谦卑，并为自己的狂妄自大感到羞愧。事实上，就算一个人已经攀登上自己事业的顶峰，获得了所谓世俗的成功，但是面对着浩瀚的天地，会发现自己原来微不足道，所以应该保持恬淡谦卑之心。从历史的长河来看，不管我们拥有什么、拥有多少、拥有多久，都只不过是极为短暂的瞬间。“人誉我谦，又增一美；自夸自败，又增一毁”，因此，即使在事业成熟阶段，我们也要保持内心的谦卑恬淡，充满感激，砥砺前行。

（三）弘扬爱心

“爱心是花，洋溢出开心的笑；爱心是云，编织出绚丽的彩虹；爱心是土，培育出成熟的果实；爱心是露，聚成条条溪流……”步入事业成熟期，不管是努力打拼而得，还是命运眷顾所致，一路上虽然充满着荆棘与坎坷，也接受了许多的关怀与帮助。“受人点滴之恩，必当涌泉相报”，如果格局更高、心胸更广，把爱心传播给更多的人，将会为自己的人生添上绚丽的色彩。

雷锋有句名言：“活着就是为了使别人生活得更美好。”雷锋的一生做了数不清的好事，他可以在任何时间、任何地点，帮助一切有困难的人。

有一次，雷锋外出在沈阳车站换车的时候，一出检票口，发现一群人围看一个背着小孩的中年妇女，原来这位妇女从山东去吉林看丈夫，车票和钱丢了。雷锋用自己的津贴费买了一张去吉林的火车票塞到大嫂手里，大嫂含着眼泪说：“大兄弟，你叫什么名字，是哪个单位的？”雷锋答道：“我叫解放军，就住在中国。”

有一次，雷锋冒雨要去沈阳，他为了赶早车，早晨5点多就起来，带了几个馒头就披上雨衣上路了，路上，看见一位妇女背着一个小孩，手还领着一个小女孩也正艰难地向车站走去。雷锋脱下身上的雨衣披在大嫂身上，又抱起小女孩陪他们一起来到车站，上车后，雷锋见小女孩冷得发颤，又把自己的贴身线衣脱下来给她穿上，雷锋估计她早上也没吃饭，就把自己带的馒头给她们吃。火车到了沈阳，天还在下雨，雷锋又一直把她们送到家里。

有一次，雷锋肚子疼得很厉害，他来到团部卫生连开了些药回来，见一个建筑工地上正热火朝天地进行施工，原来是给本溪路小学盖大楼，雷锋情不自禁地推起一辆小车，加入运砖的行列中去，直到中午休息。这天下午，打听到雷锋名字及部队驻地的市二建公司组织工人敲锣打鼓送来感谢信，大家才知道病中的雷锋做了一件好事，过了个特殊的星期天。

有一次，驻地抚顺遭遇洪水，运输连接到了抗洪抢险命令。雷锋忍着刚刚参加救火被烧伤的手的疼痛又和战友们在上寺水库大坝连续奋战了七天七夜，被记了一次二等功。

有一次，雷锋上街办事遇见了大生产号召动员大会，他取出存折上在工厂和部队攒的200元钱要捐献出来，接待他的同志实在无法拒绝他的这份情谊，只好收下一半。另100元在辽阳遭受百年不遇洪水的时候捐献给了辽阳人民。雷锋捐献出自己的全部积蓄，却舍不得买一瓶5分钱的汽水。

有一次，天下起大雨，雷锋见公路上一位妇女怀里抱着小孩，手里还拉着小孩，身上还背着包袱，在哗哗的大雨中一步一滑地走着，雷锋忙上前一打听，才知道这位大嫂从外地探亲归来，要去十几里外的樟子沟去。雷锋把雨衣披在大嫂身上，抱起那个大一点的孩子冒雨前行，宁可自己淋得透湿，一直走了两个多小时，才把她们母子送到家。

有一次，战友们在过年的时候搞起了文娱活动。雷锋和大家在俱乐部打了一阵乒乓球，就想到每逢年节，服务和运输部门是最忙的时候，这些地方是多么需要人帮忙啊。他放下球拍，叫上同班的几个同志，一起请假后直奔附近的瓢儿屯车站，这个帮着打扫候车室，那个给旅客倒水。

……

生命的意义在于爱与奉献，“人之初，性本善”，爱是天性。尽管人也具有私心、恶欲与贪念，但在进入事业成熟阶段后需要追求解脱，追求人性中那至善的初衷，弘扬与生俱来的爱心。“做好人好事不留名，舍己为人不求回报，互助合作不计报酬”，雷锋用自己实际行动诠释了“如春天般温暖”的爱，尽管生命短暂，但却闪烁着永恒的光辉。

（四）责任担当

责任如阳光，能激发潜能；如甘露，能净化心灵；如烛光，能照亮人生。“大事难事看担当，顺境逆境看襟怀”。进入事业成熟期，对于应负的责任义不容辞，可负的责任勇于担当，并且想担当，会担当，善担当。“达则兼济天下”，事业成熟后拥有更多的财富与社会资源，继续索取和贪得无厌只能使自己成为朽坏的躯壳，只有承担更多的责任、情系家国天下才是内心自由与安宁的自然选择。

比尔·盖茨不仅为人类社会做出了杰出的贡献，而且给财富和财富的拥有者做出了新的定义。

比尔·盖茨出生于美国西海岸的西雅图的一个上层家庭，他在高中时就曾断言自己会在25岁时成为亿万富翁。果不其然，盖茨实现了当初的梦想。他成了人类历史上第一个靠电脑软件积累亿万财富的人，也是有史以来最年轻的世界首富。截至2016年盖茨的总资产高达900亿美元。

比尔·盖茨有很多理由可以感到自豪，但是最令他感到骄傲的是盖茨基金的慈善事业，特别是全球卫生项目。他说，“如果没有我们赞助、提供的疟疾疫苗，会有600多万人丧生、无法活到今天。”

盖茨说，曾经有人问他是否为如此有钱而感到罪恶。他说，应该把收入和支出分别看待，应该对支出征收累进税率，而不是对收入征税。“如果我要感到罪恶的话，是应该由于我的消费，而不因为我有钱。我的钱都花在了慈善事业，进入了穷人的口袋，前提是我们知道如何让他们受益。所以我认为对消费支出征收累进税才对。”

盖茨是个乐观派，他预计到2035年，世界上将不再有贫穷国家存在。盖茨基金中除了他自己的投入之外，也吸引了另一些富豪的捐赠。股王沃伦·巴菲特自2006年以来陆续向盖茨基金捐款，截至2013年，累计总捐款金额为130亿美元，占盖茨基金总额为402亿美元的资产信托资金的1/3。

这位每秒钟赚30万美元的世界首富，仅在疟疾疫苗方面，盖茨基金就投入了4.5亿美元建立路径疟疾疫苗行动，用于疟疾疫苗的研发以帮助生活在热带地区的居民。

可就是这样一个有钱的主儿，生活中却和普通人没什么两样。他平时用餐的时候，除了工作需要之外，一般都去普通的餐厅，很多时候就去肯德基或者咖啡馆，购买东西也常常去一些较有特色的小店。外出时，他经常会租一辆普通的汽车，而不是坐豪华气派的名车。出差需要坐飞机时，他也几乎都是坐经济舱。

像盖茨这种世界级富豪朴素低调的生活，展现给我们的并不是吝啬或者小气，而是体现出他们内心的信仰与追求，一种责任担当、乐于奉献的优秀情怀。如果让金钱拦住心灵的眼睛，固守着财富却忘记了博爱，那么就像在一个封闭的世界里死气沉沉，无法感受到外界的精彩与美丽。财富意义不仅仅是被占有，而是要用去资助那些更需要的人，把自己的仁爱带给他人，才会从中不断得到快乐，使人生价值得到升华。因此，当实现事业成功、不再受到物质束缚与困扰时，也就有能力承担更多的责任，这个阶段应当具有更高层次的追求，向往更高级别的快乐，那就是“让世界因自己而变得不同”。

第二节　横向分模块

所谓横向分模块，是指管理者在选人、育人、留人与用人等组织管理活动中，通过有针对性地应用，使儒家自省成为行之有效的管理工具。可将儒家自省纳入员工选拔，通过对候选人自省潜力的分析，衡量出个体解决事务、与人交往以及内心成长的现实情况与发展趋势；可将儒家自省纳入员工培训中，通过要求员工在工作中撰写省事日记、建议员工在互动中养成省人习惯、引导员工在发展中树立省心理念，引起员工对自省的重视，提高其素质与水平；可将儒家自省纳入员工留任中，通过对员工自省状况的分析与考量，融合情感、待遇、事业等因素留下具有自省能力的员工；可将儒家自省纳入员工任用中，通过对员工省事、省人、省心等方面的考核，在进一步实现“人岗匹配”，达到人尽其才、物尽其用的效果。

一、选人时重潜力

在市场竞争日趋激烈的局面下，能否吸引并选拔到足够优秀的人才已成为企业生存和发展的关键。招聘和选拔是潜在人才得以进入企业的重要关口，它的有效实施是企业正常运转的重要保证。正如生产高质量的产品必须有高质量的原材料与机器设备一样，组织的成功运作也必须有高素质的人才作为支撑。比尔·盖茨曾经说过：“如果把我们最优秀的 20 名雇员挖走，那么微软将会变成一个不起眼的公司”，因此，人才对公司发展发挥着关键性作用，而招聘到足够优秀的人才则在整个组织的管理活动中备受重视。

招聘为组织输入新生力量，以弥补组织内部人力资源的供给不足。当组织既有的人力资源不能够满足组织发展和变化的要求时，组织就要根据其战略与业务发展的需要，在人力资源规划、职位设计等工作的基础上进行系统的分析，明确人才缺口的数量与质量要求，从外部吸收人力资源。在通常的招聘活动中，企业不仅需要应聘者的知识、技能、经验、素质等硬性条件能够胜任岗位的要求，还要考虑应聘者的人格特质、思维习惯、工作理念、价值观等是否与团队或企业文化相吻合。在此基础上，可以进一步考察应聘者的儒家自省潜力，并制订相应的招聘方案。

善于自省的人会经常反思自己做事、为人及内心状态，善于从过去的经历中学习、总结经验教训。因此，自省使得个体在企业所看重的各个方面具有更大的提升空间。但是，由于社会的浮躁氛围，自省意识相对缺失，并不是所有人都能持续性地进行自省，但还是存在这样的群体：他们能够反省自己为人处世的某一方面，并借此不断认识自己、努力提升；或是虽没有习惯性与规律性的自省活动，但在学习、工作与生活的许多方面都体现出可开发的潜质，只要进行恰当的干预与引导，就能提高其自省水平，根据工作需要在省事、省人、省心等方面有所成长。

因此，企业在招聘时既要选择勤于自省、善于自省的员工，也要青睐具有自省潜力的员工。因为具备自省潜力的员工拥有更大的开发空间，具有更强的可塑性。不同岗位需要不同的能力与素质，企业应在满足其他相关条件的情况下，进一步挑选具备自省潜力的候选人。

很多企业每年都会进入学校招聘应届大学生，为何企业不用具有工作经验的职业人士而青睐刚刚毕业的大学生呢？相关调查研究发现了以下可能的原因：首先，应届生由于接受过高等教育，具有非常强的可塑性，步入社会后的状况与他们在学校中的习惯或预期会产生巨大反差，促使其对做事、为人以及内心需要进行重新反思，具有很强的自省潜力；其次，应届生是一张“白纸”，相比职业人士，他们更具有更强的可塑性以及发展潜力，毫无疑问企业甚至社会的未来是他们的，所以企业更需要这样的新鲜血液；再次，招聘应届生对于企业而言是很好的口碑和宣传效应，应届生会将自己的工作情况和学校的同学、老师、朋友分享，那么本公司的情况将会得到传播，这种信息会不断传递；此外，应届生能够促进团队年轻化，应届生能给团队带来很多新鲜的东西，除了新的思维、新的观点等以外，年轻本来就是非常具有感染力的事情；并且，从应届生培养起来的员工对企业更忠诚……

公司招聘应届大学生非常重要的原因在于应届大学生是一张“白纸”，具有很好的自省潜力与发展前景，更容易认可公司的文化与理念。与具有工作经验的职业人士相比，应届大学生的思维与行为可塑性强，并且没有职业人士的路径依赖性，更容易按照公司的设想去成长，进入公司人才的“蓄水池”。例如，同样是管培生，如果需要从事文秘工作可以重点引导其省事，如果需要从事营销工作可以重点引导其省人。

为了获得具有自省潜力的人才，需要做好招聘工作。招聘是指根据人力资源规划和工作分析的要求，从组织内、外部吸收人力资源的过程，其核心目的在于为公司现有或潜在的职位空缺寻找合适的人才。员工招聘大致可分为招募、选拔、录用、评估四个阶段。

员工招募是招聘系统中的重要环节，其目的在于吸引更多的候选人来应聘，使组织有更大的人员选择余地，以获得最为合适的人选。有效的员工招聘可以提高招聘质量，减少组织和个人的损失。招聘的渠道可划分为外部招募和内部招募两种。常见的外部招募渠道主要包括人才交流中心、招聘洽谈会、传统媒体广告、网上招聘、校园招聘、猎头公司和员工推荐等。常见的内部招募主要包括内部公告、人才储备、推荐或自荐等。公司可根据战略业务、经费、资源稀缺性等因素选择适合于本公司的招募渠道。

员工选拔是指从对应聘者的资格审查开始，经过用人部门与人力资源部门共同的初选、面试、考试、体检、个人资料核实，到员工甄选的过程。一般分为初选和精选两个阶段。初选主要由人力资源部负责进行，包括求职者背景与资格的审查（初步筛选）和初次面试（考察面试）。精选包括笔试、心理测验、第二次面试（诊断面试）、甄选决策和体检，一般由人力资源部与用人单位的负责人共同协作进行。

应聘者经过几轮的选拔之后，最后就是录用。这一阶段往往包括试用合同的签订、员工的初始安排、试用、正式录用等环节。这一阶段的工作有不少企业认识不够，实际上它关系到能否唤起新员工的工作热情。员工录用要遵循以下原则：因事择人与因人任职相结合、平等竞争、慎用过分超过任职资格条件者、重工作能力和工作动机优先。

招聘评估是招聘过程中必不可少的一个环节。招聘评估通过成本与效益核算能够使招聘人员清楚地知道费用的支出情况，区分哪些是应支出项目，哪些是不应支出项目，这有利于降低以后招聘的费用，节省开支。招聘评估通过对录用员工的绩效、实际能力、工作潜力的评估，即通过对录用员工质量的评估，检验招聘工作成果与方法的有效性，有利于招聘方法的改进。

为了选到具有自省潜力的员工，公司在招聘时应该将该需要融入既有的招聘流程和方法中。在招募时明确相关条件，并在甄选时设置有针对性的问题、案例分析或思维测验，考察候选人是否具有某个方面的自省潜力。

有一位软件公司的老板，从开始自主创业到最后把生意越做越大，一路下来积累了很多心得经验。有一次一个大学生模样的人站在他面前接受面试。“这样吧，”老板说，“我这里有个魔方，你能不能把它弄成六面六种颜色呢？你看清楚，我给你做个示范。”说着，他扳起了魔方。不一会儿，那个魔方就扳好了。

“看到了吗？”他说，“你也来做一遍吧。”那个大学生拿着魔方，面有难色。

老板见此情况，便对大学生说：“如果你没考虑好，可以把魔方拿回去考虑。你可以到星期五告诉我最终的结果。”

等那个大学生走了后，满脸疑惑的秘书问：“为什么您会出这样的考题呢？”

“自省对一个人学习和成长至关重要，我想看看这个孩子的自省潜力如何。”

“自省？”秘书问，“怎么能知道他是否具有自省的潜力呢？”

“如果你来回答这个问题，你的答案是什么？”

“要是我，”秘书说，“我不会玩魔方，我可以把魔方拆开，然后一个个安上去。”

“还有其他的做法吗？”

“暂时想不到其他的做法。”秘书一脸疑惑地答。

“这个问题有很多解决方案，比如，拆开后再一个个安上，拿漆把六面刷出来，网上教程学习，请教他人，等等。即使他最终拿回来说他还是不会也没关系，我的目的是想看他是否有努力地尝试各种解决方法。可是如果他不拿回来，那我就爱莫能助了。”

在这个故事里，老板给应试者设置了一个考题，考题并没有标准的答案，关键是看应试者想要采用什么方法完成这项任务，求职者有可能想到了多于一种的解决方法。这说明该求职者是一个善于思考、有自省潜力的人，他会努力追求最尽可能多的解决方案，并选择最适合自己那一个。

此外，招聘时还可以设置具体的情境，如让求职者回想近期完成的印象比较深刻的工作任务，梳理出其认为比较重要的内容或关键流程；或者其认为自身做得较好的几个方面以及不好的方面。根据求职者的回答判断其是否具有自省的潜力。

二、育人时重张力

对于企业而言，充分开发出员工的自省潜力，有助于员工发挥出最大的效能。培训是企业培育优秀员工的重要方式，成为一项能够为企业赢得人才优势的重要手段。培训是指组织为开展业务及培育人才的需要，采用恰当的方式对员工进行有目的、有计划的培养和训练活动。阿里巴巴董事长马云曾说："我们认为，与其把钱存在银行，不如把钱投在员工身上，我们坚信员工不成长，企业就不会成长。"由此可见，通过培训投资，可以实现员工的进步与成长，进而促进企业的发展。

一般而言，培训包括员工技能培训和员工素质培训。技能培训是企业针对岗位专业知识、技能与能力的需求，对员工所进行的适应性培训，旨在让员工明确岗位职责，具备胜任岗位的专业知识与工作技能。员工素质培训是企业针对岗位、部门或组织的素质需要，对员工所进行的具有一定前瞻性的培训，包括压力应对、合作精神、沟通技巧、管理素质等内容，使员工的素质满足成长需求。

自省能够帮助员工更快地进步，更加有效地实现培训效果。一方面，时常自省的员工乐于思考、善于总结，有助于员工快速吸收相关知识，在工作中迅速转化并为自己所用。另一方面，善于自省的员工往往对自身有着清晰认识，能够看到自己的长处和不足，以此决定自己的投入重点。面对自己的长处，员工能够将更多的时间、精力用于维持与发展自身的核心优势；面对自己的不足，员工会不断查漏补缺，争取尽快满足相关工作与任务的要求。

培训员工时不仅要培养员工的自省习惯，还要注重培养员工的自省张力。所谓张力，就是指员工自省的上下限，就像弹簧一样，有一个伸缩范围，在这个范围内对员工自省进行恰当的开发，才能取得预期效果。根据员工自省张力的水平大小可以将其分为三类：朽木、璞玉和美玉。张力极小甚至没有的员工被视为朽木，没有自省开发空间，不可雕也；具有一定张力水平的员工要进一步延展其自省张力，需要像对待璞玉一样精雕细琢，才能成为企业的中流砥柱；具有很高自省张力水平的员工要给予他足够的空间，充分发挥其自主性，减少限制，通过员工自我价值的实现助力企业发展。

在对员工技能培训与素质培训的过程中，关注员工自省张力，根据员工自省张力的程度来安排培训的内容与强度至关重要。自省张力在一定程度上代表了员工的接受能力。自省张力大的员工，能够在短期内学习较多的内容，并快速地转化与应用；而自省张力小的员工，则对学习内容接受较慢，需要较长的周期来消化吸收。因此，在培训员工时应注重员工自省张力，进而得到最佳效果。

王平是一位中国留学生。刚到澳大利亚的时候，为了能够挣取学费与生活费，他替人放羊、割草、收庄稼、洗碗……虽然这些工作又累又脏，但是为了能够完成学业他都会去干，毫无怨言。

一天，他无意中看见报纸上刊出了澳洲电讯公司的招聘启事，其中一个线路监控员的职位与自己所学十分吻合，就选择了这个职位去应聘。过五关斩六将，眼看就要得到那年薪3.5万澳元的职位了，不想招聘主管却出人意料地问他：“你行吗？我们这份工作需要时常外出，没有车寸步难行。”

澳大利亚公民普遍拥有私家车，无车者寥寥无几，可这位留学生王平虽然在国内考取了驾照，但由于经济原因在当地仍然属于无车一族。然而，为了争取这个极具诱惑力的工作，他沉默了一下，然后冷静地回答：“我能行！”

“那么4天后，请开着你的车来上班。”主管说。

王平心情复杂地回到自己的住所，一方面为自己即将得到这份心仪的工作而高兴，一方面又为车的问题而发愁。“自己没有车，该怎么办呢？就算有车，在澳洲也没开过啊！难道就要放弃这极具诱惑的工作吗？不行，为了生存，必须解决这个的问题！”王平左思右想，不断思考着各种可能的解决办法。

当晚，王平在朋友那里借了1000澳元。之后第一天，他从旧车市场淘来一辆外表丑陋的“甲壳虫”；第二天，他在家里努力学习澳洲的交通法规与驾驶注意事项；第三天，他先在朋友屋后的空旷路段进行练习，然后歪歪斜斜地开着车上了公路；第四天，他居然自己驾车去公司报了到。

几年之后，凭借自己的努力，王平很快成为澳洲电讯的业务主管。

如果王平是一个缺乏自省张力的人，当初就会畏首畏尾、遇到困难就放弃，绝不会有今天的成就。关键时刻，王平展现出自己的自省张力，针对四天后就要驾车上班的要求，他快速反应并进行自我培训，然后集中精力、按部就班、不断进取，克服了所有困难，最终不仅赢得属于自己的位置，也为企业提供了优秀的人才。

对于企业而言，培训是一项复杂的工作，它包含一系列过程，需要精心设计、组织和实施。企业常见的培训流程一般可以分为培训需求分析、培训目标与计划制定、培训实施和培训效果评估五个部分。

为了有效地进行企业的培训工作，首先必须根据企业的发展目标和经营运作，对企业的培训需求进行认真细致的分析。一方面，通过分析能够了解和掌握企业可能存在的问题，进而确定企业的培训需要；另一方面，可以减少不必要的培训费用，降低培训的成本。培训需要分析可以从组织分析、工作分析、人员分析三个层面进行。

对培训需求进行分析后，就要设置企业的培训目标与计划，为培训提供明确的方向和构架。培训的目标主要可以分为传授知识、提高技能和转变态度三类。培训计划的制定是培训目标的具体化。它是根据培训的目标对培训的内容所进行的系统梳理与安排。一般来说，培训计划主要包括培训项目和具体内容、方式、方法、教程、教材、要求、教员、对象、时间、地点和预算等。

培训实施是培训计划的具体落实和执行。一方面，要选择和落实培训所涉及的各类人员；另一方面，根据培训的目标和计划，对培训进展进行控制和必要的调整。此外，在培训的实施过程中，培训工作人员要对培训工作进行实时的监督、检查、协调和控制；如有必要，要根据培训的落实和实施情况进行及时的调整。

培训效果评估是对整个培训活动成果的评价和总结，一般包括四个层次。第一个层次是反应评估，明确被培训者对培训过程与内容的满意程度；第二个层次是学习评估，测定被培训者的学习收获；第三个层次是行为评估，考察被培训者在回到工作岗位后对所学知识的运用程度；第四个层次是成果评估，争取计算出培训所带来的经济效益。

为了培养有自省张力的员工，可以根据儒家自省的省事、省人和省心三个维度，进行有侧重的设计与安排。企业可以通过要求员工在工作中撰写省事日记培养其省事的习惯，建议员工在互动中养成省人习惯，引导员工在发展中树立省心理念，全方位多角度地培养员工的自省张力，为实现个人进步、推动组织发展提供有力支持。

员工在工作中撰写的省事日志，是针对自己的工作，每天记录工作内容、花费时间以及在工作中遇到的问题、解决问题的思路和方法。撰写省事日记有助于增强业务能力，通过每天检查记录的工作内容，进行自省、反思、总结，不断积累工作经验，增强业务能力。记工作日志需要秉持“其文直，其事核，不虚美，不隐恶”的态度。工作日志不是记给别人看的，是为了提高自身工作水平，所以应做到直书事实、内容清晰、准确客观，不加个人情绪，这样才有利于发现问题、查漏补缺。工作日志不是诸事皆录，而是要做到重点突出，针对工作实际和自身能力，避免记流水账，避免以偏概全。

员工在互动中养成省人习惯，有助于员工获得融洽的人际关系。企业应向员工传递人际交往的重要性，建议员工对互动对象进行判断，通过培训课程的方式告知员工对互动对象判断的几个重要方面，如根据对方品性选择交往距离，分析对方动机选择交往策略，观察对方的行为习惯做到投其所好，总结对方的思维范式判断对方意图，发现对方动态变化及时调整相处之道。在建议员工省察互动对象的同时，也要督促员工做好自我体察。严于律己宽以待人是人际交往应该秉持的原则，提醒员工与人相处时要注意省察自身是否做到了仁、义、礼、智、信。企业还可以组织人际交往方面的活动，带动员工在活动中思考如何与周围人建立和谐的人际关系。

省心是扩大员工自省张力的有效办法，因为内心世界是员工不断前进的内在动力源，只有内心世界健康丰富，才能为外在行动提供源源不断的支持。企业可以通过宣传标语、讲座等培训方式营造省心文化氛围，引导员工感知自我内心状态。可以通过开展内心观念溯源的活动促使员工反思内心世界。可以通过讲故事、开展活动、树立典型人物等方式，在潜移默化中影响员工的观念，带动员工进行省心，从而提升员工自省的张力水平。

培训是企业培育优秀员工的重要方式，是一项能够为企业赢得竞争优势的重要投资。企业在培训活动中不仅要致力于增强员工业务工作能力，还要注重根据员工的自省张力水平来进行有针对性、差别性的培训，从而达到投入最小成本获得最大回报的效果。对于自省张力较小甚至没有的员工，企业培训要适可而止，目标应定位在胜任既有岗位要求；对于有一定自省张力的员工，企业应重点塑造，努力将其培养成中坚力量；对于自省张力很大的员工，企业因鼓励与支持，充分实现其主观能动性。同时，为了培养员工自省习惯，扩大员工张力，可以从省事、省人与省心三个方面对员工进行针对性引导与安排。

三、留人时重能力

员工流动是任何企业都难以回避的问题，对企业的影响具有两面性。虽然老员工离职后会有新员工加入，能给企业发展带来新鲜血液，但带来的问题也显而易见，如人心不稳、信心不足、质量下降、效率降低、机密泄露等，尤其当企业内部关键岗位与重要人员的流动更是如此。为了维持企业的凝聚力和向心力，大多数情况下，企业会尽量挽留自己的员工，减少员工的离职比率，避免不必要的损失。

企业在挽留员工时，会注重员工日常表现、道德品行及其对企业的重要程度。在同等条件下，日常表现优秀、道德品行良好、对企业具有重要意义的员工更需要被挽留。此外，企业在留人时还要注重员工的自省能力，即员工在工作中所实体现出来的自我反思与自我改进水平。经过选拔、培训等一系列管理干预后，员工在省事、省心、省心等方面已经具备一定水平，会体现在工作、学习的方方面面。自省能力强的员工善于反思自身的不足，懂得不断改善与自我超越，在个人不断成长的同时，也能带动周围人的进步，进而对团队、部门或企业发展产生推动作用。因此，企业应更加关注并在条件允许时留用自省能力强的员工，将其打造为企业的中流砥柱。

米琳大学毕业后，前往南方某城市求职，经过一番努力，她和另外两个女孩被一家公司同时录用，进入同一部门。然而没过多久，由于业务调整，公司需要裁减人员，人事部门通知米琳和另外两个女孩，她们三人中将有一个人被解雇，为了公平起见，最后一个月的表现将决定她们的最终去留。

在这一个月之内，米琳和那两个女孩都很努力，到了二十九天时，公司按照他们三人的能力与业绩，一项项给她们打分。结果，米琳虽然表现也很好，但仍然比另外两位女孩低了几分。公司王总托下属通知米琳："明天你是最后一天上班，后天便可以结账走人。"

对于自己无法留用，一开始米琳心里很难过。但是米琳仔细反省后发现，与那两位女孩相比，自己在很多方面确实存在不足，对于这样的结果不应该产生抱怨情绪，自己应该做好最后一天的工作、完成分内的事情。

最后一天上班时，两位留用的女孩和其他的人都关心地劝米琳说："反正公司明天会发给你最后一个月的工资，今天你就不必上班了。"米琳笑道：

“昨天的工作还有点没做完，我干完那点活，再走也不迟。”到了下午三点，米琳最后的工作做完了。又有人劝她提早放工，可她笑笑，不慌不忙地把自己工作过的桌椅擦拭地干干净净，一尘不染，而且和“同事”一同下班，她感觉自己很充实，站好了最后一班岗。其他员工见她这样做，都非常感动。

第二天，米琳到公司的财务处结账，结完账，她正要离开，却正好遇见王总。王总对她说：“不要走了，从今天起，你可以到质量检验科去上班。”米琳一听，惊住了，她不敢相信还会有这种事情。王总微笑着说：“昨天下午我暗中观察了你好久，面对工作你能坚持自己的理念，并且能够在挫折面前表现的淡定从容，相信你已经对整个过程进行了认真的自我反省，我们公司就需要这样的人。尽管你的部门需要裁员，但公司的质量检验科还缺一位质检员，我相信你到那里一定会干得很好。”

“人贵有自知之明”，而自知来自自省。正是因为米琳具有较强的自省能力，才会在无法留用时不怨天尤人，而是从自身寻找原因，承认自己的不足，坦然接受打分结果。同时，正是因为她的自省能力帮助她在最后一天坚持做好自己分内的事情，有始有终，才被领导欣赏、留用。因此，只有把自省能力体现到实际工作中，才能表现得与众不同，被企业所认可并尽力挽留。

如果现有工作机会与条件不比员工跳槽后的公司差，多数人都会倾向留在原公司，选择熟悉的环境，回避转化成本。因此，企业在条件允许时挽留员工往往具有一定的优势。留人之道在于留心，对于萌生去意的员工，他们需要的可能并非更高的待遇，也许还有许多其余方面的原因。因此，管理者要创造足够多的机会进行深入沟通，从各个方面去充分了解员工的实际需要，对于自省能力强的员工，可以一事一议，做到待遇留人、情感留人与事业留人的有机结合。

在待遇留人方面，要做好薪酬分配工作，兼顾内部公平性和外部公平性。内部公平要综合考虑岗位的重要性、人员的能力素质以及工作的业绩水平，并适当向关键部门、关键岗位与关键人才倾斜；外部公平性就是与其他企业相比较，本公司所提供的薪酬水平至少应该能够达到市场平均数，对于稀缺的专业人才、高素质的管理人才，企业可以提供超过市场平均水平的薪酬待遇。

在感情留人方面，企业应以情感为导向，与员工建立相互扶持、共同发展的关系。例如，刘备三顾茅庐，请得诸葛亮出山，三分天下；曹操光脚迎接许攸，赢得官渡之战，成为中原霸主；齐桓公不记追杀之仇，拜管仲为相，位列春秋五霸；李世民不拘一格，容忍指责与非难，开创贞观之治。情感留人可以通过加强人际沟通与互动、听取并采纳员工合理化建议，营造和谐向上的文化氛围、满足员工的心理需要等手段，使员工感受到尊重与关爱，从感情上赢得员工的真心。

在事业留人方面，要让员工明确自己的成长路径与发展空间，给予员工自我实现的平台，允许员工犯错，鼓励员工创新，激发员工想象空间。要让员工参与管理与决策，使得公司在遇到困难时可以得到员工的理解与支持。通过事业的感召，让企业与员工成为“同呼吸、共命运”的利益共同体。

ZX公司对自省能力强的员工进行了有效界定，即清楚自己的工作目标与可用资源；拥有良好的人际关系与沟通能力；具有积极进取的心态；可以在有挑战、有压力的环境中正常或超常发挥；愿意为完成所交待的使命而承担合理的风险；懂得自我反思，追求自我超越。

ZX公司除了提供优厚的待遇外，为了明确自省能力强的员工心里究竟在想什么？需要什么？公司启动了“共鸣”项目，要求所有主管在一个月之内，至少一次或两次与关键员工坐下来促膝长谈，主管谈论的内容包括公司的经营业务现状、部门的目标、工作的优先顺序、公司内部的奖励计划，员工的培养方向等，此外还需要向员工表达谢意及认同；而员工除了发表自己对工作、部门、领导、组织等看法，还可以讨论学习、工作、生活方面自己所关注的问题……

关于如何留人，ZX公司为我们提供了很好的借鉴：公司首先明确最希望留用的人才；其次是提供优厚的待遇，解决人才的后顾之忧；最重要的是“共鸣”，即交代公司的发展动向、了解人才的心理动向，并在两者之间寻求共同点，引起共鸣。

对于企业而言，留住具备自省能力的人才要比招聘或培训新人更为划算。企业可以采用多种方法方法识别出自省能力强的员工，充分关注并重点培养。对于那些有能力、善自省的员工，企业可以通过提供有竞争力的薪酬、福利，创建具有凝聚力的企业文化，营造团结和谐的人际氛围，打造有发展空间和挑战性的事业平台等举措吸引并留住人才，让有自省能力强的员工找到归属感，为企业做出贡献、创造价值。

四、用人时重实力

明末学者王夫之曾说："能用人才，可以无敌于天下。"被誉为"经营之王"的日本著名企业家松下幸之助也曾说过："将错误的人安排在错误的职位上，就是将一个障碍物放在企业成功的道路上。"人才运用得当与否，是决定企业兴衰成败的关键，切不可等闲视之。通过招聘、培训等方式所积累的人力资源，只有通过恰当的用人机制才能转化为企业的人力资本，为企业创造价值。

在将员工安排到不同的岗位上时，需要根据岗位的实际情况与胜任标准来选择合适的人才，实现人岗匹配。如果让实力强的人做一些无法发挥其实力的事情，那就是"杀鸡用牛刀"，造成人力资源浪费；如果让实力弱的人去做超出其实力上限的事情，那就是拔苗助长，弄不好会"赔了夫人又折兵"。只有员工实力与岗位要求相匹配时，才能有效完成本职工作，做到"人尽其才，物尽其用"，为企业带来效益与价值。在衡量员工的综合实力中，自省是非常重要但又容易被企业忽视的一种因素。

任用具备自省实力的员工对企业而言是非常明智的选择。自省实力较强的员工，能够在日常工作中不断进行反思与总结，不仅能改进工作方式与方法，提高工作效率，改善的工作成果，还能建立良好的人际关系，营造和谐的组织氛围。因此，企业在用人时，尤其是关键的岗位，不仅要关注员工的工作经验、知识技能、态度意愿、性格偏好，还要兼顾员工的自省实力，做到"好钢用在刀刃上"。

1977年9月的一天，投资人杰里米垂头丧气地把自己关在会议室里，没有愤怒，只有无奈。他刚刚投资创办这家公司，尽管业务员每天都很忙碌，但效果却不怎么明显，公司甚至到了濒临倒闭的边缘。

为了挽回颓势，杰里米决定将公司的支柱业务交给几位业务员突击完成。经过再三挑选，杰里米选择了五名员工，其中一个叫杰瑞塔的人出乎众人意料，这个员工看起来并不怎么机灵，而且话语不多，大家猜测杰瑞塔一定不会做出太大的贡献。杰里米只是对他们进行短期的业务培训后，便让他们上岗了，杰里米认为市场才是检验人才的唯一标准。

半年后，就在大家都为杰瑞塔捏把汗的时候，杰瑞塔却给人眼前一亮的出色表现。他的业务量在整个公司排名很靠前，甚至超过了部分老员工，而且势头很猛。

杰里米看到眼里，喜在心里，他相信自己的眼光没错。果不其然，三个月后，杰瑞塔的业务已经数一数二了，为公司盈利贡献了极大的力量。杰里米再也坐不住了，他打算找杰瑞塔谈谈，找出他成功的秘诀。

一天下班后，杰里米把杰瑞塔叫到办公室，和蔼地说：“大家都称赞你的能力，你能告诉我你成功的秘诀吗?”杰瑞塔还是腼腆地说：“其实，我也没有什么秘诀，就是喜欢照镜子罢了。”

“照镜子也能照出业务来吗?”杰里米一头雾水。杰瑞塔微笑着摇摇头：“照镜子只是我的一种手段，真正的方法是坚持自省。”

原来，杰瑞塔从大学起就养成一种习惯，喜欢给自己制订计划，这个计划从天算起，延伸到月，然后再延伸到年。杰里米不解地问：“公司也要求每个人制订工作计划啊，这不是什么秘诀吧?”

杰瑞塔谦虚地说：“只有计划是不行的。每天晚上回家后，我都会对着镜子让自己说出今天计划的完成情况，如果没有完成，就要找出原因，还要分析哪些是客观的，哪些是主观的。”

杰里米点点头，继而心领神会地说：“我明白了，你这样坚持下去，就会发现自己的长处和短处，就会扬长避短，好的地方就会坚持，不足的地方就会弥补。”杰瑞塔使劲地点着头，为老板的理解欢欣鼓舞。

这个当年不起眼的公司就是当今美国著名投资公司 GMO。多年以后，杰瑞塔升职为公司的营销总监，公司的业务也涉猎到全世界。2012 年 4 月 10 日，GMO 正式介入中国投资市场，不断发展壮大。

古希腊哲学家苏格拉底说过，未经自省的生命不值得存在。杰瑞塔正是一名具备自省实力的员工，他通过每日“照镜子”，养成了自省习惯，使自己具备了很强的自省实力，从而能在工作中脱颖而出，挽回了公司的发展颓势，最终晋升为公司的营销总监。因此，具备自省实力的员工能不断自我反思，自我改进，逐步提升自身整体实力，更为有效地完成工作任务，获得更好的业绩。

绩效考评作为一种有效的组织管理工具，能相对客观、准确地衡量员工的工作过程与结果，并对员工的综合实力做出评价，为人职匹配提供借鉴与参考。常见的绩效考评包括 360 度考核、关键指标法考核与平衡计分卡考核等方法。

为有效任用有自省实力的员工，企业既可借鉴传统用人之道，也可以通过绩效考核、设置相应的测试指标来衡量员工的自省实力。由于员工所具备的自省实力及水平不尽相同，而不同岗位的要求也有所不同，只有将实力匹配的员工安排到对应的岗位上，才能最大限度地利用企业人力资源，推动企业的持续发展。

华为总裁任正非认为，华为最宝贵的财富是人才，他把员工分为三类：一是普通劳动者，二是一般奋斗者，三是有价值的奋斗者。针对三类不同的群体，提出不同的管理要求，并给予不同的薪资待遇。任正非明确提出华为所重视的是那些有价值的奋斗者，认为他们是华为事业的推动力量，但与此同时，也并不排斥前两类人员在华为的存在。任正非对员工这样的定位是理性的。

对于一个生产型企业来讲，涉及人财物、产供销各个方面，就需要方方面面的人员去完成不同的任务。有些岗位是需要高投入、高学历、高智慧的，那就安排想奋斗的人去做；而有些简单的勤务岗位，普通的劳动者就完全可以胜任。对前两类人员，华为给予稍高于当地水平的薪资待遇，对第三类人，华为不仅给予高的薪资待遇，还给予华为的内部股权，共同分享企业发展带来的利益。

我们可以借鉴华为对员工进行差别化管理的做法，在区分员工类别时考虑员工的自省实力，打破以岗位性质进行员工类别划分的传统做法，为人员与岗位的匹配提供崭新思路。由于自省分为省事、省人、省心三个方面，不同员工的侧重点与组合情况有所不同，而不同职位对自省的要求也不尽相同，因此，企业在选用具有自省实力的员工时，应做到统筹安排、随机应变。

通过把儒家自省引入企业组织管理活动中，在选人时注重自省潜力、育人时注重自省张力、留人时要注重自省能力、用人时注重自省实力，这能为企业提供高质量的人力资源，塑造自省、善自省的组织氛围，助力于企业的持续发展。

主要参考文献

[1] 孔子．论语［M］．云南：人民出版社，2003.

[2] 孟子．国学经典：孟子全集［M］．北京：海潮出版社，2008.

[3] 曾子．国学经典：大学全集［M］．北京：海潮出版社，2009.

[4] 子思．国学经典：中庸全集［M］．北京：海潮出版社，2009.

[5] 孔子．国学经典：诗经全集［M］．北京：海潮出版社，2012.

[6] 顾迁．尚书［M］．上海：中华书局，2016.

[7] 戴圣．礼记精粹［M］．北京：海潮出版社，2012.

[8] 伏羲，周文王，孔子．周易［M］．北京：中国画报出版社，2013.

[9] 孔子．春秋·左传［M］．哈尔滨：北方文艺出版社，2013.

[10] 荀卿．荀子［M］．徐艳华，译．北京：北京联合出版公司，2015.

[11] 董仲舒．春秋繁露［M］．上海：中华书局，2011.

[12] 朱熹．四书章句集注［M］．北京：中华书局，2001.

[13] 程颢，程颐．二程粹言［M］．上海：中华书局，2004.

[14] 王阳明．王阳明全集［M］．沈阳：辽海出版社，2014.

[15] 埃克哈特·托利．当下的力量［M］．曹植，译．北京：南海出版公司，2010.

[16] 芭芭拉·明托．金字塔原理［M］．汪洱，高愉，译．海口：中信出版社，2009.

[17] 拉吉罗．思考的艺术（原书第10版）［M］．金盛华，等译．北京：机械工业出版社，2013.

[18] 凯西·卡麦兹．建构扎根理论：质性研究实践指南［M］．边国英，译．重庆：重庆大学出版社，2009.

[19] 让－雅克·卢梭等．自省之书［M］．丁凯捷，编译．北京：北京联合出版公司，2016.

[20] 度阴山．知行合一王阳明 [M]．北京：北京联合出版公司，2014.

[21] 范爱明．成功自我管理的 29 个工具 [M]．北京：中华工商联合出版社，2012.

[22] 方朝晖．儒家修身九讲 [M]．北京：清华大学出版社，2011.

[23] 江珊．没有问题就是最大的问题 [M]．北京：清华出版社，2009.

[24] 刘平青，等．管理沟通：复杂职场的巧技能 [M]．北京：电子工业出版社，2016.

[25] 莫寰，张延平，王满四．人力资源管理——原理、技巧与应用 [M]．北京：清华大学出版社，2007.

[26] 欧阳彦之．孔子：儒家圣人的 10 堂修身课 [M]．北京：台海出版社，2016.

[27] 孙继伟．问题管理——高水准的问题分析与解决 [M]．北京：企业管理出版社，2014.

[28] 孙科柳，张余．麦肯锡问题解决法 [M]．北京：电子工业出版社，2016.

后　　记

撰写本书的念头源自我们在工作、学习、生活方面多年的观察与思考。我们发现，现实中真正勤于反思、善于自省的人并不多见，大多人囿于现状而随波逐流，或是浮躁不安满腹抱怨，或是自怨自艾不思进取，充满了负面情绪与能量。在这种情况下，强调儒家自省的重要性，唤醒人们的自省意识，呼吁人们把成长视线由向外、向高转到向内、向深，从自我角度出发进行改变，成了完成本书的主要目标与动力。

写出一本书很难，写出一本有价值的、对他人有积极影响的书更是难上加难。本书的撰写始于2016年年初，在写作过程中，不断涌现新的想法，不断推翻旧的思路，期间反复调整甚至重构，修修改改、增增删删，在超过一年半的时间里笔耕不辍，终于在2017年暑期结束时完成初稿。虽然难免有不足与疏漏，但我们一直在修改与校对，反复多次，不厌其烦，最终才有了当前的模样。

在本书的撰写过程中，感谢专家学者与我们的交流，给予我们很多中肯意见和建议，完善了本书的体系与结构；感谢企业界朋友接受我们的调查，向我们提供了大量鲜活的案例故事，丰富了我们的写作素材；感谢同事与朋友的帮助，为我们打开写作思路贡献了很多有益的启发；感谢家人给予的大力支持，让我们有激情与动力坚持下来。

在此特别感谢我们的研究生刘雪娟，她为本书撰写搜集了很多相关资料，积极参与到本书的前期准备、中期撰写与后期修改等多项工作中，投入了极大的时间与精力。同时感谢其他研究生，如刘丹丹、步行、刘梦丽、孟丽君等，他（她）们帮助我们完成了对本书的修改工作。

再次对所有给予过支持与帮助的朋友表示由衷的感谢！

王智宁　叶新凤

2017年10月于中国矿业大学